利润悖论

THE PROFIT PARADOX

为什么企业在发展，
我们的收入却停滞不前？

[比] 简·埃克豪特（Jan Eeckhout）/ 著
朱胜豪 杨欣桐 / 译

Jan Eeckhout

中信出版集团 | 北京

图书在版编目（CIP）数据

利润悖论 / (比) 简·埃克豪特著；朱胜豪，杨欣桐译. -- 北京：中信出版社，2023.1
书名原文：The Profit Paradox
ISBN 978-7-5217-4873-4

Ⅰ. ①利… Ⅱ. ①简… ②朱… ③杨… Ⅲ. ①市场经济学 Ⅳ. ① F014.3

中国版本图书馆 CIP 数据核字（2022）第 198147 号

利润悖论
著者：　[比] 简·埃克豪特
译者：　朱胜豪　杨欣桐
出版发行：中信出版集团股份有限公司
（北京市朝阳区惠新东街甲 4 号富盛大厦 2 座　邮编　100029）
承印者：　宝蕾元仁浩（天津）印刷有限公司

开本：787mm×1092mm 1/16　　印张：24　　字数：366 千字
版次：2023 年 1 月第 1 版　　印次：2023 年 1 月第 1 次印刷
京权图字：01–2021–5707　　书号：ISBN 978–7–5217–4873–4
定价：79.00 元

服务热线：400–600–8099
投稿邮箱：author@citicpub.com

尽管企业日益繁荣，
可员工的薪酬与待遇却停滞不前，
甚至每况愈下，
怎么会这样呢？

目录

竞争的问题在于，只有少数人可以取得最终的胜利。[1]

——乔治·奥威尔

劳动是第一价格，是原始的购买货币。世间一切财富，最初都由劳动购买，非由金银。[2]

——亚当·斯密

---

① 参考了本书作者的推文：https://twitter.com/jan_eeckhout/status/1139587261815803904。——译者注

② 参考自中译版《国富论》，译者郭大力。——译者注

引言

说起来，下面这个故事就跟科幻电影一样。当时我一边用我的手机跟埃琳通话，一边看着她在千里之外成功获取了我女儿埃琳娜的智能手机的操作权限，然后在各个应用程序之间切来切去，寻找故障来源。我之所以会给技术人员打电话求助，是因为我女儿那部手机的高速传输功能出现了问题，无法正常使用。最初跟我对接的都是一些初级技术人员，他们每个人都对手机做了相同的检查，比如重启手机，或调整运营商设置，但都无济于事。无奈之下，我的电话被转接给了一名高级技术顾问——埃琳。很快我就发现，埃琳对手机各种细节的掌握情况明显比其他人高出一大截，在她的指导下，我更改了一些之前从未听说过的手机设置。

埃琳说话的语气坚定且自信，一听就是个技术专家，让人不由自主地产生了一种信任之感。从和她接触的那一瞬间，我就确信她能够解决我的问题，事实上她也的确做到了。作为一名高级技术顾问，埃琳主要负责处理初级技术人员无法解决的问题，所以她遇到的问题常常都很棘手。短短几天内，我们总共进行了 4 次通话，累计时间超过了 3 个小时。在此期间，为了查明手机故障是否和 SIM 卡相关，她还给电信运营商等机构或个人打了很多电话。遇到某些无法立即解决的技术问题时，她会仔细研究分析，并在第二天给我答复。最后，她终于找出了问题所在：我女儿那部手机的型号比较旧，同一批次的所有手机全都无法与最新的 SIM 卡技术相匹配。

问题解决之后，我开始思考其背后的商业逻辑：为什么这件事需要一位高级技术顾问花费 3 个多小时来处理？毫无疑问，埃琳的人力成本——包括她的工资、企业为她交纳的社保、为写字楼交纳的租金、水电等各种费用——肯定比旧手机的更换费用高得多。在当时，更换一部旧款手机的价格大约为 300 美元，而厂商生产这部手机的成本肯定更低，我估计也就是 150 美元左右。既然如此，他们为什么不直接花 150 美元给我换一个手机，反而要花更多的人力成本去雇用一位经验丰富的高级技术顾问呢？更夸张的是，为了对这一技术上的瑕疵表示歉意，为了弥补我在时间、精力上的损失，该公司甚至允许我在它的店铺中挑选价值 150 美元的手机配件作为补偿。为了解答心中的疑惑，在解决问题之后，我又找埃琳聊了一些和技术故障无关的话题。

埃琳告诉我，她分别在两所不同的大学取得了学士学位，一个是新闻专业，一个是社会心理学专业。除此之外，她还在另一所大学担任过助教，并取得了该校的社会学硕士学位。得知她没有任何理工科学习背景时，我感到很吃惊。她还跟我说，升职加薪的关键就在于提升自己的社交技巧，没有比这更重要的因素了。

这些社交技巧，比如同理心、换位思考等，很难在校园里学到，毕竟很少有老师去教授这些东西。她举了一个例子，比如说电话另一头的客户正在气头上，面对这种情况，她必须尽己所能地保持冷静和克制，避免火上浇油。相比之下，技术知识反而没那么重要，非科班出身也没什么关系。只要能够安抚住客户的情绪，获得客户的信任，技术问题往往很容易解决。

刚开始从事这个行业的时候，她只是一个最底层的员工，结果在不到一年的时间里，她就成为最高级别的技术顾问。不过话又说回来，虽然处于最高级别，但她并没有监管其他员工的权力。那些级别较低的技术人员只是将自己无法解决的问题转交给她，而不会向她汇报自己的工作。

取得硕士学位、移居新墨西哥州之后，埃琳继续从事技术顾问的工作。她所任职的公司在当地只有一个客户——一家大型智能手机公司。这家智能手机制造商将技术支持方面的工作外包出去的同时，其母公司也在密切监管着外包公司的服务质量，并为相关工作制定了严格的工作标准。表面看来，母公司似乎直接与自己的客户进行互动：那些外包的技术顾问都会使用母公司的头衔向客户介绍自己，他们的电子邮箱也会将母公司的名字作为后缀。这些技术顾问通过电话、电子邮件，以及远程访问客户设备等方式向客户提供技术支持。

埃琳的工作受到各种指标的密切监督和衡量，例如平均处理时长、话后处理工作时长、是否按照约定时间回复客户，当然还有客户满意度调查。

此外，所有的通话都会被录音，智能手机制造商会派人监听这些对话。一群员工密密麻麻地挤在一个大房间里，整个工作环境十分沉闷，至少在新冠肺炎疫情暴发以前都是这样的。另外，工位也是紧俏资源，只有早点来公司才能占到工位。尽管如此，埃琳表示，她与同事的相处还是非常愉快的，遇到棘手的问题时可以问问同事。管理人员大都很友善，培训师也可以为他们提供很多帮助。“之前那份工作是我通过中介找的一份临时工作，我可以负责任地告诉大家，现在这份工作绝对比之前那份舒服得多。虽说这种挤满了格子间的大型服务公司少了些人情味，但小公司那混乱不堪的管理模式更加让人难以忍受。相比之下，我宁愿待在大公司里。”

埃琳拥有两个学士学位、一个硕士学位，受教育水平位居全美公民的前 15%。[1] 不过我们也知道，受教育年限绝不是衡量生产力的最佳标准。许多没有大学文凭的人在华尔街混得风生水起，日进斗金，也有很多高学历的艺术生在餐厅里当服务员。一方面，埃琳担任着高级技术顾问的工作，拥有出色的社交能力和沟通能力；可另一方面，虽然她的头衔带有“高级”两字，但这份工作实际上并不需要她受过多么高等的教育。她之所以从事这份工作，只是因为她找不到更加契合她的教育经历、更加令她满意的职位。

埃琳跟我提起她的收入时，我感到十分震惊：税前时薪 12 美元，而且没有带薪休假。她每周的工作时长大约为 40 个小时，由此可以算出，她每周能赚 480 美元。如果一年工作 48 周，那么她的年薪就是 23000 美元。这份薪酬远远低于全美工资的中位数，也就是每周 917 美元（如果按一年工作 52 周算，全美年薪的中位数为 47684 美元）。[2] 在埃琳生活的地方，对于没有工作经验的应届高中毕业生来说，他们的工资甚至更低，时薪只有 9 美元。虽然埃琳是一位拥有研究生学历、工作经验丰富的高级技术顾问，但她的工资也只不过比全美工资中位数的一半高出一点点。

现在我终于明白为什么这家智能手机公司宁可让一位高级技术顾问花费 3 小时的时间去解决问题，也不愿意直接给我更换一部新手机了：埃琳的时薪只有 12 美元，即便算上企业为她支出的各种其他费用，埃琳的劳动力成本也只不过是 15~20 美元的水平。换句话说，排除技术故障的人工总成本大约只有 50~60 美元，远远低于手机的更换成本。事实上，该公司赔给我的赠品（价值 150 美元）倒是花费得更多。

埃琳的情况并非个案

埃琳的收入水平代表了当前经济体系中大多数岗位的薪资状况。自 20 世纪 80 年代以来，对于那些没能晋升到管理岗位的劳动力、那些从事单调乏味的重复性工作的劳动力，以及那些没怎么受过高等教育的劳动力来说，他们的工资水平一直停滞不前。这三种劳动力占据了全美绝大多数的工作岗位，在全部劳动力中，只有不到 1/5 的人从事着管理岗位的工作。直到今天，美国仍旧有大量的工作属于机械性的重复劳动，比如秘书或司机，[3] 超过 55% 的劳动力没有拿到大学本科文凭。[4] 考虑到通货膨胀，这些劳动力的实际工资没有发生任何变化。

更让人惊讶的是，在同一时期，也就是 2014 年至今，劳动生产率其实一直在稳步提高。所谓劳动生产率，指的就是经济体系生产的总价值除以全部劳动力的数量（当然也包括高薪劳动力）。平均来看，这项指标每年都在以 1.7% 的速率稳定增长（见图 1）。[5] 尽管劳动力所生产产品的价值一直在增长，但大多数劳动力通过生产劳动所获得的回报却并没有随之增长。从图中可以看出，自 1980 年以后，劳动力的生产效率与大多数劳动力的工资水平出现了明显的分化趋势。

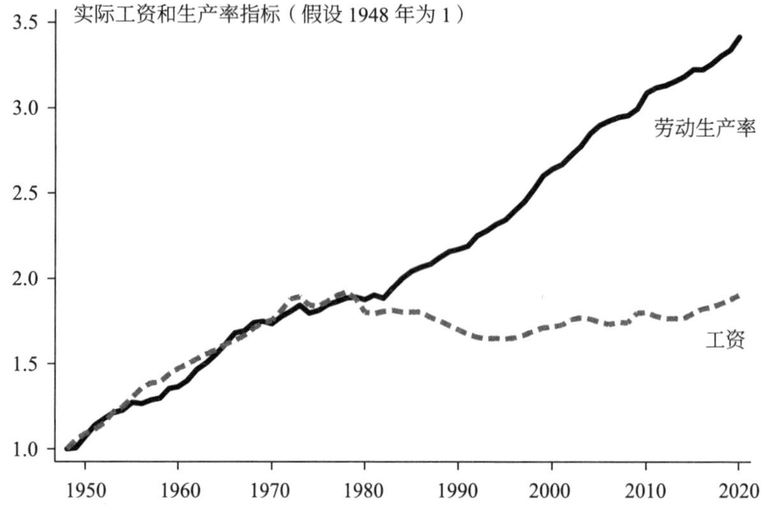

图 1　非监督工人的平均工资和所有工人的劳动生产率

资料来源：U.S. Bureau of Labor Statistics, Current Employment Statistics. For further details, see www .TheProfitParadox .com。

劳动生产率逐步提高，而大多数劳动力的工资水平却停滞不前，且二者之间的差距还在持续扩大。显而易见，劳动力在经济体系中分到的蛋糕越来越少了。由此可见，我们真正应该感到惊讶的不是劳动力收入水平没有增长，而是劳动力虽然创造了大量财富，但这些财富却没有给他们带来什么好处。也就是说，在如今的经济体系中，社会财富分配给工资的份额（经济学家们称之为“劳动收入份额”）越来越小了。

普通工薪阶层已经意识到，他们的情况比他们父母的情况更糟糕。尽管工作十分努力，但他们仍旧不可避免地沿着社会阶层这座滑梯一路下滑。注意，这并不是说他们一直在原地踏步，而是说他们虽然在努力提高自己的速度，却发现自己一直在不断倒退。

并非所有劳动力的情况都变糟了

工资停滞不前的现象因受教育程度的不同而有所差异。如图 2 所示，平均来看，工资水平的发展趋势受到了教育水平的影响。对于高中及高中以下学历的那些劳动力来说，他们的工资水平下降了 15%。即使是那些受过一些大学教育的人，例如两年制专科学历，他们的工资水平也没有任何增长。这两种教育程度的劳动力，占据了劳动力总数的大部分（1980 年这一比例为 80%）。

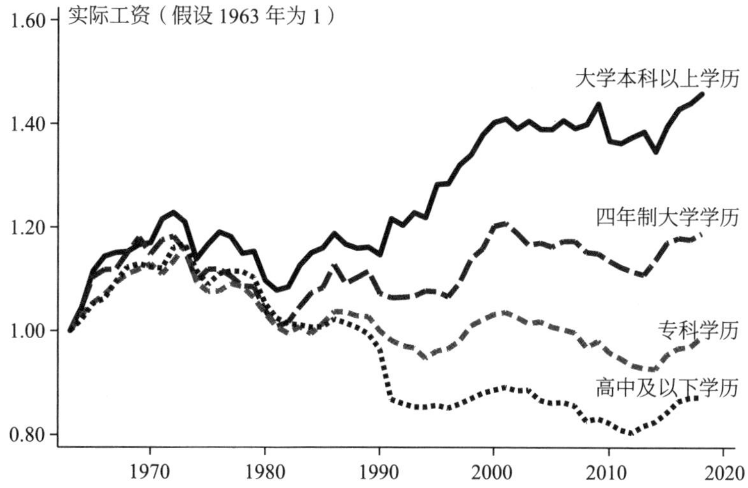

图 2 不同教育程度劳动力的工资水平

资料来源：U.S. Census Bureau, Current Population Survey. For further details, see www.TheProfitParadox.com。

虽然受教育程度较低的劳动力的工资没有增长，但受教育程度较高的劳动力的工资却有所上升。1980 年以来，拥有四年制大学学历的劳动力的工资增长了 20%，工资增长幅度最大的则是那些硕士、博士等学历更高的劳动力。换句话说，1980 年以后，受过完整大学教育的劳动力和没有受过完整大学教育的劳动力之间的收入出现了巨大分化，这种现象被人们称为“学位溢价”（college premium）。在美国，平均而言，拥有大学本科或更高学历的劳动力的收入，比高中及以下学历的劳动力的收入高出 96%，这一比例在 1980 年只有 46%。[6]

针对学位溢价的演变趋势，我们很难给出一个较为合理的解释。如今拥有大学学历的劳动力的人数几乎是 1980 年的两倍，按照常理来说，既然竞争“高精尖”工作岗位的高学历人才越来越多，那么各企业应当会更加容易地雇用到高学历、高技术的劳动力，这些企业支付给他们的工资也会越来越低。

那么，高学历劳动力之间激烈的竞争，真的会导致他们的工资水平逐渐下降吗？很显然，这一推论与现实数据并不相符——学位溢价现象正在变得越来越严重。更加令人震惊的是，我们身边还有很多像埃琳一样的人，他们有着较高的学历，却从事着并不需要什么学历的工作，拿着相当微薄的工资。据此我们可以设想一下，纳什维尔①到底有多少才华横溢、受过良好教育的音乐家正在餐厅里给别人端盘子送菜？

到底是什么因素导致了这种现象？最流行的一种解释是，科技进步使得那些高学历劳动力的生产效率得到了极大提高。例如，信息技术使得物流经理能够提高沃尔玛、亚马逊这种大型批发分销商的数千家门店的运营效率。像计算机、软件这种较为廉价的资本品，可以极大地改进那些优步中央办公软件开发人员的生产效率，但对优步司机的影响却微乎其微。换句话说，科技进步导致司机的空驶时间被大大缩短，进而提高了整个企业的运营效率，但由此产生的利润增长其实很大程度上要归功于程序员，而不是司机。

① 纳什维尔（Nashville），美国田纳西州的首府，美国乡村音乐的发源地，被人称为“音乐城市”，是美国教育文化程度最高的城市之一。——译者注

总的来说，创造这些丰厚利润的劳动力可以得到相应的回报。另外一个值得我们注意的现象是市场范围的逐步扩大。借助更便捷的通信技术、更便宜的运输费用，新技术触及的范围极为广泛。1980 年之前，企业很难走出本地市场，而如今，只要稍加创新，企业就可以迅速占领全球市场。就优步而言，市场占有率的迅速提升给企业带来了“赢家通吃”的丰厚回报。对于那些在生产过程中改进了产品、提升了效率、提高了销售额的高学历劳动者来说，他们可以分到很大的蛋糕，可是对于那些司机来说，他们的收入并没有提高。同理，智能手机制造企业总部研发的某个时尚功能或许可以大幅提升销量，但由此产生的丰厚利润却和埃琳这样的高级技术顾问没有什么关系。

类似的经济现象还有很多，最典型的就是超级巨星效应了。[7] 在高质量录音技术出现之前，听音乐或看音乐剧的唯一途径就是去音乐厅、歌剧院或剧场。然而，每个音乐厅的座位只有那么几个，一位艺术家能够提供的表演每天也只有那么几场。对于那些人气极高的歌剧演员来说，想要充分发挥自己的价值，利用自己的天赋赚更多的钱，他们只能设定更高的票价，在更大的歌剧院演出，此外别无他法。

广播、电视、录音等科技普及之后，有幸聆听到玛丽亚·卡拉斯那天籁之音的听众，很快就从几千人跃升至数百万人，甚至数十亿人，卡拉斯也因此获得了超乎寻常的收入。由此可见，超级巨星的嗓音和形象蕴含着巨大的经济价值。同样，米克·贾格尔和亚当·莱文也取得了天文数字般的收入，因为有数以百万计的乐迷心甘情愿地为他们的音乐打开了自己的钱包。此外，凭借各种赛事的电视转播权，以及从北京一路卖到布宜诺斯艾利斯的签名球衣，足坛巨星梅西和内马尔也赚取了数百万美元的薪水和版税。

当然，超级巨星们的高额收入并不意味着今天最好的歌唱家就一定比一百年前最好的歌唱家更优秀，也不能说明赚钱较少的歌手和球员就一定技不如人。我举这些例子是为了说明，哪怕能力上只存在细微差异，这一差异也能在科技的作用下放大，进而导致收入和名气上的巨大差别。

超级巨星的市场是一个赢家通吃的市场。胜者不仅会捧走奖杯，也会卖出更多的球衣，收获更多的观众，如此循环往复，赢家得到的越来越多。这些超级巨星创造的利润越多，他们的收入也就越高。超级巨星的收入反映了他们的能力所带来的贡献。由此可见，在经济全球化的过程中，科技进步扮演了重要的角色，它让更多人看到了超级巨星的比赛，将球星们的签名球衣销往五湖四海。哪怕球星们的水平没有太大变化，那些杀出重围的超级巨星也能借助科技进步的东风拿到更多收入。

无论是赫赫有名的超级巨星，还是不那么有名的数据分析师、医生或华尔街银行家，在技术变革的背景之下，他们的生产力均得到了不成比例的提高。因此，他们的收入也是作为高级技术顾问的埃琳的数倍。不过需要注意的是，技术变革并不是导致收入不平等现象逐渐加剧的唯一驱动因素。大公司市场支配力的急剧攀升，不仅成为工薪阶层工资下降的决定因素，也加深了高收入劳动力与低收入劳动力之间那本就难以逾越的鸿沟。

劳动力市场之所以逐渐衰退，其实是因为商品和服务市场竞争的下降。无论是科技行业还是纺织行业，技术的更迭都在不断加快。换句话说，我们生活在一个技术飞速进步的时代——进步速度是如此之快，以至于只有少数几家公司能够跟上无线技术更新的步伐，进而统治整个铁路市场。虽然技术的进步给这几家公司带来了巨大的发展能量，但随之而来的却是良性竞争的匮乏，这种匮乏导致了劳动力之间的各种不公现象。

我们对收入不平等加剧的根源进行了研究，显然，各大企业在其中扮演了极为重要的角色。具体来说，企业的差异性正变得越来越高，这在很大程度上会加剧收入分配的不平等现象。只要对比一下企业的职员表我们就可以看出端倪：在过去，大多数公司都会同时雇用相当数量的低技能人才与高技能人才；而现在，很多公司几乎只会为那些高价值、高薪酬的劳动力提供一个容身之处，对于保洁、工作餐等琐碎的服务工作，他们会选择外包给其他专门的公司。

在高科技行业，这种现象尤为明显。那些大型科技公司雇用着大量的高技能人才，给他们发着不菲的薪资，提供着极为人性化的福利待遇，尤其是在硅谷。有谁不想在谷歌总部工作，成为一名免费享受高级美食、洗衣和日托等生活福利的高薪程序员呢？

然而科技行业的公司并非都是如此，比如埃琳的公司。尽管已经晋升为高级技术顾问，可埃琳仍旧和大多数同事一样，拿着微薄的薪水。跟谷歌总部那些员工相比，二者的收入简直是云泥之别。其实在以前，埃琳的公司就相当于企业内部的服务台（help-desk），只有在现在这个年代，服务台功能才会被企业外包给其他公司。

换句话说，原先的一家企业现在被拆分成了两家公司，一家发挥着服务台的职能，给员工支付较低的薪水，另一家则担负着企业总部的职能，负责设计和研发。在以前，这两种职能通常都会由同一家企业的不同部门来完成，保洁人员和安保人员一般也是由企业自主招聘。如今，大多数公司都会把这些服务性的职能外包出去。

所以说，收入不平等现象很大程度上是各个企业的差异性越来越高所导致的。手机行业的设计师、程序员和研发人员都拿着较高的薪水，而那些承担着服务台职能的外包公司的员工就比较惨了，他们只能拿到很低的薪水。也就是说，之所以收入越来越不平等，主要是因为企业之间越来越不平等。一些企业只会雇用那些拓展性强、生产效率高的劳动力，并为他们支付很高的工资，而另一些企业只会设立服务性质的岗位，招聘一些可替代性强的劳动力，并支付给他们较低的工资。

虽然企业之间的不平等程度有所加剧，但企业内部的收入不平等程度却没怎么变过。平均来看，收入排在前 1% 的员工的收入是其余同事的 20 倍，这个比例与 1980 年的水平基本持平。不过，放眼整个经济体系，收入不平等现象还是在加剧，其中至少有 2/3 来自企业间不平等程度的扩大。[8]

由此，各企业之间自然会形成一条鸿沟：在谷歌总部工作，员工们每周都会有一整天的自由时间去做自己的事情，而在埃琳的公司，员工们每天只能挤在狭窄的格子间中，行走在低矮的天花板下，在污渍斑斑、卷边脱线的地毯上消耗时光。其实这一切都是 1980 年以后才逐渐出现的，在此之前，这些人可能都在同样的地点办公，既不像谷歌总部那样高端，也不像技术服务公司那样简陋。就像工作环境的差异一样，人们的收入自然也产生了很大的差距。自 1980 年以来，企业之间的差距与员工收入之间的差距一直在不断扩大，而前者则是整个经济体系内收入不平等现象愈演愈烈的内在推力。

少数高薪人士所带来的收入增长，不足以抵消大多数工薪阶层的收入下滑。换句话说，即使我们把高薪人士的收入和超级巨星的工资算进去，将所有劳动力的薪酬综合到一起来看，经济体系在劳动力薪资方面的支出自 1980 年以来也一直在稳步下降。劳动收入份额，即劳动力工资总额占经济生产总值的比例，历来都在 2/3，或者说 65% 左右，余下的那 1/3 是经济体系在资本和利润方面的支出。如今，劳动收入份额已经降到了 58% 以下。[9] 下降 7 个百分点（或者 10 个百分点）看似幅度并不大，但我们必须要注意，这一比例包括了所有收入群体，这意味着广大劳动力在经济大蛋糕中所获得的份额比之前少了足足 10%。

这一下降不仅比例惊人，而且前所未有。更不可思议的是，不仅劳动收入份额在下降，就连资本份额也在下降。换句话说，企业用于资本投资的份额也越来越低。而事实上，1980 年以后，整个经济体的利润在飞速上升。

综上可见，那些大型企业一边贩卖着商品，一边主宰着市场。广大劳动力薪酬降低，企业拥有者（包括所有用养老金购买这些企业股票的散户股东）的收益提高，这是经济中发生的一个根本性变化。

然而，劳动收入份额的下降并不是简单的广大劳动者与资本所有者之间的财富再分配（既有输家，也有赢家）。在本书中，我将论证，除了极少数资本所有者，经济中正在发生的这种现象对绝大多数人都是不利的。虽然最大的输家无疑是广大劳动者，但事实上，包括大多数资本所有者在内，整个经济体系的情形正在变得越来越糟。

金表神话

薪资停滞和收入差距扩大并不是劳动力市场仅有的两个变化趋势，1980 年以来，其他长期趋势也在深远地改变着劳动力的处境。本书中，我会从宏观的角度为大家展现当今时代各种工作岗位的综合变化：有些众所周知，有些鲜为人知，有些甚至违背直觉。

关于劳动经济学，很多人在观念上一直存在一些误区。为此，我会根据统计数据和科学研究，尝试帮助大家还原事情的真相。第一个误区就是所谓的“金表神话”。大多数人认为，我们的父辈和祖辈那几代人工作更加稳定，更不容易失业。对于他们来说，只要找到一份工作，他们就可以守着这份工作度过整个职业生涯。年轻人会在当地的公司或工厂找一份工作，勤勤恳恳，升职加薪，直到退休的那一天。届时，他 / 她会收到老板赠予的金表与谢词，并同老板握手，为自己的职业生涯画上圆满的句号。

其实，所谓的金表神话只是一种错误认知，因为平均而言，当今工作岗位的稳定性比过去强得多。虽然这可能并不符合我们对经济状况的认知，但数据不会说谎，每份工作持续的时间的确正在变得越来越长。具体来说，与 20 世纪 80 年代相比，现在一份工作的持续时间平均延长了一年多。[10] 这是一个巨大的增长。

工作岗位越来越稳定，必然意味着人们换工作的频率越来越低。这就好比一个孩子去游乐场玩，如果他乘坐的旋转木马速度变慢、行程变长，那么他看到不同景色的频率也会降低。换句话说，工作岗位的持续时间和人们更换工作的频率是负相关的。通过数据我们会发现，人们更换工作频率的下降幅度十分惊人。同 1994 年（相关统计数据刚刚建立起来的年份）相比，在给定的一个月内，劳动力更换工作的频率下降了 31%，[11] 这说明劳动力市场的活力出现了明显下降。既然大家换工作的频率降低了，那么随之而来的自然是劳动力结构调整速度的下滑。换句话说，商业活力正在逐渐丧失。

判断劳动力市场活力的另一指标是城市之间的迁移率，因为大多数人从一个城市迁到另一个城市的原因是工作变动。事实也的确是这样的：数据显示，美国城市之间的迁移率跌幅很大，现在的迁移率只有之前的一半。具体来说，在 30 年前，美国各州之间每个月发生迁移的人口约占总人口的 3%，如今这一比例已经降到了 1.5%。[12]

劳动市场活力的大幅下降引起了很多人的担忧。我认为，尽管工作岗位的稳定相对可取，但工作更换的频次下降十分有害，因为它阻碍了社会的阶层流动，拖慢了劳动力的晋升速度，让大家越来越难以达成自己的职业目标，首当其冲的便是那些年轻劳力和初出茅庐的毕业生。如今，年轻人需要花费更长时间才能找到一份工作。这不仅严重耽误了个人发展，也给经济增长带来了极大阻碍，因为年轻人失去了最佳发展机会，市场也失去了生产力增长的最大来源。

此外，由于年轻时缺少良好的工作机会，欧洲有很多人直到30多岁仍旧和父母住在一起，还有很多人选择晚婚晚育，甚至干脆不婚不育。

在劳动力市场活力逐渐走低的大背景下，那些已经年过50岁却不幸失业的劳动力注定前途渺茫，对于他们来说，找到一份新工作可谓难上加难。丹麦的劳动力市场就是一个活生生的例子：20世纪90年代以前，丹麦的劳动力市场长期低迷不振，并掀起了一轮失业潮，其持续时间大致和当今地中海的某些国家相当。为了降低岗位的僵化程度，提高工作的流动性，制造更多就业机会，丹麦政府出台了很多新政策。如今，无论是年轻人还是老年人，丹麦的绝大多数劳动力都可以更快地找到一份工作，这一改变足以抵消工作稳定性下降所带来的负面影响，因为对于50岁以上的劳动力来说，没有稳定的工作不是那么可怕，找不到工作才真的是世界末日（我会在第10章进行更加详细的讨论）。

每一份新工作都来源于一家不断成长的公司，而一家公司是否能够长远发展则取决于是否能够持续创新。那些初创公司为社会提供的工作岗位，要比发展中企业或成熟大企业提供的岗位多得多。[13] 值得注意的是，与40年前相比，现在新成立公司的数量正在逐渐减少。

假如在某个鸡尾酒会上，你公然宣称现在创业等于自寻死路，那么大家只会嗤之以鼻。的确，随着科技的飞速进步，硅谷的各种新公司如雨后春笋般快速崛起，所有人都认为当今的时代就是一个创业的时代，创业公司的数量比以往任何时候都要多。虽说有很多像 pets.com 一样的创业公司没能向社会兑现自己当初的承诺，可它们至少努力过、创新过。不过，统计数据再一次刷新了人们的认知。

与 40 年前相比，包括零售业、制造业、运输业、能源业、银行业等行业在内，在所有经济领域当中，每年新增企业的数量大约只有之前的一半。[14] 即便在科技领域，情况也是如此！[15] 毕竟，有谁会想要和谷歌或脸书这样的科技巨头同台竞技？虽然有些出人意料，但所谓的创业热潮的确只是一个认知偏差，而非客观事实。

当年的摩登时代

工薪阶层的薪酬逐渐降低、收入不平等现象持续加剧、劳动收入份额不断下降、劳动力活力和岗位流动性越来越差、创业公司数量大不如前……所有这些影响劳动力市场健康发展的疾病都出现在 1980 年以后。本书的主题就是同大家一起，探寻“工作”一词为何失去了往昔的光彩，经济体系为何会染上这些疾病。

毫无疑问，过去的 40 年处在技术变革、经济全球化、人口结构转型的变迁时期。由于这些变化给社会带来了深远的影响，它们自然成为回答“劳动力市场为何会出现这些疾病”这个问题的最佳答案，而科技进步可能是最重要的诱因之一。不过事实上，科技进步并不是导致这种恶果的罪魁祸首，相反，它更像是电视剧《一善之差》（*Good Behavior*）中的哈维尔·佩雷拉，剧中几乎所有人都是坏人，而他则是最好的那一个坏人，大多数观众都会不由自主地对他产生同情。技术变革也是如此：根据统计数据，我们总结出了劳动力市场的种种疾病，其中许多疾病都来源于科技进步。不过话又说回来，虽然科技进步看上去像是一种毒药，但大多数情况下它也是一种解药。

想要找到真正的罪魁祸首，我们需要以史为镜。虽然劳动力市场在过去的 40 年中发生了举世瞩目的变化，但这并不是历史上第一次出现这种情况。当今的劳动力市场和 100 年前的劳动力市场并没有本质上的区别，我们完全可以借鉴当年的“摩登时代”，看看这背后到底发生了什么。

在大萧条给美国经济带来全面打击的时代，由查理·卓别林主演的默片《摩登时代》（*Modern Times*）讲述了一个工厂工人的工作逐渐机械化的故事——虽然他是一个活生生的人，可事实上他和机器中的那些齿轮、螺丝或线圈没有什么本质区别。无奈之下，他只好一遍又一遍地重复那套已经执行过千万遍的技术动作，试图抵挡住工业时代的滚滚洪流，在流水线和大机器中求得一线生机。在这部电影中，卓别林最后一次扮演了他最喜爱的小流浪汉形象。当初正是凭借这一诞生于 1914 年的经典形象，卓别林成为享誉世界的喜剧大师，迅速博得了影迷的喜爱。

虽然一无所有，穷困潦倒，但他却受过良好的教育，举止得体，彬彬有礼，拥有一颗金子般的心，这就是我们所熟知的小流浪汉，他是“迷惘的一代”的典型代表。和父辈相比，他们这一代人的境况要糟糕得多。尽管如此，小流浪汉还是十分注重自己的仪表，总是立着洁白的衣领，戴着黑色的礼帽，穿着得体的西装三件套。即便只剩下一颗豌豆可以吃，他也会提前铺好白色亚麻布，优雅地吃完这顿饭。

由于时运不济，身为中产阶级工人的小流浪汉并没有赚到什么钱。虽然受过一定的教育，也从不挑三拣四，可他唯一能找到的工作就只有流水线上的苦活。这些工作不仅辛苦，而且工资很低，工厂里面没人在乎他的中产阶级背景，他所受过的教育也发挥不出应有的价值。环境恶劣、收入极低、高度机械化、不把人当人看……工作为什么变成了一件让人痛苦万分的事情？在创作《摩登时代》时，卓别林开始思考这些问题的根源所在。

1936 年 2 月，《摩登时代》在纽约市里沃利剧院首映。虽然这部电影并没有立即在美国取得票房上的成功，但是在欧洲，它迅速成了普通大众与知识分子热切讨论的话题。让-保罗·萨特（Jean-Paul Sartre）和西蒙娜·德·波伏娃（Simone de Beauvoir）为他们的法国存在主义文学杂志取了一个和影片同样的名字（法语为 *Les Temps modernes*，发行于 1945—2019 年）。此外，影片中那些经典画面也对社会各界产生了深远影响。乔治·奥威尔将老大哥严密监控工人的场景写进了自己的小说《1984》，并于 1949 年出版。那些令人过目难忘的工厂流水线，随后也成了众多喜剧片的灵感来源。

影片的拍摄过程刚好处于美国经济大萧条最严重的时期。[16] 继第一次世界大战，也就是地球上第一次真正意义上的世界性冲突之后，人类社会首次迎来了一场全球性的经济衰退。换句话说，就在世界经济刚开始出现全球化征兆的时候，就在工业化生产、技术革新、密密麻麻的国际贸易路线开始以史无前例的速度进行扩张的时候，持续不断的国际冲突和经济衰退突然给人类社会来了当头一棒。

1870 年至第一次世界大战期间，人类社会迎来了著名的第二次工业革命。从机床的制造、钢铁的生产，到电力的传输、石油的开采，再到新材料的开发、新化学制品的研制，制造业的各个领域几乎全都出现了井喷式的发明与创新。与此同时，世界各地的铁路网络开始大规模扩张，内燃机技术开始被广泛传播与使用，电机技术开始迅速发展，生产线理念开始被广泛采用，电报、电话、无线电等新通信技术很快就被普及到世界各地。其结果就是，人口流动性开始快速提升，通信手段与通信规模开始大幅增加。

虽然说早在几十年前，也就是 19 世纪上半叶的时候，这些新技术新发明就已经奠定了相应的基础，但一直到 19 世纪末、20 世纪初，相关配套技术才得以普及，大规模生产才得以成功地推动经济迅速前行。

随着商品贸易的增长、人口的流动，以及思想的传播，科学技术得到了快速普及与发展。无论是在美国国内，还是在全球范围内，经济的流动都越来越依赖于利润的增长，反之亦然。第一次世界大战之前，国际贸易经历了长达几十年的快速增长，国际贸易与总产出的比值在一战前夕达到了惊人的 30%，创下了历史最高水平。[17] 然而，经历了一战和 20 世纪 30 年代的大萧条之后，这一比例骤降为 10%，直到 70 年代中期，该比例才重新回到了战前水平，也就是 30%。

技术变革不仅会刺激经济的腾飞，同时也会帮助企业形成更加有效的组织经营模式，进而获取更加强大的市场支配力。那些成功开拓新市场的公司，不仅能够先人一步排兵布阵，还可以在新兴科技的帮助下充分发挥自己的先发优势，保持市场主导地位。

有些行业利润颇高，却很少出现新的竞争对手，这可能是由于技术方面的原因（例如铁路行业令人望而却步的入场成本），可能是因为政府政策的隐性保护，可能是因为反垄断法执行不到位，也可能是因为场内企业的勾结与排挤。人们常常指责那些商业帝国的缔造者不择手段、道德败坏，并给他们贴上“强盗资本家”的标签，比如安德鲁 · 梅隆、约翰 · 摩根、安德鲁 · 卡内基、查尔斯 · 施瓦布、利兰 · 斯坦福、罗素 · 塞奇、康内留斯 · 范德比尔特以及约翰 · 洛克菲勒等人。

虽然有些人把这些“强盗资本家”看作引领经济进步的行业领袖，但许多历史学家对此持反对意见，认为他们一直在掠夺和欺骗那些投资者、客户以及政府，并想方设法地去阻挠经济的健康发展。例如，约翰·洛克菲勒的标准石油公司一直以来都在大肆吞并小公司，以便形成一股强大的市场支配力，从而避免自己的企业因市场竞争而导致利润下滑；约翰·摩根重组、整合了位于美国东海岸和中西部地区那些同自己处于竞争关系的铁路公司，同时创建了备受争议的北方证券公司，并借此在芝加哥及周边地区的金融市场中取得了近乎牢不可破的垄断地位。

虽然在那段疯狂的时期，某些企业和个人迅速积累了不计其数的财富，可这件事也意外地给后人带来了一个好处，那就是各种各样的慈善基金，其中大部分资金都捐给了那些以富人姓氏作为前缀的大学和研究机构，比如斯坦福大学、卡内基梅隆大学、杜克大学、范德比尔特大学以及罗素塞奇基金会。安德鲁·卡内基捐出了自己 90% 的财富，这一行为本质上和比尔·盖茨与沃伦·巴菲特共同发起的“捐赠誓言”运动没有什么不同，都是在呼吁当代的亿万富翁捐出一半以上的财富来回馈社会。

有趣的是，虽然 20 世纪那些大公司疯狂聚敛了巨额财富，但其中有相当一部分财富最终流入了最富有的几个基金会中，这些基金会通常会为各种慈善活动或社会问题的研究提供资金支持。然而讽刺的是，这些研究机构所研究的社会问题，通常都是由基金会创始人在积累财富的过程中直接或间接导致的。

巨大的财富也造就了令人赞不绝口的建筑奇迹。如果范德比尔特或福特在当年没有取得足够高的利润，那么像纽约中央车站或者通用汽车纽约办公楼这样令人叹为观止的建筑就不可能建成。[18] 这种现象不仅存在于美国，其他国家那些建于世纪之交的闻名天下的建筑同样也离不开富人的捐助，比如巴黎的埃菲尔铁塔，布鲁塞尔那些由维克多·奥塔（Victor Horta）设计建造的新艺术风格建筑，以及位于巴塞罗那、出自高迪（Gaudí）之手的现代主义建筑。

表面上看，由科技进步引起的财富积累和经济增长不仅没什么坏处，甚至好得不能再好。由于各个国家的经济活动已经紧密交织在一起，人们开始相信，经济将会一直繁荣下去，世界再也不会回到以前那个灰暗的时代了。不过我们别忘了，这一切都发生于人们进入发达国家不需要护照，也不受任何其他限制的时期。[19]

1910 年，诺曼·安吉尔（Norman Angell）出版了《大幻觉》（*The Great Illusion*）一书，并在书中提出了这样的观点：通过贸易和信贷等方式，各个国家之间的经济已经紧密交织在一起，其相互依存度是如此之高，以至于任何脱离这种经济网络的行为都会导致难以弥补的损失，所以说没有任何国家想要主动发起战争。换句话说，哪怕一个国家成功征服了另一个国家，且顺利夺取了它的财产，前者仍然需要支付巨额的成本才能维持后者的正常运转，更不用说征服过程中消耗的那些人财物力了。[20] 这是资本主义的最理想形态：无论是人力上的还是物质上的，所有资本在现代开放经济中都不会受到国界、国家、民族等因素的影响。

当然，正如书名所示，安吉尔的理论本身就是一种幻觉，该书刚问世四年多，第一次世界大战的战火就席卷了全球，将他那脆弱不堪的理论烧了个粉碎。随后的几年中，他修正了自己的理论，并提出了一个新的观点：考虑到经济发展与国际合作密不可分，尽管我们无法避免战争，但我们可以证明战争毫无意义，这种行为彻底违背了经济的发展规律。虽然说这种过分乐观的情绪，或许可以从某种程度上反映出经济发展和财富积累的平均速度正在飞速提升，但它却忽略了另一个客观事实，那就是这些新增财富的分配极为不均，大量新增财富倾斜到了极少数人的身上。

通过卓别林的《摩登时代》我们就可以看出，新增的社会财富并没有被平均分配。虽然经济在整体上取得了进步，但绝大多数劳动力的境况却变得更糟。也就是说，安吉尔修正后的理论仍旧忽略了一个客观事实：对于经济体系而言，收益的分配必须足够平等，否则一旦体系崩溃，绝大部分人就会变得一无所有。

如今的摩登时代

总而言之，利润悖论指的是这样一种现象：一方面，科技进步给经济发展带来了极高的活力，推动了社会的全面进步，企业的各种创新不仅提高了生产效率，也改善了大众的日常生活；但另一方面，新科技的出现也帮助某些企业在市场中建起了难以撼动的支配力与统治力，从而给广大劳动力带来了很多负面影响。

利润悖论在 1980 年以后的发展、演变情况，跟一个世纪之前有很多相似之处，如今的摩登时代几乎就是卓别林影片中的摩登时代的翻版：社会上有很多像埃琳一样的高级技术顾问，他们训练有素、受过良好教育、在 IT（信息技术）行业工作，工资却低得吓人；而埃琳服务的那家智能手机公司却赚着巨额利润，市值也是屡创新高。

就像 19 世纪电力、通信、内燃机的发展情况一样，第二次世界大战之后的技术进步也催生了计算机、互联网、移动通信等产业。这些技术问世 50 年之后，也就是在千禧年前后，随着民主化进程的推进以及业务规模的扩大，移动电话开始迅速普及，以零售业为主的多个行业迎来了翻天覆地的变化。这种颠覆性的科技进步不仅促进了社会的进步，同时也给某些行业的先行者带来了强大的市场支配力，帮助它们将竞争对手扼杀在了摇篮里。

今天的数字通信网络，其实就相当于 20 世纪初的铁路。就像之前约翰·摩根通过整合竞争对手、提高市场价格等手段攫取了市场支配力一样，如今马克·扎克伯格也如法炮制，将 Instagram（照片墙）、WhatsApp（网络信使）、脸书等大型社交平台整合到了一起。

这种市场支配力不仅带来了极高利润，同时也创造了巨额财富。50 年后，我们的孙辈和曾孙辈很可能会向扎克伯格基金会或者贝佐斯家族基金会申请助学基金，带有这些家族名字或公司名字的大厦与博物馆，也很有可能成为各个街道的地标性建筑，就像今天的古根海姆博物馆一样。

当今时代的银行家、对冲基金创始人、企业家、硅谷亿万富翁们，目前名声都还不错。希望今天市场支配力对经济的影响，不会像一个世纪以前那么严重。

17 世纪，在政府的大力支持下，荷兰东印度公司获得了完全垄断的市场支配力，其支配力是如此强大，以至于就连镀金时代①的强盗资本家在其面前也只是小巫见大巫而已。[21] 不管怎么说，有一点我们可以确定无疑：就像 100 多年前的情形一样，企业在市场中的强大支配力，一定会对当今时代的广大劳动者产生深远的影响。

本书的重点是证明过去 40 年劳动力市场发生的这些演变是市场支配力兴起导致的结果，其成因和影响与卓别林影片中的摩登时代极

---

① 镀金时代（Gilded Age），来自马克·吐温的同名小说《镀金时代》，特指美国南北战争和进步时代之间的一段时期，大约为 1870—1900 年。——译者注

为相似。

请允许我冒昧地将当前的时代称为“摩登时代”，这主要是因为从经济的角度来看，我们这个时代和19世纪末、20世纪初的那个“摩登时代”有太多相似之处，二者都经历了科技的快速进步、经济的全球化、国家间经济依赖性的提升。此外，两个年代的经济收益都随着社会的进步而出现了大幅增长，而且在新增财富的分配问题上都出现了极为夸张的失衡现象。

有意思的是，“摩登”（modern）这个词具有两个含义。一方面，从日常口语的角度来说，由于带有“modo”（意为“刚刚”）这个词根，摩登可以指代当前的事件，或者是不久前发生的事件。比如我们可以说，现代的电池技术可以使电动汽车的续航里程达到350英里（约563千米），这句话中的“现代的”其实跟“摩登”是同一个词。也就是说，在日常使用当中，modern（摩登的、现代的）和contemporary（当代的）可以看作同义词。另一方面，从历史的角度来说，摩登指的是某一段特定的年代。

本书会着重向大家展现和劳动力市场相关的方方面面，并如实记录过去40年当中劳动力市场领域的进展与演变。我不仅会告诉大家真相，也会告诉大家原因，以及当前社会正在发生的变化。除了列举各种事实，本书还会依托大量经济研究来分析、解释这些事实，以便找出问题的根源所在。

在接下来的内容当中，我将以事实和经济研究为依据，同大家一起思考劳动力市场为何会演变成现在这种状态。此外，本书也受到了斯塔兹·特克尔（Studs Terkel）的著作《工作》（1974）的启发，特克尔于书中记述了普通人（和不那么普通的人）的日常生活与工作。因此，除了各种事实与数据之外，我也会在本书中记录下像埃琳一样的劳动者，以及他们在工作领域遇到的各种事。虽然根据统计学产生的数据结果与特定劳动者经历的独特事件之间，必然会存在很多不一致的地方，但我认为二者都有着宝贵的研究价值。正如斯蒂芬·茨威格（Stefan Zweig）所说："真正有意义的并不是那些冷冰冰的数字与案例，而是其背后所包含的人性和情感。"[22]

1

第一部分

市场支配力的形成

由于合并、并购、企业所有权高度集中化等现象的存在，市场必然会孵化出一些体量惊人的公司。另外，企业的有机成长与技术的不断进步所带来的规模效应，也会导致市场支配力的形成与发展。

第 1 章

管理护城河的艺术

为了解释什么样的企业才是最值得投资的企业，沃伦·巴菲特曾说过这样一段话："我不想投资一个对于竞争对手来说非常容易进入的行业，我理想中的企业要有自己的护城河。另外，企业必须有一座雄伟的城堡，负责管理城堡的公爵也要诚实勤劳，聪明能干。当然，最重要的是在城堡周围修一圈足够宽的护城河。"巴菲特还说，如果你真的有一座雄伟的城堡，那么其他人一定会想要攻占它。因此，巴菲特总是督促手下的管理者去做一件事，那就是不断拓宽护城河，然后把鳄鱼和鲨鱼都扔进河里，从而抵挡竞争对手的入侵。[1]

我们知道，每个企业家都想垄断市场，让自己的公司独霸一方。这是因为在没有竞争对手的情况下，垄断者可以随意设定价格，使自己的利润最大化。虽说当今世界不太可能出现完全垄断的企业，但在 21 世纪初，像康卡斯特这样的有线电视供应商，在当地市场中已经非常接近完全垄断的状态，尤其是在那些偏远的乡村地区。身为这些地区的唯一供应商，它没有任何竞争对手，所以市场价格都是它自己说了算。

一方面，由于每件商品的售价都高于它的生产成本，更高的定价可以直接增加企业的收益；但另一方面，更高的定价也会导致买家数量的减少，从而间接地减少企业的收益。假设康卡斯特提高了有线电视的服务价格，那么很多买家就会因财力不支而放弃购买。想要利润最大化，企业在定价时就必须综合考虑直接效应与间接效应，在提高价格与降低销量之间取得平衡。

严格来讲，康卡斯特并没有完全垄断市场，因为市面上还有很多供应商可以提供类似的服务，比如卫星电视；此外，越来越多的互联网内容供应商也在不断进入这一市场。如果市场中只有少数几家公司参与竞争，我们就把这种情形称为寡头垄断。此时，市场中的竞争行为十分有限，这些企业仍然可以让价格远高于成本，从而赚取超额利润。不过这种超额利润很难维持，因为高利润必定会吸引一批新的竞争对手来分一杯羹。让新来的竞争者可以轻松参与到市场竞争中是竞争性经济中资本主义制度赖以存在的基础。

一个完全竞争性的市场不会存在任何市场支配力，企业的利润也不会超过资本回报，而是刚好可以适当地补偿投资者所承担的风险和其他成本。[2] 因此，我们可以将市场支配力看作某些公司的特殊能力，这种能力可以帮助公司将价格定在成本之上，并将由此产生的超额利润补贴到投资、风险和创新之上。正如沃伦·巴菲特所言，成功的企业家只会去猎寻那些几乎没有什么竞争的市场。企业家们之所以争先恐后地去抢占新市场，就是为了让企业的收益高于银行的利息。

当然，并不是每家公司都能拿到这种超额利润。沃尔玛称霸零售市场后，它的利润一路飙升，竞争对手的利润则一路下滑。由此可见，虽然创业的最大意义在于从乱军中杀出一条活路，但光靠英明决策和持续创新还不足以取得胜利，我们的运气也必须足够好才行。

企业的最终目标，就是从这场以创新力为核心的竞赛中脱颖而出，赢得更高的生产力以及短暂的垄断权力。这就是约瑟夫·熊彼特（Joseph Schumpeter）提出的“经济增长理论”与“创造性破坏理论”：为了获取短暂的市场支配力，企业会不断地进行创新，并淘汰现有的劣势技术。[3]

创新也为竞争对手提供了采用新技术甚至超越新技术的机会，从而在这一过程中不断挤占领导者的空间。正是这种你追我赶的竞争氛围，推动了科学技术的不断进步。虽然特斯拉在电动汽车市场处于绝对领先地位，但它周围早已群狼环伺，竞争对手们都想借助更先进、更廉价的技术跟特斯拉掰一掰手腕，看看谁才是真正的行业老大。

尽管垄断的力量可以激励创新和增长，但这种力量是暂时的，一旦竞争对手采用了相同甚至更先进的技术，这种力量很快就会消失。另外，按照常理来说，垄断权力并不会导致超额利润，因为为了实现技术的飞跃，并最终受益于这暂时的市场支配力，企业就必须把钱用来投资。另一方面，考虑到市场中的每一位竞争者在想方设法地超越对方，企业还需要根据预期利润提前进行投资。

正如沃伦·巴菲特等身经百战的投资者所言，盈利企业之所以还会继续创新，其目的往往不是推出新产品和新技术，也不是降低生产成本，而是确保那些潜在的竞争对手无法进入自己的领域，跟自己分一杯羹。

和那些在垄断力量的激励下努力创新、不断超越竞争对手的企业家不同，巴菲特所推崇的企业家会在城堡周围建造护城河，限制竞争对手的进入，不断巩固自己的势力，实现永久性垄断。也就是说，如果投资者不断地扩建城堡，同时利用所得利润收购更多建有护城河的城堡，那么熊彼特的经济增长理论就不再生效，企业之间的竞争变成了一场“大富翁桌游”。

顺便说一下，拥有大富翁游戏版权的帕克兄弟喜欢把大富翁的创作过程包装成一个经典的美国梦：一个穷困潦倒的失业工人在大萧条时期发明了大富翁游戏，很快便风靡全美，成了市场上最受欢迎的游戏，而他自己也成了一名百万富翁。

不过，现实总是比故事要复杂一些。如今我们所熟知的这一版大富翁，其原型来自 1903 年伊丽莎白 · 玛姬（Elizabeth Magie）设计的“大地主游戏”（The Landlord’s Game）。当初她设计这款游戏其实并不是为了娱乐，而是为了更好地向大家展现垄断市场的危害。大地主游戏原本有两套游戏规则：第一套规则和现今流行的规则差不多，游戏最终只有一位赢家，这位赢家可以统治整个市场；第二套规则加入了反垄断的限制，市场中的新增财富会分配给每一位玩家。反垄断规则参考了 19 世纪著名经济学家、政治家亨利 · 乔治（Henry George）的理论。亨利 · 乔治认为，为了尽可能减少政府收入对市场的影响，我们应该对土地价值征税，而不是对劳动者的收入征税。[4]

伊丽莎白 · 玛姬试图借助这款游戏批判那些像约翰 · 摩根和洛克菲勒一样，在现实世界的大富翁游戏中取得了最终胜利，变得富可敌国的实业家。在那个年代，不少人觉得科技创新不会让市场变得像熊彼特所说的那样，各个企业积极竞争，胜者将享有短暂的垄断权力，败者随时有可能被取代；而是会让市场变得像大富翁游戏所展现的那样，个别企业借机称霸市场，垄断行业。

数十年后，乔治 · 奥威尔在评价《通往奴役之路》（*The Road to Serfdom*）时给出了自己的观点。他认为，哈耶克所描绘的“自由市场中企业全部处于良性竞争状态”这一画面实在太过于理想化了。奥威尔表示："竞争的问题在于，只有少数人可以取得最终的胜利。"[5]虽然哈耶克是一位杰出的经济学家、哲学家，而奥威尔并没有专业的经济学背景，但他绝对称得上是一位天赋异禀的思想家。经济学家们早就知道，竞争必须满足某些特定条件（每个人都可以获取完全的信息，市场不存在外部性、规模经济、经济摩擦），才能让亚当·斯密所描绘的那只"看不见的手"充分发挥作用，帮助市场为最多的人创造最大的利益。

哈耶克和奥威尔之间的分歧在于，现实中的市场是否满足完全竞争所必需的先决条件。哈耶克认为这些先决条件在很大程度上得到了满足，而奥威尔则认为这些条件没有得到满足，而且"自由资本主义必然会导致垄断现象"。[6]

在 19 世纪末、20 世纪初的时候，市场并没有出现哈耶克所描绘的良性竞争的场面，少数企业成功地突破了竞争对手的围剿，成为行业的垄断者。例如在石油和铁路等领域，利用公司合并等手段（往往是一些不太正当的手段），某些企业设法控制了整个生产网络，大大提高了行业的进入门槛，迫使潜在对手无法参与竞争。也就是说，这些企业只会为了争夺市场的主导权而竞争，并不会为了促进行业发展、提高市场水平而竞争。由此一来，虽然在争夺主导权的过程中会出现激烈的竞争行为，但只要有人赢得了竞赛，获胜者就可以一劳永逸、告别竞争。奥威尔不愧是文学奇才，他只是把"竞争"一词变成了复数形式，就把自己与哈耶克在观点上的差别体现得淋漓尽致①。换句话说，哈耶克认为竞争会产生多赢局面，奥威尔则认为竞争只会导致"一家独大"。

---

① 奥威尔的原话是"the trouble with *competitions* is that somebody wins them"。——译者注

接下来大家将会看到，过去几十年中所发生的事情，其实跟一个世纪以前（即 1890—1914 年这段时期）所发生的事情差不多：随着科学技术的飞速进步，熊彼特的理论宣告彻底失败；在各种手段的帮助下，那些企业家牢牢地将市场支配力捏在了自己手里，垄断权力几乎变成了一种永久性的存在。经过紧张激烈的科技竞赛，那些获胜的企业在提高生产效率的同时，也成功地利用科技优势将对手挡在了市场之外。换句话说，科技创新不仅帮助企业获得了竞争优势，成为行业的领头羊，也为其建立了永久性的护城河。

下面我将列举一些和市场支配力相关的数据和案例，看看当今的经济体系是否真的给某些企业带来了无可匹敌的市场支配力。如果是，那这种支配力到底有多恐怖？

市场支配力越来越强大的证据

市场支配力的案例可以说无处不在，几乎每个行业都有几家可以主宰整个行业的企业。比如，三家公司生产了市面上 89% 的起搏器，美敦力是其中最大的一家，它占据了一半以上的市场份额；全美国有 69% 的婴儿奶粉是由两家公司生产的；美国市场中的干猫粮都来自雀巢一家公司；联合利华和卡夫两家公司生产的蛋黄酱占据了全美国 87% 的市场份额；70% 的社交网络被脸书一家独占，推特和领英加在一起也只占了 15%；四大航空公司占据了美国国内航空市场 76% 的份额；家得宝和劳氏在美国家装市场上占有 81% 的份额；另外，如果你想在去世之前就安排好自己的葬礼，那么你在挑选棺材时几乎只有两个品牌可以选择，因为这两家企业生产的棺材占据了 82% 的市场份额。[7]

虽然市场份额的高度集中（意味着购买时的选项较少）可以反

映市场支配力的存在，但它并不能说明全部问题。比如公共事业和重工业这样的行业，成立新公司的成本非常高，所以市场份额高度集中是一种很自然的现象。因此，想要准确描述市场支配力的现状，以及市场支配力随时间的演变过程，我们必须找到更精准的工具和方法。

2017 年初，任职于普林斯顿大学（现任职于鲁汶大学）的简·德·洛克（Jan De Loecker）和我一起调查了市场支配力对企业高管薪酬的影响。我们的假设是：高管的薪酬会随着企业市场支配力的提升而增长。为了验证这一假设，我们需要建立一个适用于所有大型企业的准确衡量市场支配力的评测标准。

有意思的是，虽然在小规模的市场内，我们对市场支配力这个概念已经有了极为详尽的研究，但如果把规模放大到整个经济市场，我们一下子就变得茫然不知所措。大多数专家认为，我们不可能计算出整个经济体系的市场支配力指数，因为现有的手段无法让我们获得所需的相关数据。

早在 1988 年，斯坦福大学的鲍勃·霍尔（Bob Hall）就已经在论文中提出了一种根据不同行业来计算市场支配力指数的方案。[8] 为了计算出每个公司而不是整个行业的市场支配力指数，我们收集了各个上市公司的财务数据。考虑到这些数据可以一直追溯到 1950 年左右，而且上市公司占据了 1/3 以上的经济体量，我们成功地计算出了过去 70 年每个行业中各个企业的市场支配力指数。事实上，我们测得的这个指数也可以称为“加价指数”，即价格与生产成本的比例。对于汽车厂商来说，生产成本指的是钢材、轮胎等材料成本，以及生产车间工人的工资。如果一辆汽车的成本为 10000 美元，售价为 12500 美元，那么相应的加价指数就是 1.25。加价指数可以很好地反映市场支配力的强弱，因为通过它人们可以一眼看出商品售价比成本高了多少。

这一串新数据不仅忠实地记录了市场支配力的演变过程，同时也反映出市场支配力随时间的变化规律。即便是我们这种不苟言笑的经济学家，在这样的数据面前也有些欣喜若狂。如图 3 所示，1980—2019 年，美国的平均加价指数一直在急剧攀升，其数值从 1.21 一路涨到了 1.54。这意味着 1980 年时，商品的售价只比成本高 21%，而现在，商品的售价足足比成本高出了 54%。另外我们还可以看到，加价指数在 1980—1990 年出现了极为夸张的增长，之后在 2000—2010 年又出现了长达十年的停滞。在经历了全球性的经济危机之后，这一指数又出现了新一轮的大幅上涨。

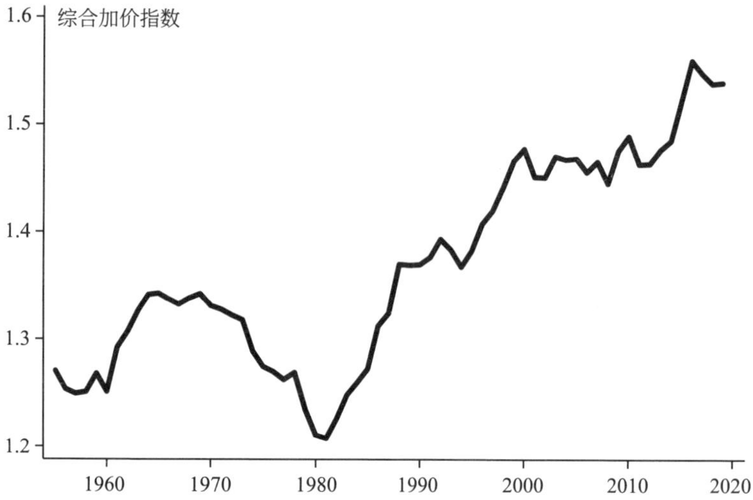

图 3　美国综合加价指数示意图

资料来源：De Loecker, Eeckhout, & Unger (2020), 575. For further details, see www.TheProfitParadox.com。

这种增长规律是全球性的。除美国之外，类似规律也出现在了欧洲、北美洲和亚洲等地区。从全球的角度来说，加价指数在

1980—2000 年有所增长（见图 4），在 2000—2010 年出现了 10 年的停滞，直到 2010 年全球经济危机结束之后才重新开始快速增长。不可思议的是，各个大陆的变化规律和全球的变化规律没有太大差别，尤其是欧洲和美国这两个地区，虽然前者的起始数字较低，但二者几乎拥有相同的变化规律。[9] 此外，虽然南美洲和非洲地区的一些新兴经济体的增幅较小，但它们的起始数字比较高。总而言之，根据我们的发现，世界各地几乎都出现了市场支配力增长的现象。

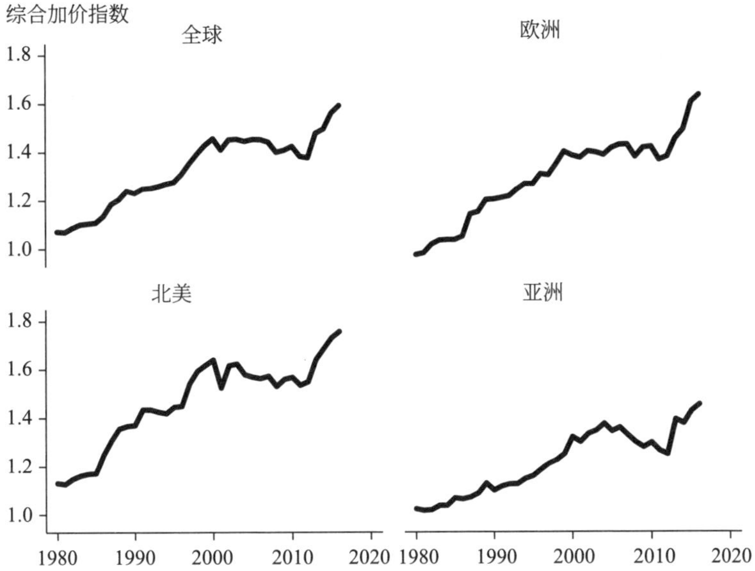

图 4　全球综合加价指数示意图

资料来源：De Loecker & Eeckhout (2018), 6.For further details, see www .TheProfitParadox.com。

深入调查之后，我们发现了一个更加令人惊讶的事实：无论是在高科技行业中，还是在纺织行业中，市场支配力都在不断上升。一般来说，人们会把市场支配力的提升归咎于谷歌、苹果这样的大型科技公司，事实也的确如此，很多科技公司的加价指数高得可怕。不过出人意料的是，在某些传统行业，比如纺织业和零售业，加价指数也出现了类似的甚至更高的增长。总的来说，好像只要行业内有新技术问世，加价指数就会随之上升，即便传统行业也不例外。

在传统行业中，采用了新技术的企业拥有更高的加价指数。例如，西班牙的服装生产商和零售商 Zara（飒拉）在设计、生产、物流等环节都采用了极为先进的数据处理技术。这些技术可以让公司在客户喜好、时尚潮流发生变化时及时调整服装生产策略，这不仅节省了大量成本，也提高了销售业绩。此外，由于成本较低，Zara 可以大幅度压低市场价格，借此来压制竞争对手，从而进一步扩大市场份额。

不同行业的情况有些不太一样。众所周知，零售业的加价指数不会太高。沃尔玛之所以成为世界上最大的公司，是因为它一直在利用成本优势，逼迫对手跟着自己一起降价。尽管沃尔玛的加价指数较低，但再低也低不过它的那些竞争对手，所以沃尔玛仍然可以获取丰厚的利润。

相比之下，医疗设备这种专业程度较高的行业可以赚取十分惊人的利润。比如近几年内，美国迈兰公司一直维持着较高的加价指数。迈兰是肾上腺素笔（EpiPen）的生产商。肾上腺素笔是一种抗过敏设备，其售价从 2007 年的 94 美元一路涨到了如今的 609 美元。而同时，它的生产成本一直维持在 35 美元左右，没怎么变过。虽然肾上腺素笔近乎抢钱一般的定价策略一直饱受争议，但遗憾的是，市面上还有许许多多和迈兰一样的公司。

吉姆·布拉德（Jim Bullard）不仅是一名经济学家，同时也是美联储圣路易斯分行的主席。在我和简·德·洛克的项目取得了一些成果之后，吉姆·布拉德跟我说，在他管辖的那些地区（包括阿肯色州、伊利诺伊州的部分地区、印第安纳州、肯塔基州、密西西比州、密苏里州和田纳西州），很多商界精英经历了和上述情况完全不同的故事，[10] 这些来自制造业、零售业的高管或多或少地都遭受过来自海外竞争对手的冲击，以及技术更为先进的本地公司的挤压。

由于圣路易斯地区的那些企业每天都要面对来自世界各地的拥有先进的机器人技术、数字物流技术、人工智能技术的竞争对手，传统行业的公司已经挣不到什么利润了，很多公司被迫破产停业。许多人抱怨说，企业的日子越来越不好过了，对此我深以为然，因为数据是不会骗人的。因此大家在分析数据的时候一定要综合、全面，不要被平均加价指数的上升误导。

最令人难以置信的是，加价指数的中位数，也就是全部公司的加价指数按顺序排列之后的中间数，并没有产生任何变化，这说明有一半以上的公司的加价指数没有增长！与此同时，某些公司的加价指数却在以火箭般的速度蹿升。如果我们把各企业的加价指数按从大到小的顺序排列，那么处在前 10% 的公司的加价指数已经从 1980 年的 1.5 增长到了 2016 年的 2.5。也就是说，现在市场中有 10% 的企业正在以比成本高出 1.5 倍的价格销售自家的产品！

超高的加价指数不仅可以帮助企业繁荣发展，还可以让企业不断攫取更多的市场份额。既然那些生意会源源不断地自低加价指数企业流向高加价指数企业，那些巨无霸公司主宰整个市场也就变成一件顺理成章的事了。

出于上述原因，那些像亚马逊一样的公司不仅能够以更为丰厚的利润进行生产，更是可以肆无忌惮地牵着竞争对手的鼻子走。过去 40 年发生的这些事情证实了乔治·奥威尔的观点：“竞争的问题在于，只有少数人可以取得最终的胜利。”我们的经济体系一边筛选着胜者，一边赋予它们越来越丰厚的奖励，而那些不幸失败的企业却只能苦苦挣扎、自舐伤口。

荒谬的是，虽然像安海斯-布希这样的大公司会受到美联储圣路易斯分行的监管，但美联储的工作人员却很难拜访到这些大公司的CEO（首席执行官），因为安海斯-布希现在归百威英博所有，百威英博的总部并不在圣路易斯，而是在比利时鲁汶。

持续上升的利润

根据不同的测量方法和思路，其他研究人员同样证明了市场支配力的急剧攀升。[11] 但是仅仅靠加价指数并不能描绘出市场支配力的全貌，因此，为了全面认知市场支配力，我们需要分析企业的全部成本。也就是说，除了生产过程涉及的直接成本，我们还应当把资本成本和间接成本也考虑进去，这些都属于数目庞大的前期投资，不过它们的收益却只能在日后的生产经营活动中逐渐显现出来。

资本成本指的是在机器、建筑等方面的支出，而间接成本指的是研发、营销、广告、工资等方面的费用与支出。这些成本不会随着商品产量的变化而变化。以生产车间的装配机器人为例，只要安装完毕，那么不管这个机器人是满负荷运转还是闲置一旁，它的成本都不会有任何变化。因此，资本成本和间接成本可以看作是一种相对固定的成本。

当然，从长远的角度来看，企业会根据产能和生产效率的实际需求来调整自己的固定成本。假如现在有一家公司正在使用渡轮运载乘客过河，那么对于这家公司来说，建造一座桥梁的成本极为高昂，但建成后的运输成本几乎为零；相比之下，建造码头、购买渡轮的固定成本要低得多，但运营渡轮的可变成本会提升很多。

数据显示，虽然间接成本和资本成本在企业总成本中所占的比例很小，但二者的占比均在稳定增长，尤其是间接成本。1980 年，企业的间接成本平均来说只占总成本的 15%，如今这一比例已经上升到了 22%，而资本成本占总成本的比例大约只有 9%。不过，正如前面所说，这些成本会根据不同企业的不同情况而有所变化。对于生物技术公司来说，间接成本是它们的主要开支，可变成本几乎为零。下面我就同大家详细分析一下这个问题，因为我们必须弄清是谁在承担着巨大的固定成本，这是理解市场支配力演变趋势的关键。

为了计算某家公司的盈利能力，我们不仅要考虑公司的可变成本，同时也要考虑公司的资本成本和间接成本。因为加价指数的计算只和可变成本有关，而利润的计算会涉及全部成本（包括可变成本和固定成本），所以二者之间有着根本性的区别。

在计算利润率（公司的利润占销售额的百分比）时，我们会发现这一比例也出现了大幅增长。1980 年，利润率只有 1%~2%，到了 2016 年，利润率已经涨到了 7%~8%（见图 5）。[12] 这是多么惊人的增长速度啊！

为了理解 8% 这个比例到底有多夸张，我们可以这样想：平均来说，企业会将销售额的 20% 用来支付员工的工资。注意，这里的工资不仅包括生产工人和管理人员的工资，同时也包括激励薪酬、个人所得税和养老金等方面的支出。此外，企业的支出还会涉及材料的购买、间接成本和资本成本等方面的费用。除了这些，剩下的就是利润。

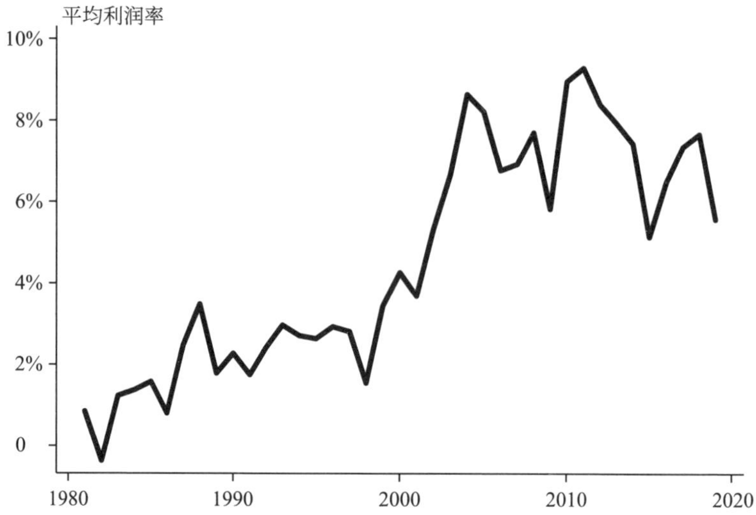

图 5　美国上市公司的平均利润率

资料来源：De Loecker, Eeckhout, & Unger (2020), 595. For further details, see www . TheProfitParadox.com。

由此可见，如果我们把注意力放到利润与工资的比例上，就会发现这一比例的增幅更为惊人——从 1984 年的 5% 一路上涨到了 2012 年的 43%。如图 6 所示，在 20 世纪 80 年代，企业的平均利润还不到平均工资的 10%——利润只占销售额的 1%~2%，而工资占到了销售额的 20%。到了 2005 年左右，利润与工资的比例很快便跃升至 30% 以上。这一比例之所以在持续攀升，部分是因为工资占销售额的比例有所下滑，但主要是因为利润占销售额的比例已经迅速上升到了 7%~8% 的水平。

企业所获利润几乎占到了它们为全体员工（包括普通员工以及企业高管）支出的全部费用的一半，这足以说明市场支配力的增长幅度是多么大。

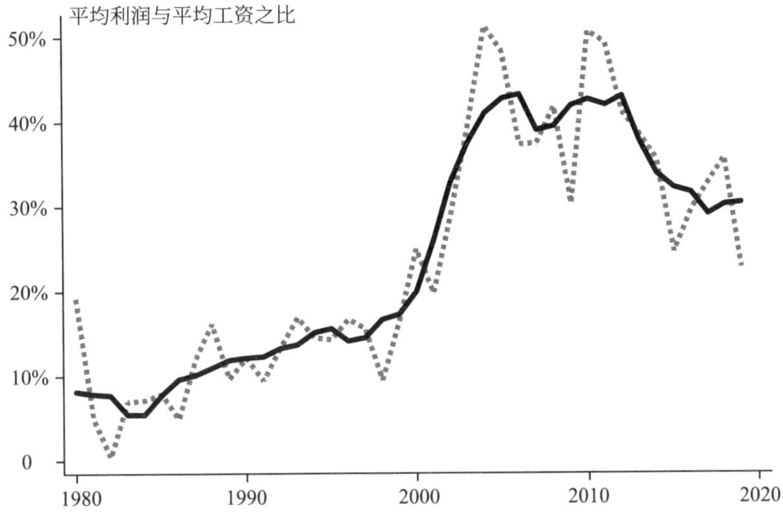

图 6　美国上市公司的平均利润与平均工资之比

资料来源：De Loecker, Eeckhout, & Unger (2020) and author's own calculations. For further details, see www .TheProfitParadox.com。

正如不同的公司有着不同的盈利能力，各个企业的利润工资比也不尽相同。大多数公司的利润工资比非常低，只有少部分龙头企业的比值较高。此外，那些极为夸张的比值是最近几十年才出现的，1980 年以前并不存在类似的现象。1980 年以后，虽然大多数公司的利润工资比维持在较低水准，但个别企业的比值却有些匪夷所思，比如苹果和脸书，它们的利润工资比已经超过了 300%，而且这种高比值并不仅仅存在于科技行业。在制药领域，辉瑞公司 2019 年的利润工资比达到了 210%，比 1980 年的 41% 高出了一大截。[13] 某些公司的盈利能力明显比其他公司高出了好几个等级。这完美诠释了利润悖论的内涵：企业的蓬勃发展并没有给员工带来什么好处。

市场支配力的持续上升表明，在企业内部，资金正在从工资部分流向利润部分，进而流到企业所有者的手里。在之前，跟员工工资相比，企业所有者拿到的报酬很少很少；如今，企业所有者拿到的报酬几乎是全体员工工资的一半多。很明显，我们的经济体系已经发生了根本性的变化。市场支配力不仅会提高商品的价格，也会给劳动力市场带来巨大的影响。本书主要研究的就是这些影响具体带来了哪些变化。

与此同时，我们也会着重分析市场支配力的成因。既然我们已经找到了市场支配力持续增长的证据，也亲眼见证了市场中那些愈加雄伟的城堡，那我们就很难不去思考这样一个问题：围在这些城堡旁边的护城河为什么会越来越宽阔？只有找到了病因，我们才能及时调整相应政策，以弥补市场支配力给广大劳动力造成的灾难性冲击。

虽然每个巨无霸企业都有着独特的扩张之路，但我在综合了各种情况后将护城河的成因分成了两种。首先，由于合并、并购、企业所有权高度集中化等现象的存在，市场必然会孵化出一些体量惊人的公司。这种特定的市场结构与孵化过程就是护城河的第一种成因，啤酒市场的护城河就是一个典型的例子。另外，企业的有机成长与技术的不断进步也会导致护城河的存在，比如亚马逊。我们先来看看啤酒市场的情况。

多即是少：企业的合并与收购

我的高中是在比利时读的。快毕业的时候，我经常和朋友们去参加各种校园聚会、足球俱乐部冠军庆典等活动，有时也会去当地的乡村酒吧喝上几杯。除了常见的几款啤酒之外，每个酒吧还会售卖一款自己店里特酿的“旗舰啤酒”。所以在当初那个时代，有多少个小镇就有多少种啤酒，有多少个品牌就有多少家酿酒商。我们学校附近有两款比较流行的本地啤酒，一款叫作萨菲尔（Safir），是一种味道很醇正的比尔森啤酒；另一款叫作德瑞克（De Ryck），是一种经过高度发酵和瓶内二次发酵的啤酒，这种酿造风格一般被称为 Spéciale Belge（意为“比利时特产”）。虽然萨菲尔喝了之后会头疼，而德瑞克不会，但喝完德瑞克的第二天，你的胃里会有一种三次发酵的感觉。

曾经，我们有多种多样的啤酒品牌可以选择，现在这种好日子已经一去不复返了。20 世纪 90 年代初期，啤酒市场发生了大规模的并购，成千上万的品牌被整合到了一起，只有极少数品牌幸存了下来，德瑞克便是其中之一。如今，德瑞克由其创始人的曾孙女安·德瑞克经营，并逐渐成为一种小众品牌。

与此同时，一家名为时代啤酒（Stella Artois）的酿酒商（1988 年改名为英特布鲁，Interbrew）收购了很多深受大众喜爱的比利时啤酒品牌，而另一方面，很多啤酒品牌在同一时期因为破产而退出了市场。到了千禧年末，啤酒品牌开启了国际化时代。如今，口味醇正的萨菲尔早已不复存在，但时代啤酒和福佳啤酒却随处可见。只要你所在的地方能买到可口可乐，你就一定也能买到这两款啤酒。

为了推动品牌的国际化，我们不仅要找到靠谱的分销渠道，还要想办法把自己的啤酒摆上酒吧的柜台。想要做到这一点，最好的办法就是与当地的龙头企业合作。英特布鲁便是这样做的，它首先与加拿大品牌拉巴特（Labatt）完成了合并，随后又在 2004 年与巴西的啤酒酿造商美洲饮料集团（AmBev）合并成立了新公司英博集团（InBev），2008 年，英博集团又收购了位于圣路易斯的安海斯–布希公司，即百威啤酒的酿造商。

虽然布希是一个具有浓重传奇色彩的家族，但当时的主流媒体几乎都认为布希家族的发展已经出现了极为严重的问题，而收购案的出现更是将整个系列报道推向了高潮，大家纷纷抨击布希家族那令人大跌眼镜的管理水平，并为美国失去了百威这样的民族品牌而感到惋惜。然而大多数人都不知道，在英特布鲁收购安海斯-布希之前，后者就已经将公司大部分的股份出售给了来自全球各地的股东。所以说，美国人心目中的民族品牌其实早就归外资所有了。更重要的一点是，在英博集团到来之前，尽管企业所有权已经发生了变化，但新的管理层仍然继承了布希家族那短浅的目光。虽然安海斯-布希注定要成为全球啤酒市场的领头羊，百威啤酒也注定要成为名扬四海的驰名品牌，可是管理层的那些人每天就只会把目光放在圣路易斯这个小地方，他们根本不知道这背后隐藏着多大的商机。

2006 年，英博集团的管理团队来到了圣路易斯，开始进行收购前的尽职调查，他们立刻意识到了安海斯-布希所蕴藏的巨大潜力。收购之前，百威啤酒几乎只在北美市场销售，而英博之所以能够取得今天的成绩，主要是因为它旗下的品牌不仅畅销比利时，还一路从布宜诺斯艾利斯火到了上海，从多伦多火到了开普敦。在圣路易斯待了一个星期后，英博管理层意识到，安海斯-布希从未考虑过将自家啤酒卖到美国以外的地方，因为他们发现百威大多数的管理人员连护照都没有，这些人很可能从来没有离开过北美地区。

英博集团的管理层来自巴西，总部却位于比利时，尽管规模相对较小，但它却亲手打造了百威英博（AB Inbev）这样的酿酒巨头。更厉害的是，在英博集团完成收购流程之后，安海斯-布希的股票产生了 30% 的溢价。我们有理由相信，英博集团一定可以提升安海斯-布希的经营效率，收拾好奥古斯都·布希四世（Augustus IV Busch）留下的烂摊子，将百威打造成一个全球性品牌。

品牌全球化也会给广大消费者带来很多好处，比如我们的选项变多了，因为每个人都可以买到更多品类、更高质量的啤酒。不过，虽然全球品牌的建立可以提高企业经营效率，但这并不是企业并购带来的唯一好处。最为重要的是，并购完成之后，百威英博成为啤酒市场的执牛耳者，进一步压缩了行业的竞争空间。2016 年，与南非米勒（SABMiller）完成新一轮的并购之后，百威英博大约占据了全球啤酒市场 28% 的份额——占美国市场的 46%，比利时市场的 56%，巴西市场的 68%。[14]

无论在哪个行业，控制了一半销售额的企业肯定都算是市场中的头号玩家。事实上，围绕在企业周边的护城河是一个相当复杂的产物，它不仅涉及广告推广，还涉及在某些酒吧和分销渠道中的独家销售权、品牌之间的交叉补贴，以及让竞争对手望而却步的分销网络体系。虽然酒吧中那些令人眼花缭乱的啤酒品牌会让消费者觉得选择权牢牢掌握在自己手中，但事实上这并不意味着这些品牌之间会产生激烈的竞争，最后让消费者得利，享受到低廉的价格。从经济学的角度来说，这只是一种选择错觉而已。这些品牌其实来自同一家厂商，由于独家销售合同的存在，酒吧根本没有其他选择。再加上市面上只有那么几家大型啤酒厂商，消费者只能选择默默接受，在有限的选择中挑一个自己喜欢的品牌。

此外，研究表明，这些巨头公司的效率并不比小公司的效率高。[15] 为自己创造了一条难以逾越的护城河之后，百威英博可以随意提价，获取超额利润。由于业务遍及各个大洲，百威英博成为全球市场中最赚钱的跨国公司之一。虽然它是一家相当成功的公司，但我们设想一下，如果它的总部在巴西而不是比利时，如果它的管理层来自美国而不是巴西，如果它卖的是比利时啤酒而不是美国啤酒，情况会不会更理想一些？

好了，不开玩笑了，现实情况是，百威英博的财务总部位于比利时，因为那里的税率较低，运营总部则位于纽约，而野心勃勃的收购理念则来自公司的大股东——巴西投资基金。

表面看来，我们有很多品牌可以选择，但实际上，这些品牌很可能来自同一家已经掌握了市场支配力的巨头企业，这种现象并非啤酒行业所独有。在市场话语权高度集中的环境下，那些所谓的竞争性十足的行业也会让消费者产生一种选择错觉。美国汽车交易市场就是一个很好的例子，这个行业的市场份额高度集中，所有汽车经销商几乎都来自同一家母公司。大多数消费者都觉得，自己既可以选择丰田、福特，也可以选择宝马、沃尔沃，最终买哪款车都是自己说了算，时间充裕的话我们甚至可以货比三家，看看哪家优惠力度最大，但真相并非如此。只要多逛几家销售中心我们就会发现，这些汽车商店都来自同一家公司。毫无疑问，你绝不可能从店家身上占到什么便宜，这就跟我们在一家肉店里跟店主讨价还价、威胁店主说羊肉要是不打折我就买牛肉一样，钱最终都会流进店主的口袋。证据表明，在美国各城市中，汽车销售市场的份额越来越集中在少数几家企业手中，经济危机之后更是如此。[16] 所以说，这种由巨头企业预先框定好范围的选择并不能给消费者带来实惠的价格，只有在“百花齐放”的情况下，才会产生真正的市场竞争行为，从而让消费者受益。

即便脸书、Instagram、WhatsApp 这种向消费者提供“免费服务”的大企业为消费者提供了看起来比较多样化的选择，这种多样化也无法真的让消费者享受到低廉的价格——事实上，消费者往往根本没的选。如果这些企业能够独立存在，那些广告商就不必花费这么多钱去博人眼球了。

此外，猎杀式收购（killer acquisitions）也会导致市场支配力的诞生。[17] 像 X（以前的 Google X）一样的公司，以及制药行业的某些企业，都会时刻关注那些潜力十足的初创企业，并在它们做大做强之前就利用收购等方式将其纳入麾下。其实，这些制药企业并不关心那些初创公司的产品或服务（尽管它们可能会试图留住某些骨干人才），它们真正的目的是在竞争对手有能力威胁到自己的话语权之前，就将其扼杀在摇篮里。

反垄断领域中的猎杀式收购其实和媒体行业中的“大追杀”（catch-and-kill）策略别无二致。例如，美国《国家询问报》（*National Enquirer*）买下了斯托米·丹尼尔斯（Stormy Daniels）婚外恋情的独家报道权，但目的并不是将其公之于世，而是将其永久掩埋起来。同样，X这样的公司之所以要收购相对弱小的竞争对手，是为了消灭隐患。简单来说，这就是企业巨头拓宽护城河的一种手段。

最近几年，研究人员又发现了企业规避竞争的另一种方式，这种较为隐蔽的方式被人们称为“共同所有权”（common ownership）。以“打不过他们，就加入他们”为理念，各个金融公司相互掌控着那些处于竞争关系的公司的大量股份。这和之前不同汽车经销商归属于同一家企业的情形有点相似，只不过金融公司所涉及的商业规模比汽车销售的规模要大得多，以至于这些金融公司只能掌握那些巨型企业的一部分股份。比如黑石基金、伯克希尔–哈撒韦、先锋领航等投资公司，在包括航空在内的许许多多行业中，它们都是行业内最大公司的最大股东。有意思的是，由于美国的个人养老金账户几乎与指数基金捆绑在了一起，大多数美国人都成了这些大型投资机构的股东之一。因此，就连指数基金的发明者和先锋领航公司的创始人约翰·博格尔（John Bogle），也曾担心指数基金的地位是不是有些过于重要，如果它们的集中度继续扩大，会不会有违国家利益。[18]

研究表明，在共同所有权现象更为严重的航线中，票价相对来说也会更高。[19] 虽然默契合谋（tacit collusion，在这种情况下，竞争对手们会参照巨头企业的价格来制定自己的价格）在欧盟和加拿大等地区属于非法行为，但这种做法仍旧普遍存在。此外，共同所有权不仅会带来价格垄断，还会严重影响到企业的战略决策。[20] 航空公司在进入或退出某条航线时，必须先考虑一下竞争对手的身份。比如在进入美国航空的航线时，达美航空一定会三思而后行，因为二者的最大股东是同一家投资机构。

除共同所有权外，行业内频繁发生的收购与并购也让美国航空领域的市场份额变得越来越集中，航空巨头的数量已经从之前的 10 家减少到了如今的 4 家。[21] 现在还有几个人记得全美航空（US Airways）、大陆航空（Continental）、环球航空（TWA）这几个品牌？由于航空市场几乎没有什么竞争性，消费者承受了巨大的代价——票价很高，选项却很少。在运营成本类似的航线中，美国的机票价格大约是那些市场竞争性较强的国家的两倍，[22] 由此产生的利润也比其他国家高出一大截。

一些经济学家认为，啤酒行业之所以会出现市场支配力上升的现象，是因为经济学的专业教育，以及 MBA（工商管理硕士）人才的普及。在向本科生讲授囚徒困境时，我们都会跟他们分享公地悲剧的故事：为了提高收益，牧羊人会过度放牧，以致草地资源持续退化，直至无法养羊。从个人收益的角度来讲，每一个牧羊人都希望“搭便车”，让自己的羊群吃到更多的草；但从集体的角度来看，如果所有牧羊人都这样做，那么他们的处境实际上会变得更糟。分享之后，我们会让学生思考如何解决搭便车这一难题。通常的解决方案包括实施监管、用栅栏把自家绿地隔离开来、签订合同、制定社会规范等。这些措施可以强制执行，是因为公共物品问题存在于频繁互动的公民之间。

当面前的学生从 20 岁的本科生变成 26 岁的 MBA 研究生时，我们仍旧会讲授同样的博弈知识，只不过这次的故事换成了双头垄断模型。在这个模型当中，两家垄断企业处于竞争关系，它们的商品充斥了市场，频繁的竞争行为压低了商品价格，也削减了企业利润。如果这两家企业选择合作，那么双方都可以取得更好的发展，实现更高的利润，不过共谋属于非法行为，因为这会极大损害消费者的利益。由此我们可以看到，搭便车难题的解决方案其实和公地悲剧的解决方案差不多。现实世界中，企业通常不是为了公共利益而合作，而是为了合谋抬价、提高利润而合作。

除了快速抢占市场份额（通过并购、恶意吞并等手段）、同时控股多家处于竞争关系的公司以外，市场支配力还可以来自科技的快速进步，下面我们就来看一看亚马逊的故事。

第 2 章

科技变革与技术优势

大家都喜欢在亚马逊上购物，因为我们能够以市面上最低的价格买到图书、灯泡、运动服等商品，而且大多数情况下，下单之后的第二天这些商品就可以送到我们的家门口。以更低的价格享受到更优质、更快速的服务，对于消费者来说这简直棒极了。亚马逊之所以能够做到这一点，是因为它的技术遥遥领先，且成本低于所有竞争对手。和上文中的情形不同，亚马逊的有机成长并不依赖于收购、并购等手段，而是依靠创新和在物流方面的巨大投入。

科技进步会导致成本降低，而成本降低则会导致价格降低。不过，由于高科技资源的分配并不平衡，很多高新企业会借机攫取市场支配力，所以科技创新也会给市场带来一些负面影响。以那些小书店为例，它们的价格和服务都不占优势，根本竞争不过那些大企业，最后要么苦苦挣扎、勉强维持生计，要么被迫关门另谋出路。除非那些大企业能够在小商店倒闭之后停止发挥技术优势，放弃自己的市场支配力，否则这些店铺的倒闭只会导致消费者的利益进一步被侵害。

店铺倒闭之后，竞争者的数量会随之减少，现有的竞争规模也会随之缩小，从而导致超额利润的产生。的确，亚马逊提供的服务价格较低，但如果有更多的竞争对手幸存下来，如果像亚马逊一样的企业再多几家，那么价格很可能会更低。不可否认，亚马逊为消费者做了很多好事，但在此过程中它也摧毁了竞争对手。其结果就是，亚马逊可以收取更高的价格，并将所创造的经济价值的绝大部分留给自己，这对消费者来说是非常不利的。当市场竞争变成了一场权力争夺战，以至出现赢家通吃的局面时，企业的这种有机成长就会导致市场支配力的产生。在科学技术日新月异的年代，这种现象尤为严重。随着新技术、新发明的问世，企业的生产方式与服务方式也会迅速发生改变。

企业进行科技竞赛的目的是取得技术优势，以便生产出成本更低、质量更好的商品。由此，竞争对手要么含泪接受市场份额的不断下降，要么干脆退出市场。不过，假如这种技术上的优势并没有那么大，其他对手可以轻易复制，那么由此产生的市场支配力并不会持续太久。新技术一经发明，就会被竞争者迅速复制，大家很快就可以回到同一条起跑线上。

无论如何，那些难以复制、难以再现的新技术会给企业带来永久性的技术优势。通常来说，这种技术需要大量的前期投资，而这种巨大的投入又会催生出规模经济，规模经济的不断增长往往会导致自然垄断的出现，所以在某种程度上说，信息技术成了市场支配力不断增长的重要推力。新建企业的成本是如此之高，以至于市场这条赛道上只能容纳一位选手的存在。

为了赢得这场竞赛，早期的科创公司投入了巨额资金，其中有许多人赔得血本无归。只有像亚马逊那样，从一开始就以统治整个零售业为目标，而不是以统治图书市场为目标的公司才幸存了下来。通过大量的前期投资以及技术创新，亚马逊降低了生产成本，提高了产品质量，成功统治了整个市场。

市场竞争十分惨烈，输家多而赢家少。经过激烈的角逐之后，市场中的竞争行为已经相当有限，拥有初始优势的赢家可以利用颠覆性的科技创新来建立、保持领先地位，而这一过程通常会涉及规模经济，下面我们就来谈谈这个问题。

铁路轨道：来自供给的规模经济

一般来说，技术优势所带来的规模经济可以分为三种：来自供给的规模经济、来自需求的规模经济、来自学习的规模经济，其中每一种都是市场支配力滋长的温床。

首先，市场支配力可以滋生于规模经济所带来的供给收益，比如铁路、公共设施的生产、有线电视等行业，这是一种相当典型的情形。我们之所以将其称为供给收益，是因为这种收益来自庞大的生产规模。1869 年，美国开通了一条横穿整个大陆的铁路，这条铁路彻底改变了这个国家。以前从纽约到旧金山只能坐马车，要耗费 4~6 个月的时间，有了铁路之后，只要 10 天就可以走完这段路程。

由此产生的好处不仅体现在时间上面：对于同样一段路，现在的运输成本只有之前的 10%，舒适程度也不可同日而语。由此我们可以看出，在当初那个年代，提供运输服务的企业之间的科技差距是多么巨大。虽说马车被迫退出市场其实是一件好事，可问题在于，那些退出市场的企业为什么不去采纳新技术，在客运与货运等领域与铁路公司争夺客源呢？答案不难猜到：虽然铁路的运营成本相对较低，但建设成本极为高昂，重复投资同一条路线很难获得什么收益。

如果某家私营企业率先建造了一条铁轨，那么它几乎遇不到什么竞争威胁。因为新来的竞争者必须投入同样的巨资去修建一条平行轨道，而且建成之后双方会立刻陷入无休止的价格战中，导致大家都赚不到太多利润。此外，就算新来的竞争者财力十分雄厚，建造一条平行铁路也是一种极为浪费的行为。由此可见，超高的前期投资会导致规模经济，进而催生出市场支配力。由于没有竞争对手的干扰，已经形成规模经济的企业可以制定较高的市场价格。

当北方证券公司——约翰·摩根等人于20世纪初成立的铁路控股公司——这样的公司垄断陆地运输时，它不会按照成本来定价。尽管火车的运输成本只有其他交通工具的10%，火车票价也会定在马车费用的90%左右。虽然这个价格并没有便宜多少，但却足以击溃竞争对手，霸占绝大多数的市场份额。如果可能的话，铁路公司还会进一步提价，以便尽可能地获取最大利润。

尽管利润十分丰厚，但这并不意味着铁路行业没有经历过激烈竞争就直接完成了整合。当初，芝加哥周边的铁路其实有很多条，大家争先恐后地将资金投入铁路行业，一直到约翰·摩根成功整合市场、凭借独家经营权建起企业护城河，这种投资热潮才得以停止。独家经营权出现之后，市场中就再也没有竞争了。

在当今的零售业，这种由生产规模导致的供给收益仍旧发挥着举足轻重的作用。零售业历史上出现过三次革新浪潮，每波浪潮都在技术变革的裹挟下孕育出了全新的经销方式，而亚马逊刚好处在第三波潮流的浪尖之上。凭借先进的物流技术，亚马逊为自己建造了一条无法逾越的护城河。

一百多年前，利用邮购服务这种新兴的分销方式，西尔斯百货彻底改变了整个零售行业。它会向各个家庭发送商品目录，只要该地区处于美国邮政的服务范围内，这些家庭就可以订购目录上的任意一件商品，并享受送货到家的服务。最初，西尔斯百货的目标客户是乡村家庭，因为乡村商店的商品种类十分有限，而且价格较高。西尔斯百货完全不依赖于当地商店的分销网络，因为它可以将仓库中的商品直接配送到顾客门口，从而节省了大量分销成本，其结果就是，西尔斯百货的商品价格更低、质量更好、品种更多。这不仅给西尔斯百货带来了无可匹敌的竞争力，同时也压低了整个零售市场的价格。由此可见，技术变革（商品目录和邮寄服务）一方面给消费者带来了更低的价格、更多种类的商品，另一方面也给企业带来了市场支配力以及丰厚的利润。

成本的节省很好理解，不太好理解的是，西尔斯百货为什么能建立起市场支配力，并保持住自己的地位？为什么其他公司没能进入邮寄服务的市场，从西尔斯百货的手里抢走一部分利润呢？答案就藏在西尔斯公司 1907 年的宣传语中："我们只提供邮寄购买服务。如果你对商品有任何不满意之处，我们会立刻为您退款，由此产生的各种运费均由本公司承担。"[1] 这和今天亚马逊为 Prime 会员所提供的服务差不多，而且当时西尔斯公司也开发了一种全新的、更快的运输技术，在全国各地建起了一个个大型仓库和物流网络。由于在乡村地区建立分销网络需要巨大的前期投资，再加上顾客需求有限，市场已容不下第二家拥有如此昂贵物流网络的企业。

沃尔玛公司的诞生掀起了零售业的第二波浪潮。以位于阿肯色州的本顿维尔市为起点，山姆·沃尔顿逐渐建立起了一个零售网络，其中每一家商店都能以最低的价格售卖顾客需要的一切商品。从第一家商店开业算起，短短 40 年内，沃尔玛就统治了美国的零售业，并逐渐在世界市场站稳了脚跟。低廉的价格保证了市场规模，而新技术和生产规模反过来又保证了更低的成本。在以数据为核心的物流网络的帮助下，沃尔玛能够及时感知到顾客需求的变化，并迅速做出调整，其反应速度远超任何一家竞争对手。例如，在得知飓风即将登陆之后，沃尔玛的物流体系可以立即向该地区的门店供应更多的能量棒和瓶装水。

最近有研究表明，就分销网络的有机成长过程而言，亚马逊和沃尔玛有着非常相似的经历，不同之处在于，亚马逊利用网络购物掀起了零售业的第三波浪潮。亚马逊履行中心的开设完全根据市场的密度和供应链的距离而定。新的物流节点必须开在市场需求最集中的地方，反过来这会进一步提升该区域的需求密度。所有这些都需要以大量的物质资本为前提。[2]

就像19世纪的铁路市场一样，亚马逊也形成了庞大的规模经济，这导致零售业内只剩下寥寥数家企业有资格向亚马逊发起挑战。虽然规模经济给企业带来了更低的生产成本，但消费者却享受不到太多好处。所以说，尽管企业在掌控了市场支配力的同时，也为消费者提供了较低的价格，但如果市场处于完全竞争的状态，那么这个价格肯定会更低。

我们可以从历史的角度来看看，当前时代零售行业中的市场支配力到底有多强大，市场份额集中程度到底有多夸张。在1929年经济大萧条爆发之前，西尔斯百货与A&P公司（全称为“大西洋与太平洋茶叶公司”，是当时美国最大的连锁杂货店）是市场中最大的两个零售企业，它们两家公司加在一起占到了零售市场份额的3%，当时大家都觉得这个数字大得吓人。这种对市场支配力的担忧甚至促成了1936年《克莱顿反托拉斯法》的修正，以防止市场上出现不公正的价格歧视等乱象。如今，虽然沃尔玛和亚马逊两家企业共占据了15%的市场份额，[3] 但目前为止并没有任何人采取有效行动去遏制这些零售巨头的市场支配力。

零售巨头这种依托于规模经济的有机成长过程，同样也存在于其他行业中。比如在纺织业，坐拥 Zara、Pull and Bear、Bershka 等知名品牌的西班牙印地纺（Inditex）集团已经成为欧洲、亚洲、拉丁美洲最大的服装生产商和零售商。利用物流方面的创新以及新颖的零售概念，印地纺同样实现了有机成长。和传统服装店的不同之处在于，Zara 不会按照季节推出系列服装，而是会每周更新一次店里的服装款式，并将新设计出来的服装摆在店里试卖，然后根据销售数据和客户反馈，及时增加或减少新款服装的供应量。因此 Zara 的生产周期非常短，不到半个月的时间就可以完成从服装设计到正式上架销售的整个流程。

为了能够在如此紧迫的时间内按时交货，Zara 几乎在物流过程中的每一个环节都使用了先进的信息技术，其方式和沃尔玛根据气象信息调整货物配送的方式很像，二者都可以在市场需求突然产生变化时迅速做出正确的反应。

对于 Zara 和沃尔玛这样的企业来说，这种依靠信息驱动的物流体系需要有足够密集的分销网络作为支撑。也就是说，每单位人口密度上都要有足够的商店，才能保证仓储中心和分销网络的正常运转。反过来，在科技变革和销售网络的帮助下，这些企业也可以大幅降低生产成本。虽然成本下降会以价格下降的方式反馈到消费者身上，但价格下降的幅度远不如成本下降的幅度大，这就是企业利润越来越高的原因。这里我们再一次看到了技术优势给市场带来的影响：虽然价格在不断下降，但前文中提到的加价指数却在不断上升。加价指数上升的根本原因在于，节约成本需要庞大的生产规模，而这种规模只有一个或少数几个公司可以承担得起。因此，大型企业可以实现更低的成本、更低的价格，以及更高的加价指数。

平台：来自需求的规模经济

刚才我们介绍的便是市场支配力三个来源当中的第一个，即来自供给的规模经济，并给出了铁路行业和零售行业的几个实例。下面我们就来看看第二个来源，也就是来自需求方面的规模收益。这种规模经济由市场的使用需求决定，而不是由生产成本决定。一般情况下，这种现象又被称为网络外部性。

在购买古董手表时，买家通常会去易贝（eBay）这种网站逛一逛，因为上面的卖家数量冠绝全网。只有使用人数足够多，买家才能找到满意的商品，卖家的竞争才会足够激烈，价格才能足够实惠。而对于卖方来说，他们也想找到一个买家人数足够多的网站，因为只有这样他们才能尽快把商品卖出去，而且需求量越大，他们卖出的价格就越划算。因此，无论是买方还是卖方，都想选择一个用户数量最多、流量最大的平台。由此，用户数量最多的平台可以吸引越来越多的新用户，形成良性循环，这种规模经济会导致市场中某个平台一家独大。这家平台的所有者可以一边为消费者带来最高的价值，一边收取高额的中介费来获取超额利润。古董手表的卖家宁可花费 10% 的中介费，将商品尽快卖出一个较高的价格，也不愿花费 1% 的中介费以低价缓慢售出。

虽然那些虎视眈眈的竞争者可以尝试进入这个市场，但它们永远无法获得和易贝一样的市场厚度，因为易贝已经占有了 90% 以上的在线拍卖市场。事实上，有不少竞争者曾试图借助更低的中介费来抢占平台市场。在美国，易贝和雅虎分别于 1995 年和 1998 年展开了自己的在线拍卖业务。可是，尽管雅虎为了在市场中占有一席之地使出了浑身解数（雅虎不收取任何中介费用，只凭广告收入来支撑网站运转），但它仍旧没能撼动易贝的霸主地位，后者几乎一直都是在线拍卖市场的唯一参与者。

即便平台平行存在，同时运行多个平台也并不划算，这跟同时运营两条并列的铁路是一个道理。易贝称霸整个市场，并不是因为技术领先，而是因为它率先培养起了自己的用户群。其实雅虎也有属于自己的市场，比如在日本境内它就成了业内霸主，导致易贝根本没有容身之地。当用户数量足够庞大，以至于产生了规模效应时，赢家就会独霸整个市场。这里我们再一次看到了奥威尔的先见之明：竞争的问题在于，只有少数人可以取得最终的胜利。从竞争中脱颖而出的企业可以称霸市场，然后在没有对手的情况下大肆攫取市场利润。

其实早在互联网诞生之前，这种将买家和卖家汇聚到一起的平台就已经出现在市场当中了。这种规模效应和网络外部性会随着新科技的普及而自然出现，比如，美国境内所使用的键盘都是 QWERTY 键盘，而其他国家的键盘大多是 AZERTY 键盘。更夸张的是，仅仅是因为使用人数更多，这种规模效应就可以让劣质技术淘汰掉优质技术。比如 Betamax 在技术方面要优于 VHS 录像带，可是由于 VHS 的用户更多，市面上的 VHS 电影也就更多，所以新用户更愿意买一台 VHS 播放器。大家都知道，易贝的服务其实并不完善，还有很大的提升空间，但在失去了竞争压力的情况下，易贝很难有动力去改善自己的服务和技术。

在互联网出现之前，为了方便大家交易，大多数平台都会想方设法将买家和卖家聚在特定的渠道当中。报纸和电视就是两个很好的例子，平台会利用媒体将广告商和大众的注意力聚在一起。作为用户，你需要考虑的是今晚该阅读一篇有意思的专栏文章，还是去观看一部荣获奥斯卡金像奖的电影；作为平台，你需要考虑的是如何获取更多的观众以及更多的广告，从而把大家对热门作家和奥斯卡电影的关注变现。

证券交易所也是同样的道理，平台的所有者会将买卖双方聚在一起交易上市公司的股票。再比如信用卡平台和网络平台，虽然它们并没有将买卖双方聚在一起，但这些平台同样促进了交易的达成。

虽然在上面的例子中，每个市场都因网络外部性孕育出了占有绝对领先地位的平台，但如果每个平台都可以针对特定用户群体优化自己的运营方式，那么这些平台其实是可以共存的。比如，某些约会平台会专门满足特定宗教人士的需求（例如 Jdate 就是单独为犹太教人士开设的约会平台），还有些平台会专门为性取向特殊的人群（例如 Grindr 就是单独为同性恋人士开设的约会平台）、财力较为丰厚的人群（例如 the League 就是单独为精英人士开设的约会平台）提供专业化服务。对于用户来说，平台总是越大越好，因为这意味着有更多的选项，但如果你是同性恋，你就没必要花费自己的时间去过滤异性恋人士发布的相亲资料了。平台的规模和特定用户群体的人数之间存在着一种微妙的平衡。

市场上有很多家报社在争夺读者，也有很多家电视台在争夺观众，就连证券交易所的数量也不止一家。尽管这些平台都存在规模收益，但为了迎合特定的受众，它们还是会将自己的业务范围放在更为细分的领域之内。比如地方性报社会专注于地区新闻，美国运通公司会向消费能力较强的富裕人士发放信用卡，气象频道会为那些有可能遭受风暴和洪水袭击的人播送天气预报。

虽说前面这些都是旧技术时代的例子，但其实也有不少市场采用了更新的技术，比如由易贝所主导的在线拍卖市场；由脸书、推特、

Instagram、领英等企业构成的社交媒体网络市场；像苹果和谷歌一样的应用商店；像潘多拉（Pandora）和声田（Spotify）一样的媒体平台；像优步一样的汽车共享平台；像爱彼迎一样的民宿共享平台；像Tinder和OkCupid一样的约会软件。它们都有巨大的规模优势，都利用网络外部性为用户提供了很多便利。

在这些网络平台中，专业化和差异化不仅给企业带来了巨大收益，同时也为企业创造了规模经济，让企业掌握了一定的市场支配力。我们再一次见证了技术进步所产生的巨大收益，但由于网络的特点，企业所有者也会利用技术来提高价格，获取更高的利润，这无疑会损害消费者的权益。正如下文所展现的那样，它也会给劳动力市场带来负面影响。

就市场需求而言，除平台之外，消费者的偏好也是市场支配力的一个重要来源。为了让自己的商品和其他商品区分开来，企业在市场营销方面投入了巨额资金，这一过程也会给企业带来市场支配力。每次看到“可口可乐与百事可乐之前其实没有什么本质区别”这种言论时，可口可乐与百事可乐的拥趸们都会轻蔑一笑。然而盲品测试已经证实，很少有人能够品尝出二者之间的区别。[4]

市场营销人员早就知道，即便是相同的商品，经过营销之后大家也会觉得它们之间有所区别。如果买家认为某种商品具有更大的吸引力，他们就会愿意支付更高的价格。利用广告宣传，企业不仅创造了名牌商品，还培养起了愿意支付更高价格的忠实客户。由于建立客户资本需要大量的资金，只有那些体量较大、在市场中占主导地位的企业才能承担得起这些前期支出。由此可见，营销策略也是市场支配力的一个重要来源。所有这些前期投资都属于企业的无形资产，本章我们还会继续讨论这一话题。

自动驾驶汽车：来自学习的规模经济

前面我们已经讨论了来自供给的规模经济（铁路业、零售业）和来自需求的规模经济（具有网络外部性的平台市场），下面我们就来看看市场支配力的第三个来源：来自学习的规模经济。自动驾驶汽车程序的训练需要海量的数据，而这些数据来自几百万小时的驾驶资料，如此巨大的数据收集需要与之对应的巨额投资。通常来说，数据的数量越大，质量越高，训练效果就越好。

在某些应用领域，机器学习算法所需要的庞大数据可以从公有领域获得。例如，为了提供可靠的翻译服务，谷歌等公司可以使用公有领域内的小说、新闻等翻译资料。不过在大多数情况下，为了获取全新的研究结果，数据收集需要耗费大量的资金。

为了以更为廉价的方式获取数目庞大的信息，很多企业想出了十分巧妙的办法。例如，在网上购物时，很多网站会让你选出带有信号灯或店铺的图片，选完之后才允许你进行其他操作。这些网站之所以会把这些烦人的图像识别放在页面上，是为了检测“你是不是机器人”。在此过程中，你不知不觉地就为某些基于机器学习算法而设计出来的图像识别应用提供了宝贵的数据。然而，没有任何人会为你的劳动支付报酬，那些数据收集公司只会把钱付给这些网站。讽刺的是，由于越来越多的人为这些图像识别软件提供数据，机器人终将有一天会彻底掌握图像识别的能力。总而言之，机器学习需要大量数据，收集数据又需要大量资金。

由于机器学习和数据收集都需要昂贵的资金，那些率先收集数据的企业可以获得先发优势。这和建造铁路是一个道理，重复收集数据很难有利可图。因此，这种需要耗费大量资金的收集过程也可以给企业带来规模经济，企业可以充分利用这条护城河来攫取市场支配力。

不过，修建铁路与收集数据还是有区别的。修建第二条铁路同样需要巨额成本，但收集第二次数据却不必如此，因为第一家收集数据的企业已经耗费了大量资金，后来的企业只需要复制它的数据库就可以了，数据的传输不会花费太多资金。这是数据收集的一个重要特征，市场可以借此制定一些政策去填平巨头企业的护城河，削弱它们的市场支配力。后面的章节中，我会分析人工智能和机器学习对市场产生的影响，届时我还会回到这个话题上来，并讨论这种学习过程为什么可以创造（或对抗）市场支配力。

以上便是规模经济的三种来源，这些来源既可以为企业创造难以逾越的护城河，又可以给企业带来无可匹敌的市场支配力，并帮助企业维护这种力量。新技术也是一种强大的力量，它不仅可以让企业拥有先发优势，也能给企业带来规模经济，帮助企业抵御竞争对手的挑战。这三种来源往往是同时存在的。此外，改变客户的消费习惯通常需要付出很高的成本，这在很大程度上可以保证企业能够顺利地将规模经济转化为市场支配力。

市场支配力的放大器

除了规模收益之外，市场支配力还有很多其他来源，而且有很多因素会将这种力量进一步放大。例如，某些企业会利用自己在市场中强大的购买力来干扰价值链上的供应商和客户。它们有可能收购这些公司，消灭潜在的竞争；也有可能威胁它们，以便在交易中取得更多好处。众所周知，沃尔玛和亚马逊这样的大型零售商对自己的供应商施加了很大的压力。市场支配力会给市场带来垂直整合的问题，这一现象已经引起了社会的广泛争论。

经济全球化和国际贸易的增长，大概是效果最显著的放大器了。

即便是本土市场中一个很小的事情，在全球化的作用下也可能会形成一次全球性冲击，规模经济的三个来源（供给、需求、学习）都会受到这一过程的影响。有研究表明，一辆在美国生产的汽车，其零件大约会在加拿大与墨西哥之间来来回回穿越 18 次。[5] 国际关系与贸易关系编织成了一张巨大的网，任何经济活动都会牵扯到整个网络。

同科技变革一样，全球化和贸易也给经济带来了颠覆性的变化。就某种程度而言，贸易只是科技变革的一种表现形式。首先，贸易和国家的规模有关。卢森堡进出口份额在经济中的比重比美国大得多，在卢法边境线买一块面包也算是国际交易，因为消费是在卢森堡产生的，而面包是从法国进口的。不过，将亚拉巴马州生产的汽车卖给佛蒙特州的客户却算不上国际贸易。

就像亚拉巴马州和佛蒙特州之间的国内贸易一样，运输成本的下降也有利于波兰与西班牙之间的国际贸易。在信息技术的帮助下，智能手机的工程师们可以先在硅谷设计产品，然后再远程指导中国的厂商进行生产。同样，信息技术也给第一章中提到的、住在新墨西哥州的高级技术顾问埃琳带来了很多便利。事实上，无论住在美国哪个州，她都可以帮助你解决智能手机的技术故障。

由此可见，即便全球化不能完全等同于科技变革，二者之间也处于一种密不可分的关系。就像信息技术与高速公路拉近了亚拉巴马州与佛蒙特州的距离一样，更低的运输成本也拉近了中国和美国的距离，中国的商品可以轻轻松松地卖到美国市场。此外，信息技术可以将原本相距甚远的生产车间编织在一起，形成一个生产网络。把设计蓝图从加利福尼亚传送到深圳，就和把它递给走廊对面的同事一样快速，一样便宜。

在科技进步的推动下，国际贸易正在变得越来越便利。可是有人会问，既然全球化扩大了市场规模，缩小了初始投资额同销售额的比值，那么规模经济是不是得到了一定的削弱？事实恰恰相反。想要在国际贸易和全球化生产中获得成功，我们就必须使用不同国家不同城市的商品和服务，这不仅需要巨大的投资，更需要足够大的经营规模。

全球化经营意味着各个国家的生产越来越专业化，意味着各原产国的小规模生产可以被有机整合在一起。反过来说，这一过程会催化规模经济的产生，进而导致市场支配力的出现。事实的确如此，研究数据表明，拥有进出口业务的公司往往也会有更高的加价指数，这会进一步强化它们的市场支配力。[6]

总之，规模经济来自科技变革与经济全球化。不过，当今时代与20 世纪初第二次工业革命期间的情况有些不同，当时的技术投资主要集中在机器、物理技术、基础交通设施（如铁路）等方面，如今的技术投资主要集中在思想、科研等无形资产上，因为这些领域能够更快地创造出规模经济。那些已经掌握了市场支配力的企业，其主导地位大多来自无线通信技术方面的投资，这和当初的铁路投资是一个道理。下面我们就来看看无形资产在企业成长过程中发挥的作用。

无形资产造就赢家

在分析市场支配力的演化过程时我们发现，虽然 1980 年以后，某些公司的加价指数已经达到了令人难以置信的程度，可位于中位数附近的企业的加价指数并没有产生什么变化。也就是说，至少一半企业的经营状况没有变好，很多企业的境况甚至更糟了。在业绩较好的企业的重重压力之下，许多小公司的利润正在不断下滑，还有一些公司被迫宣告破产。最终，市场中会出现几家赚取着高额利润的巨型企业。然而这并不都是坏事，就像一个世纪之前铁路公司提高了运输质量、降低了运输价格一样，如今有很多加价指数高的企业正在以更便宜的价格出售商品。问题在于，由于缺乏强有力的竞争，这些企业的价格其实还有很大的下降空间，只是它们不愿意降到那么低而已。

通过分析加价指数，我们还得到了另一个极为关键的事实：那些加价指数最高的企业，在间接成本上的花费也是最高的。利用新技术、市场营销、研发等方面的投资，某些企业迅速掌握了技术优势，其优势是如此之大，以至于没有任何一家竞争对手能够在价格方面击败它们，也没有任何一家新企业能够挤进行业的大门。这些事实完美验证了经济学家约翰·萨顿（John Sutton，来自伦敦政治经济学院）于30年前提出的市场支配力的运作规律。作为一个生活在伦敦的爱尔兰人，自20世纪90年代以来萨顿一直在潜心研究，试图用全新的理论去回答“企业如何运营才能获取市场支配力”这一课题。此外他还收集了翔实的数据资料，证明他的观点确实与事实非常吻合。

萨顿认为，企业投入巨资是为了获得竞争优势，尤其是在可以利用强大规模经济的市场。[7]在研发方面的投资可以帮助企业设计出新的产品，或提高现有产品、服务的技术水平。某些创新还可以降低企业的生产成本。

企业对无形资产进行投资，并不仅仅是为了获取技术优势。比如在广告方面的投资可以树立品牌形象，让产品在众多品牌中脱颖而出，从而提高产品价格。这并不是通过高新技术来实现的，而是通过改变消费者偏好来实现的。品牌形象方面的投资不会削弱对手在生产、技术方面的竞争力，但是会让对手难以同自己争抢客户，因为客户已经形成了品牌忠诚度。这种品牌壁垒会给企业带来规模经济，竞争对手只能眼睁睁地看着对手变得越来越强大。这种投资在无形资产的总投资中占有相当大的比重，同时也是企业获取市场支配力的一个重要手段。

甚至对管理人员的工资支出也可以帮助企业制定更好的生产策略与竞争策略。通常来说，这些投资都会涉及人力资本的支出，比如雇用更好的设计师和程序员，本质上来说这些都属于无形资产。

利用在间接成本方面的投资，企业之间不仅会比拼价格，同时也会比拼生产效率。由于规模经济的存在，投资最多、最先收获成果的企业自然会成为业内霸主。个别企业的生产力甚至会甩开其他企业好几个数量级。这种生产力之间的不平衡导致了市场竞争的缺乏。科技变革和颠覆式创新带来的结果就是赢家通吃的局面。第一家建立起物流网络和分销网络的零售商，能够以最低的成本将货物送到客户手中，而且就像铁路行业一样，零售市场一共就那么大，容不下几家像亚马逊一样的巨头。像易贝这种率先建立在线拍卖平台的企业可以迅速成为行业领头羊，几乎没有竞争对手。在赢家可以利用技术优势快速扫清敌人的情况下，一个不受监管的资本主义经济体系自然会导致市场支配力的出现。

当前，随着信息技术和通信技术的兴起，我们正随着科技变革的浪潮快速前行，经历着一场全新的技术革命。同之前的科技革命一样，当前的技术革命充满了脱颖而出的机会，只要能够获取规模经济，你就可以加冕为王。第一次工业革命孕育出了蒸汽机技术，在1760—1820年这短短60年的时间内迅速颠覆了整个生产流程；第二次工业革命以电力发明为基础，进一步改变了制造业的生产方式，推动了运输业的发展，并于1870—1914年为人类社会带来了第一次全球化运动。第三次工业革命有些名不副实，因为它让工业生产变得过于高效，制造成本变得过于低廉，以至于整个行业在 GDP（国内生产总值）当中只占了 8% 的份额。不过，数字化技术和信息化技术不仅改变了商品生产，同时也改变了服务方式。

企业在研发、广告、高技能人才等方面的投资，实际上就是对无形资本的投资。随着时间的推移，这些投资一直在不断增长。数字经济时代最大的特点就在于，无形资本发挥了比以往更为重要的作用。从数据来看，这些间接成本在企业总支出中的占比在 1980 年只有 15%，而到了 2020 年，这一比例已经超过了 20%。[8] 虽然不是所有的间接成本都属于无形资产，但绝大多数都是。无形资产的规模已经逐渐超过了有形资产。企业之所以会将资金投入无形资产，是因为它们已经在这方面尝到了甜头，这就像企业在有形资产方面的投资获得了回报之后，会继续进行投资一样。

不同公司在无形资产方面的投资差距极大，某些公司几乎不会在这方面花费资金，还有些公司会在无形资产方面投入天文数字。这一现象在研发领域表现得最为突出：大多数公司没有任何研发支出，而一小部分公司则投巨资用于研发。

那些只有一个主打产品的初创生物技术公司，通常专利也只有一个，所以它们的开销主要集中在无形资产之上。虽然这些公司需要临床研究作为数据支撑，但由于创业风险很大，它们往往没有能力去建造一个实验室，只能将实验项目外包。如果取得了不错的数据，它们就会展开新一轮的实验，在 FDA（美国食品药品监督管理局）的监管之下稳步推进自己的项目，直到产品进入市场。

不过，如果实验数据总是不太理想，那么投资者很快就会停止融资，并关闭相关项目。倘若这些实验室是初创生物技术公司自己修建的，那么再加上研究人员的工资，关闭公司的成本就会变得异常高昂。

因此，对于一个风险较高、时间紧迫的初创公司来说，把这些项目外包明显是一个更好的选择。如此一来，这家公司几乎没有任何可变成本，所有的资金几乎都用在了无形资产上面。

尽管各个公司在无形资产方面的投资差距极大，但整体投入的确在不断增加，[9] 无形资产逐渐成为决定市场支配力的一个关键因素。和有形资产不同，无形资产的评估相当棘手。很多人认为，既然这些资产是无形的，那么与之相关的投资金额也应当是无形的。

虽然这是一种误解，不过产生这种误解实在是一件再正常不过的事情，因为从某种程度上说，想要把无形资产从整体资产中区分出来的确相当困难。在计算 GDP，即一个经济体的价值时，我们必须认真考虑该如何衡量无形资产。位智（Waze）是一款导航应用，它可以提高用户在城市当中的行驶效率。这就像在家里做饭、在维基百科查阅资料一样，由于无法用市场价格来衡量，这些收益很难准确反映到 GDP 当中。

由于这些无形的收益越来越重要，很多国家已经修订了 GDP 的计算方式。例如，过去程序软件会被划分到服务行业，如今它们会被归为投资项目。[10] 换句话说，我们没必要花时间去计算它们给用户带来的效用，因为这几乎不可能实现，而是应当去计算公司在这些项目上所投入的资金，这就简单多了。我们对面包以及其他各种商品都是这么做的，大家会统计面包的销售价格，而不是面包给消费者带来了多大收益，尽管后者可能远远大于前者，尤其是在消费者饥肠辘辘的时候。

任何花费在无形资产方面的资金（例如研发费用、广告费用、高管的工资），都会被企业以这样或那样的方式统计到利润表里。如果按照成本来计算，那么无形资产的价值可能会被低估，就像面包对消费者的价值可能会超过价格一样。我们之所以用成本来衡量无形资产，是因为它带来的价值也是无形的（当然面包的价值也是如此）。即便如此，我们还是很难精准地将其统计出来，因为有些无形资产并不是穿着白大褂的科学家在实验室中研发出来的，也不是通过广告牌和电视台等宣传手段获取的，而是新想法和新概念所带来的结果，这种无形资产很难用投资金额来衡量。例如宜家（IKEA）的巨大成功就是源自创始人英格瓦·坎普拉德（Ingvar Kamprad）的“灵机一动”：如果家具的包装可以扁平化，人们就可以自己开车把它们运回家了。由于这种想法无法用金钱来衡量，我们只能参考员工或老板的工资来计算。

因此，不管这些无形资产是来自员工的思想，还是像可口可乐公司一样来自广告投资，企业任何形式的支出都应当统计入账。然而，为了降低企业的税基，财务人员有时也会把不该统计在内的项目放到成本当中（比如 CEO 的私人飞机），而不是少计算一些项目。总之，只要这家企业不按照法律规定登记成本，那么不管这些成本是来自无形资产还是有形资产，我都有必要亲自去会一会这位“违法乱纪”的 CFO（首席财务官）。

就像有形资产一样，无形资产的成本也会恰当地统计到企业的利润表中。如果从美元的角度来看，无形资产的成本完全可以有形化，但从本质上来看，无形资产很难被具体统计出来。首先，将企业的各种费用支出与各种无形资产一一对应起来是一项极为困难的任务。其次，和有形资产不同，企业每年在无形资产方面的支出很难从“流量”转换为“存量”（即这些支出的累计价值）。对于像建筑一样的有形资产来说，其存量价值很好计算，它就等于月租金收入的折现总值减去全部成本。而无形资本往往不涉及月租金收入的概念，这意味着我们很难用美元去衡量一个公司到底拥有多少无形资产。可口可乐公司 100 年前在品牌营销方面花费的资金，直到今天仍然在给公司带来源源不断的收益。

我们对加价指数的研究显示，那些市场支配力更为强大的公司，在无形资产方面的投资往往也更高。由此可见，在挖掘、拓宽护城河的过程中，无形资产必定发挥了重要作用。为了研制新疫苗，制药公司必须支付大量的研发费用；在可口可乐的总成本中，有一半以上都花费在了广告和营销等间接成本之上；谷歌公司的市场支配力几乎全部来自创意、软件、工程师等方面的投资。有些公司利用有形资产方面的投资攫取了市场支配力，有些公司利用无形资产方面的投资攫取了市场支配力，二者并没有本质上的区别。事实上，大多数公司会同时进行这两方面的投资。掌控市场支配力的关键并不在于它是来自无形资产投资（比如研发费用）还是有形资产投资（比如铁路投资），而在于这家企业是否实现了规模经济。

在某些市场当中，护城河只能存在一小段时间，因为企业在形成规模经济之后很快就会被竞争对手所削弱。虽然这些企业在一开始可以统治整个市场，但竞争对手会逐渐打破进入壁垒，开始和巨型企业争夺市场利润，能夺走多少取决于巨型企业规模经济的强度。这就是熊彼特的理论，创造性破坏与暂时性的垄断权力可以促进市场的成长。[11]

不过，在过去的 40 年，实际发展情况和熊彼特的理论存在很大出入：我们的经济体系迎来了利润悖论。就像之前的工业革命一样，信息时代的科技变革也给企业生产带来了颠覆性的影响，为了在这场赢家通吃的惨烈竞争中摘取桂冠，个别企业在间接成本上花费了不计其数的资金，由此造成的巨大技术优势不仅给赢家带来了更低的成本、更优质的服务，同时也为它们建成了一条深不见底的护城河。这些企业的加价指数与利润，已经达到了 40 年前那些企业连做梦都想象不到的高度。

企业巨头的超额利润来自高昂的固定成本，正如之前铁路公司依靠巨额投资获取垄断权力一样。这些逐渐化身为赚钱机器的企业已经建起了难以逾越的护城河，短期内没有任何对手可以攻破这条防线。既然企业的效率提升了，那么消费者自然会期待更低的市场价格，可是除非等到新技术问世（就旅行的角度而言，在铁路旅行商业化 50 多年后，航空旅行才逐渐成为另一种替代选项），或等到另一位像西奥多·罗斯福一样的总统利用法律去约束垄断力量，否则企业巨头根本不会让利给消费者。

当然，并非所有市场支配力都来自规模经济。詹姆斯·施密茨是美国明尼阿波利斯联邦储备银行的工作人员，他的研究为我们揭示了市场支配力的另一个来源，即“破坏性垄断”（sabotage monopoly）。提供优质商品的企业会通过各种非法手段，或通过游说政府以取消市场监管等合法方式，来阻止竞争对手提供更为廉价的替代品（比如廉价的牙科护理、住房建设等服务）。在破坏性垄断的运作下，市场将不再呈现一家独大的局面，因为我们已经彻底失去了正常的市场运转。以前企业巨头还可以高价售卖产品，现在我们连价格都看不到了。换句话说，消费者已经完全“丧失了消费能力”，而由此产生的恶果将主要由那些低收入家庭来承担。[12] 在本书的第二部分，我们还会展开更为详细的讨论。

正如前文所说，除了破坏性垄断，无形资产也是第三次工业革命的一个重要角色，这些科技变革不仅推动了经济的增长，也为个别企业带来了强大的市场支配力。然而在此过程中，还有另一件事也起到了极为关键的作用，那就是成本的大幅下降。

对削减成本的迷恋

市场支配力往往会伴随着较高的价格一同出现。不过价格是相对于成本而言的，加价指数之所以在不断提升，要么是因为企业提高了售价，要么是因为它们削减了成本。百威英博这样的公司通过收购、并购等手段掌握了市场支配力之后，尽管成本并没有什么变化，它们还是会提高被吞并公司啤酒的销售价格。随后，为了进一步加强自己的市场支配力，这些公司很可能会进一步降低成本，提高价格，从而获取更为丰厚的利润。

亚马逊这一类企业有些不太一样，它们之所以会依托于颠覆式创新实现有机成长，是因为这样做可以降低成本与售价，同时向消费者提供更优质的服务。在很大程度上，这对社会、消费者来说都是有利的。然而不幸的是，颠覆式创新也会令竞争对手难以参与到竞争当中，导致这些企业巨头没有任何动力去把价格降到和成本差不多的水平。这就是利润悖论的另一层含义：虽然那些企业巨头通过更低的成本、更低的价格攫取了市场支配力，但它们的加价指数却在不断攀升（因为价格远高于成本）。唉，真是有得必有失，有甜必有苦啊。此外，如果只有一家企业具有明显的成本优势，它的市场支配力就会变得更为强大。换句话说，如果市面上同时存在两家一模一样的、成本低廉的亚马逊，那么消费者就可以享受到更优质的服务与更实惠的价格。不过从现实情况来看，似乎没有哪家企业能够跨过亚马逊门前的护城河，就连由热衷于与美企竞争的马云所创立的中国版亚马逊——阿里巴巴——也无法做到这一点。

大企业不仅会花费重金去投资那些有可能降低成本的科学技术，

同时也会从根源上削减成本。半个世纪以前，社区附近的裁缝们会从批发商那里购买原材料，然后自己设计、制造服装，并在镇上的某家商店里面进行独家销售。

如今，连锁店这种经营模式不仅优化了整条供应链，通常也会降低生产成本。连锁店的优势大致体现在以下几个方面：能够与供应商实现更划算的交易，能够通过规模生产降低成本，能够以更低的工资雇到工人。当然，各个企业的经营方式有所不同。普通的裁缝只会裁剪布料，而像盖璞（Gap）一样的服装企业则会“裁剪”成本。或许这就是商学教育带来的后果，这些 MBA 的学生不仅学到了财务知识，也学会了如何制定企业战略、如何减少开支。由于所有人都在想方设法地削减成本，企业成功降低了生产费用，股东也如愿以偿地拿到了更多利润，消费者也享受到了更为低廉的价格。

一般来说，为了利用规模经济来抵挡竞争对手的进攻，为了获得远超其他公司的生产优势，企业会努力将成本一降再降。如此大的降幅必然会导致市场支配力的出现，头部企业不仅可以统治整个市场，还可以借机赚取高额利润。虽说成本大幅削减对消费者来说也存在一定好处，但这种好处十分有限，因为企业并不会将成本削减带来的好处全部转移到消费者身上，大部分节省下来的资金都会被企业收进自己的腰包，变成利润的一部分。

某些成本的节省是通过工资支出的降低来实现的——企业会降低员工薪酬，或解雇一部分员工。不过，请注意，员工数量的下降有可能是市场支配力本身所导致的，下面我们会详细分析这一情况。此外，如果市场支配力在经济体系中变成了一种广泛存在的现象，也会导致薪酬水平的降低。这会以一种意料之外的方式提高企业的加价指数，因为在价格上涨的同时，工资方面的支出却在下降。

人类联盟：我们只是人类而已

赚钱是公司的首要目标，这本身并不是一件邪恶的事情，但是赚钱的过程有时候会给其他人带来一些危害。比如，消费者并不总是理性的，某些公司会利用这一点去赚取更多利润。早在以物易物的时代，市场上就出现了包治百病的灵丹妙药，如今我们只需看一眼就知道这是虚假宣传，可是在信息技术的帮助下，某些企业会以一种更为巧妙的方式来“欺骗”消费者。它们会认真分析大家的消费心理，并借此来获取市场支配力。例如，企业会用低价来诱导消费者上钩，签订长期协议。一段时间之后，即便价格已经上涨到对消费者十分不利的程度，但由于粗心等原因，很多消费者并未及时取消合同。以健身房会员卡为例，买卡的时候我们确信自己每周都可以抽出三天时间去参加动感单车课程，之后我们才意识到，网飞（Netflix）的电视剧和家里的沙发似乎更为诱人。渐渐地，健身房会员、网飞会员、声田会员、有线电视服务都开始涨价，虽然我们可以权衡利弊进行取舍，但事实上我们根本不应该跟任何一家公司签订这种长期协议。

心理学家每发现一种全新的认知偏差，市场上就会多出一种与之对应的营销策略。利用信息上的不对称，企业会给消费者制造出一种选择权掌握在自己手里的假象。它们还会故意在产品之间做出一些细微区别，并向那些愿意为此买单的消费者标示更高的价格。很明显，将手机内存提高一倍并不会使生产成本增加200美元。而且，由于内存的成本十分低廉，只销售内存较高的手机反而有可能更便宜，因为不同内存需要不同的生产线，这会极大增加企业的生产成本。人为制造产品差异具有十分悠久的历史，有时它们甚至无须利用心理学方面的专业知识——只要给产品涂上不同颜色就可以了。为了买到红色汽车，很多人都愿意支付更高的费用。随着科学技术的发展，企业可以更轻易地根据消费者的个人信息进行价格上的微调，并利用大家的认知偏差来攫取市场支配力。

有时候我们会产生一种商品“免费”出售的错觉，这就是典型的认知偏差。安装了谷歌地图、Yelp（一款点评应用）等应用之后，我的生活质量得到了明显改善。25 年前，谁能想到一款小小的电子设备就能帮助我们走遍天下？谁能想到一款应用不仅可以为我指明方向，还可以实时追踪我的位置？如今，科幻电影中的场景已经变成了现实。不过，如果你觉得这种颠覆了整个生活方式的应用完全免费，那你可就错了。

前面我们已经提到，这种免费是一种错觉。无论 App（移动应用）有多么实用，都无法改变这一事实。不管是劳动合同的签订、面包的购买，还是古董之间的以物易物，实际上都是通过交换这一手段改善双方的状况。我愿意支付 2 美元来换取一个面包，面包师也愿意收下 2 美元交出手中的面包，这和谷歌地图、Yelp 等应用程序没有什么不同：App 为我提供了我喜欢的服务，而作为交换，我也为 App 提供了我的个人信息，并花费了很多时间观看上面的广告。收集到我的数据之后，企业可以为其他用户（当然也包括我自己）提供更优质的服务。例如谷歌地图会利用我的实时位置来更新路况信息，并及时调整大家的行车路线，从而让每个人都能用最短的时间抵达目的地。另一方面，App 供应商通常会利用广告等形式把我的这些数据变成收入来源，或是卖给直销公司，帮助它们锁定目标客户。

就像古董的交换一样，如果我想用我的咖啡桌换取你的餐桌，同时我们都认为你的餐桌更有价值，那么我除了交出咖啡桌之外，还应当补给你一些钱，以免让你蒙受损失。对我来说，价格是正数，对你来说，价格是负数，这意味着你是一个净卖家。在以物易物的环境中，我们很难找到两个价值完全一样的物品，所以“零价格”是一种相当罕见的情形。然而事实上，无论是古董市场还是谷歌地图，零价格都是一种普遍存在的现象。即便你在网络上处于卖家地位（因为 App 提供的服务价值小于你的数据价值），也没人会因此而补偿你。价格为零时，大多数情况下有一方是吃亏的。正如人们所说的那样，如果应用程序不收费用，那你就很有可能处于卖方地位，但你却从来没拿到过来自 App 供应商的补贴。

对于谷歌地图这款应用而言，谷歌利用用户数据所获得的广告收入要远高于谷歌地图的服务成本。也就是说，在这笔交易中，用户提供的价值更高，就像餐桌的拥有者一样，他们理应得到一定的补偿。通常来说，个人数据不会太值钱，我手机上的 App 全部加在一起，每年利用我的个人数据所赚取的金额也就几美元。App 供应商之所以能够赚取巨额利润，是因为用户数量十分庞大。即便每个 App 只能赚取几分钱，当用户数量达到几亿、几十亿的规模时，这也是一笔数额不菲的利润。

总而言之，零价格现象的关键在于，用户意识不到价格的存在，他们不知道自己扮演着净卖家的角色，也不清楚 App 供应商是否应该补偿自己。因此，供应商会利用这种认知偏差去攫取市场支配力，并收取更高的费用，使其高于完全竞争市场的价格水平。第 11 章中，我会同大家讨论该如何削弱这种市场支配力，并妥善处理与之相关的零价格问题。

很多公司都会利用消费者的认知偏差，最明目张胆的行为，大概就是利用商品的成瘾性来诱导顾客消费了。就像其他许许多多的软饮一样，可口可乐也含有咖啡因——其原始配方中甚至含有可卡因的残留物——以及糖分，这些都会让人上瘾。就连星巴克的吸引力也不仅仅来自美味的热饮和舒适的座椅——星巴克饮品的咖啡因含量几乎是市面上最高的。[13] 咖啡因不仅是一种对健康有害的药物（尽管它的危害程度可能没有那么高），同时也是市场支配力的重要来源。

最容易令消费者上钩的诱饵就是信息。Instagram、脸书、TikTok、YouTube 会不间断地向我们推送大量信息，并想办法让我们在它们的 App 上花费更多时间，从而提高它们的广告收入。在利用消费者的成瘾性这方面，社交媒体可以说是肆无忌惮，为了诱导我们购买更多的商品，支付更高的价格，逗留更长的时间，它们简直无所不用其极。

这种利用成瘾性诱导消费的行为之所以需要法律监管，是因为它们不仅有害身体健康，还会扰乱社会秩序。虽然一开始只会有个别人群受到伤害，但实际上这只是冰山一角。在不久的将来，大量个人、家庭，乃至于整个社会，都会迎来灾难性的后果。社交媒体的所作所为其实和 20 世纪 50 年代烟草公司的行径没有什么区别，虽然当时那些烟草公司十分清楚自己的产品会给尚未出生的婴儿带来极大危害，但为了赚钱，它们还是会将广告投放到孕妇群体中。更让人难以接受的是，这种成瘾性商品会让消费者产生品牌依赖，导致很多人无法接受其他品牌的产品，哪怕自己中意的产品越来越贵，他们也不得不打开钱包乖乖付钱。毫无疑问，即便抛开健康等问题不谈，仅从经济角度看，我们也必须实行更为严格的审查与监管，以便减少成瘾性消费带来的危害。

认知偏差是一个很复杂的话题，它往往涉及对 App 供应商的监管，以及用户行为的监管。虽然人们很讨厌各种各样的监管、法规，但实际上我们正在逐渐接受某些带有一定偏见的，甚至是违背个人利益的监管。以安全带为例，虽然这是一项强制性的要求，但过去坐飞机的时候，我经常不系安全带，因为这很麻烦。而且我觉得，如果真的坠机了，安全带也无法保证我能够存活下来。然而之前的一次经历改变了我的看法。当时飞机正在巡航高度飞行，突然间，在热湍流的作用下，飞机开始急速下降。还好当时有个空姐提醒我系上了安全带，不然我可能会像其他四名乘客一样（包括几位排队上卫生间的乘客），受惯性影响一头撞到天花板上。我们不得不紧急降落在最近的机场上，将受伤乘客送往医院。自那以后，每次坐飞机我都会认真系好安全带。因此，只有在经历过痛苦以后，我才意识到了自己的无知，并及时纠正了认知偏差。

其实消费者有时并不希望市场对这些认知偏差行为进行监管，因为他们觉得谷歌能够提供这些优质服务就已经很不容易了，没必要让它再花钱补贴用户。然而事实上，监管往往很有必要，因为这可以减少那些企业利用认知偏差对大家造成的伤害，也能够避免更多的企业建立起无法逾越的护城河。

企业以利润为首要目标，有错吗？

可以说，资本主义制度最大的目标，就是为个体投资营造良好环境，让大家敢于创业，善于盈利。虽然有很多新发明新技术来自政府支出、基础研究或战争（核能和无线电技术便是诞生于炮火之中），但大多数技术进步其实都来自私人投资。通过苏联和中国早期的计划经济我们可以看出，中央集权的经济制度无法达到像资本主义经济制度一样的发展水平。

根据熊彼特的创造性破坏理论，临时性的市场支配力可以激励大家在创新方面进行投资。如果市场中没有出现足够的创新，或者新技术很容易被别人复制，那么此时专利保护制度就可以为技术创新提供法律保障，让公司可以有充分的时间利用手中的市场支配力收回自己在创新方面的投资。所以说，一家创新型生物技术公司在发明新药之后的一段时间里赚取丰厚的利润并没有什么错。一个健康成长的经济体系，本就应当为这种风险性较高的创新提供一种暂时性的回报与奖励。

不过，如果企业可以长期获取超额利润，事情就会失去控制。为了维持市场支配力，那些企业会持续不断地为自己补充新鲜血液，并逐渐成长为无可匹敌的巨无霸企业。虽然有些违背直觉，但假如这些企业巨头没有这么大的市场支配力，那么它们会变得更大。以苹果公司的 iPhone 为例，如果它的价格从 1200 美元降低到 400 美元，那么苹果公司就可以卖出更多的 iPhone，因为付得起 400 美元的顾客可比付得起 1200 美元的顾客多多了。

这是市场支配力所带来的另一个矛盾：如果那些掌握了市场支配力的企业设定了更有竞争力的价格，那么它们会变得更大。可问题在于，这里的“大”到底指什么？这就是理解矛盾的关键所在。市场支配力不仅带来了更高的价格，同时也带来了更低的销量。然而，企业之所以设定如此高昂的价格，只是因为它们觉得这样可以提高销售额：虽然价格升高会导致销量下降，但总的来说销售额还是变高了。销量减少以后，企业雇用的工人数量也会减少。虽然苹果公司将 iPhone 的售价降低到 400 美元就可以卖出更多的手机，但这会导致销售额的下降，因为销量的增长无法弥补价格下降所带来的损失。更为重要的是，这样做也会导致企业利润以及股票价格的下跌。

总之，由于市场支配力将价格拉升到了远远超过成本的程度，某些原本能够买得起商品的消费者，可能一下子就买不起了。大量的资金正在从消费者的口袋里转移到那些拥有市场支配力的企业的保险柜中。不仅如此，企业巨头的那些竞争对手也无法在市场中占有一席之地。这些企业巨头的支配力不仅会影响到其他企业的经营，同时也会让劳动力市场产生翻天覆地的变化，因为工人的劳动恰恰是企业生产商品、提供服务的过程中最为重要的组成部分。

在本书的第二部分，我会详细列举市场支配力的各种起因，并分析市场支配力对工作岗位所产生的巨大影响。按照常理，既然企业有这么高的效益，那工作岗位上的广大劳动者应该能过上更好的生活才对，可现实恰恰相反：那些日益繁荣的企业利润越高，护城河也就越宽，劳动者的境遇反而会更差。这就是我们所说的利润悖论，它不仅会影响到那些干粗活累活的劳动者，也会影响到正在寻找工作的纽约大学高才生，或硅谷那些职级较低的程序员。

我们先来聊一聊市场支配力对工资的影响。

2

第二部分

市场支配力的危害

在市场支配力席卷各行各业的情况下，整个经济体系的工资水平出现了下滑趋势；与此同时，那些大公司的管理层以及熟练运用科技进行创富的人，则累积了极大的财富。社会不平等程度在不断加深。

第 3 章

水落船低：工资水平的下降

尼古拉斯·卡尔多（Nicholas Kaldor）是一位出生于匈牙利的经济学家，1930 年毕业于伦敦政治经济学院，并在不久之后成为该学院的讲师。在英国政府工作一段时间以后，他来到了剑桥大学担任教授。卡尔多在经济增长和商业周期方面的研究成果，影响了一整代经济学家的工作。他的学术影响甚至延伸到了自己的家庭成员：四个女儿当中，有两位在当时普遍以男性为主的学术界脱颖而出，并担任教授之职，她们分别是在伦敦政治经济学院研究全球治理问题的玛丽·卡尔多（Mary Kaldor），以及在牛津大学研究发展经济学的弗朗西斯·斯图尔特（Frances Stewart）。

卡尔多指出，包括劳动收入份额和资本份额在内，经济中有很多整体统计数据都具有显著的规律性。尽管多年以来，农业、制造业、服务业等各个领域的经济结构都出现了根本性变化，卡尔多的理论仍然保持着惊人的准确性。

100 年前，美国有一半以上的人口从事农业生产，今天这一比例还不到1%。尽管如此，经济总产出仍旧有2/3归属于劳动力，有1/3归属于资本，这两个比值都和100年前一样。虽然20世纪50年代以前，制造业的就业人数出现了急剧增长，之后其就业率又跌破了10%，但在经济结构的整个变革过程当中，劳动收入和资本在经济总产出中所占的份额并没有改变，至少在20世纪80年代之前是这样的。卡尔多认为这些规律是一种“程式化”的客观现实，因此这种现象又逐渐演变成了一个经济学术语，即程式化事实（stylized fact）。[1]

其实，把恒定的劳动收入份额看成一种程式化的经济事实，是近些年才有的事。早些时候，保罗·萨缪尔森（Paul Samuelson）在他所著的教科书《经济学》的第六版中提出了“鲍利定律”（Bowley's law）的概念。虽然这两个人都在伦敦政治经济学院和剑桥大学工作过，但早在卡尔多之前，阿瑟·鲍利（Arthur Bowley）就于20世纪20年代初发现了英国劳动收入份额从未产生变化这一事实，并将其记载到了《1860年以来英国的工资和收入》（*Wages and Income in the United Kingdom since 1860*）一书中。

那么，劳动收入份额具体是怎么来的呢？尽管企业之间的确存在巨大差异，尤其是那些具有市场支配力的企业，但企业的平均成本结构还是能说明很多问题。大多数企业会将20%左右的成本花费在劳动力之上，与此同时，劳动收入份额与GDP的比值却一直维持在2/3，也就是66%左右。这两个数字为什么能够同时出现？换句话说，为什么企业只会在劳动力方面花费20%左右的成本，而劳动收入份额却占据了GDP的66%？

两个比例之间的巨大差距主要来源于中间投入，即其他企业的劳动力所生产的各种商品与服务。企业不仅会雇用劳动力来生产，也会从其他企业手中购买商品和服务，而那些企业也需要雇用劳动力才能完成生产。例如，当生物技术公司选择将实验项目外包出去时，他们所支付的金钱不仅会变成实验室用来投资的资本，同时也会间接地变成部分实验室员工的工资。汽车制造商也是如此，为了购买挡风玻璃、雨刮器、车载电脑软件等中间投入，它们要向其他供应商支付很多资金，供应商的工人也会因为这些订单而拿到自己的薪水。

为了更好地说明什么是中间投入，经济学家对收入（revenue）和附加值（value added）两个概念进行了区分。企业收入指的是销售总额，而附加值指的是总收入减去中间投入之后剩下的那一部分。我们使用“附加值”这个概念，主要是为了将企业售卖的东西和企业真正生产的东西区分开来。

如果汽车经销商以 15000 美元的价格出售一辆汽车，而汽车制造商以 12000 美元的价格将汽车卖给了经销商，那么它们就形成了一个总收入为 27000 美元的小经济体，其中汽车经销商的附加值只有 3000 美元，而汽车制造商的附加值最高可以达到 12000 美元，具体大小取决于它在生产时使用了多少中间投入。如果以消费者愿意支付的价格作为参考，那么汽车经销商通过提供销售团队和服务，为消费者创造了 3000 美元的价值，而不是 15000 美元的价值。我们之所以要区分附加值和销售额，是为了避免重复计算，因为这辆汽车实际上被制造商和经销商各卖了一次，加在一起就是两次。

同样，为了顺利完成国民经济核算，统计部门将 GO（gross output，总产出）和 GDP（国内生产总值）两个概念区分开来，前者指的是所有销售额的总和，后者指的是所有企业的附加值的总和。当然，不同企业在附加值与收入之间存在着巨大的差异：批发商和钢铁生产商这样的企业会使用大量的中间投入，在劳动力方面的支出相对较少；人力资源这类企业的情况则刚好相反，它们会将大部分支出花费在劳动力方面。

此外，如何精确测量 GDP 也一直存在着很多争议，黛安娜·科伊尔（Diane Coyle）最近出版的《极简 GDP 史》（*GDP：A Brief but Affectionate History*）一书就谈到了这个问题，并详细介绍了 GDP 的统计史，仔细分析了细微变化为何能够导致重大的统计修正。[2] 不过，在实际的国民经济核算数据中，GO 与 GDP 的比例在很长时间内几乎一直维持在 2∶1 左右。也就是说，平均来看，企业的销售额中有一半都用来购买其他企业生产的中间产品了，剩下的一半则属于劳动力成本、资本成本、间接成本和利润。

既然对于大多数企业来说，20% 的收入用于劳动力工资的支付，50% 的收入属于附加值，那么由此可见，前者大约是后者的 40%。显然，这个数字还不够大，这是因为我们还没算上个体经营和政府职员的收入。把这些数据加进去以后，我们就能得到卡尔多提到的那个 66% 了。当然，卡尔多的理论无法像热力学定律那样精准，在遇到经济繁荣或经济衰退时，劳动收入份额总会产生一些变化。不过需要注意的是，不管我们的社会是以农业为主，以制造业为主，还是以服务业为主，不管经济结构发生了多么大的变革，卡尔多的理论一直都没产生过太大变化。

1980 年之后，也就是在过去的 40 年当中，很多事情发生了根本性的变化：劳动收入份额持续大幅缩水，从 20 世纪 70 年代的 65%，一直下降到了 2017 年的 59%，而且这种下降普遍存在于世界各个国家当中。[3] 虽然 6% 的变化好像并不大，但如果我们以 1980 年的水平为基准，就可以算出劳动收入份额大约下降了 10%，这实际上是一个很大的跌幅。别忘了，在 1980 年之前，卡尔多所提出的程式化事实几乎没有产生过任何变化。

如此大的跌幅让经济学家们有些摸不着头脑，没有任何一位研究人员能够给出令人信服的解释。直到我们发现市场支配力一直在不断增强以后，真相才开始逐渐浮出水面。

没错，正是在市场支配力的作用下，劳动收入份额才出现了如此令人担忧的跌幅。不过，市场支配力并不是简单地将金钱从劳动力的口袋中掏出，然后重新分配给企业的所有者。市场支配力和劳动收入份额的下降都极大地破坏了经济价值。即便我们把所有利润都支付给劳动力，他们的状况仍旧不如完全竞争市场条件下可能的状况，因为那些企业巨头会生产、销售更少的商品，正如我们在下文中所看到的那样。事实上企业产量下降的幅度十分惊人，这种损失要比失控的通货膨胀带来的损失大好几倍。这就是我在第 11 章向大家发出呼吁的原因，我们的社会迫切需要一个合理、彻底的方案去解决这一问题。

企业倒退一小步，经济倒退一大步

市场支配力的上升与工资水平的下降，必然存在某种紧密的联系。首先，我们假定现在有一家因商品畅销而掌握了一定市场支配力的企业，如果工资水平是由充满竞争的劳动力市场决定的——比如餐厅的厨师或卡车司机，由于雇主很多，他们可以自由挑选自己的工作单位——那么这家企业就无法直接影响到劳动力的薪酬。劳动力市场中充满了竞争对手时，该企业不会降低自己员工的工资。

不过，因商品畅销而掌握了一定市场支配力的企业的的确确会让劳动力的境遇倒退一小步。由于售价较高，销量会减少，企业的产量也会降低，所以企业会雇用更少的工人。如果这种市场支配力广泛存在于整个经济体系当中，且企业巨头广泛存在于各行各业中，那么这倒退的一小步就会产生质的变化，导致劳动力整体工资水平的下降。

如果只有一家卡车运输公司降低员工数量，那么司机的工资不会受到什么影响，因为他们可以去其他公司驾驶卡车或汽车，对于他们来说，食品、安保、建筑等行业都有很多工作机会。但是，如果每个行业都存在大量掌控市场支配力的企业，那么整个经济体系对劳动力的需求就会下降，所有行业的工资水平也会跟着下降。显然，如果只有一只蝗虫在啃食庄稼，那么农民的收成不会有什么损失；但如果是一群蝗虫席卷而来，那庄稼就彻底完了。

这就是本书的核心论点。大多数人都觉得，企业蒸蒸日上，经济也会日益繁荣，互相竞争的企业可以在创造利润的同时提供大量就业机会和工作福利。很可惜，事实和大家想的不太一样，当前那些攫取了市场支配力的企业巨头正做着相反的事情。由于竞争对手太少，这些企业正在疯狂地收割超额利润。尽管啤酒、人工髋关节这样的商品标价过高，但为了自己的口舌之欲，为了祖母的正常生活，大多数消费者只能忍痛付款。不过由此一来，企业也会销售更少的商品，因为没多少人能买得起。当今时代，市场支配力普遍存在于科技、纺织等各个行业当中，它不仅降低了商品产量，也降低了企业对劳动力的需求。它们不但没有提供更多的就业机会，反而削减了工资水平，给广大劳动者带来了巨大损失。这就是我们所说的利润悖论。只有充满竞争的市场才能降低商品价格，从而为劳动力创造福利，为经济的健康发展提供助力。

通过对市场支配力的研究分析，我们已经证明了劳动收入份额下降是市场支配力上升带来的结果。但是，如果我们不清楚市场支配力与资本之间的关联，我们就无法完全理解市场支配力与劳动收入份额之间的紧密联系。

并非所有资本都相同

如果企业在劳动力方面的支出占GDP的比重下降了，那GDP的其余部分流到谁的手里去了？毕竟GDP是所有产品的价值总和。广义上讲，正如卡尔多指出的那样，GDP这块大蛋糕可以分为劳动力和资本两部分。企业掌控市场支配力以后，两块蛋糕的大小会产生一定变化，企业所有者那块蛋糕更大了，劳动力那块蛋糕则变得更小了。不过，企业不仅在劳动力方面的支出变少了，在资本方面的支出同样也变少了。[4]换句话说，劳动收入份额和资本在GDP当中的比例都下降了。既然如此，总数就对不上了，多出来的那部分蛋糕去哪了呢？答案取决于我们如何定义“资本”。

我们说资本份额正在下降，其实指的是建筑、机器的购买费用与使用费用正在下降。一般来说，销售额减去劳动力成本与资本成本之后，剩下的才是利润。虽然很多人会将资本成本和利润归并在一起，可事实上二者之间有着明显的不同。因此，经济大蛋糕一共可以分成三块：劳动力、资本、利润。之所以会产生前面的问题，是因为利润有时也会被算作资本的一部分。更糟的是，二者有时很难区分开来。

打个比方。假如我用一生的积蓄，也就是250000美元，买了一套二手房用来出租，那么这笔钱可以让我成为这片土地以及房屋的所有者。之后，我会根据租房者的实际需求收取适当的租金，具体价格取决于社区环境以及房屋质量。虽然每座房子的租金都不尽相同，但由于房屋租赁市场的竞争较为激烈，我不能把租金定得太高，否则就没人来租房子了。

不过，为了提高租金，我可以进行一些投资。如果我花费20000美元重新装修一下厨房、安装新的供暖系统与管道，那么租户可能就愿意支付1000美元的月租金，而不是700美元。只有当我确信，从长远来看每月 300 美元的收益可以超过 20000 美元的投资时，我才会进行这项投资。折现以后，超过 20000 美元的那部分金额就是我获得的利润。

在房屋上花费 20000 美元来改善居住环境，本质上属于为了产生更多价值而进行的资本投资。而花费 250000 美元购买房屋，本质上只是产权的改变，它并没有给房屋增加任何价值。虽然这两种行为都算作投资，我支付的金额也都被称为资本，但它们之间还是存在着根本性的区别：一个资本会影响到房产的实际价值，而另一个资本则只会影响到房产的所有权。

这两种资本之间存在着密切的关联。用来提高商业价值的投资的回报率越高，利润就越高，潜在买家愿意支付的价格也会越高。反过来，如果企业的所有者资金短缺，那么他有可能愿意出售一部分所有权——他可以发行股票，并将筹集到的资金用来提高商业价值，比如购买一些机器。

由此可见，这两种资本之间的区别并不总是那么明显，因为二者不仅存在紧密关联，而且可以相互转换。当前时代的卡尔多程式化事实表明，劳动收入份额大约占 GDP 的 59%，利润大约占 GDP 的 12%，而在 20 世纪 70 年代，这两个比例分别是 65% 和 3%。[5] 也就是说，如果把生产资本和利润放在一起，那么它们的总占比实际上是上升了，但需要注意的是，我们仍旧有必要把生产资本和非生产资本（即利润）区分开来。

当加价指数一路飙升，也就是售价与成本的比例越来越高时，企业产品的销量就会下降，产量也会随之下降。结果就是那些掌控了市场支配力的企业会雇用更少的员工、投入更少的资本、生产更少的商品。这就是凭借市场支配力称霸整个行业的那些企业劳动收入份额下降、资本份额下降、利润却不断上升的原因。我们都知道，并不是所有的企业都能获取较高的利润，只有那些掌控市场的企业可以做到这一点。证据表明，各行各业都存在这种企业，它们给劳动力的薪酬带来了很大冲击。那么问题来了：在各个行业的产品价格普遍上涨的情况下，我那位在宠物店工作的邻居的工资到底是怎么下降的？

为何啤酒的价格会影响到我邻居的工资？

在安海斯-布希与英博啤酒合并成百威英博之后，CEO 卡洛斯 · 布里托（Carlos Brito）将利润最大化定为了自己的首要任务。为了实现这一目标，最好的策略就是快速掌控市场支配力，并以超高的加价指数销售自家啤酒，尽管这会减少一部分销量。当然，酒精会让人们做出很多非理性行为，可即便再不理智，消费者面对较高的价格时也会少买一些啤酒。事实上，已经有很多篇报道指出，啤酒市场的消费正在逐渐变得疲软，整体销量不升反降。难道说，大家终于意识到适量饮酒可以让头脑更为清醒了吗？当然不是，这根本不是健康意识的问题，而只是需求定律在起作用罢了：啤酒价格上涨，销量自然会随之下降。

这里有一个很明显的矛盾之处：在需求定律的作用下，百威英博合并之后的销量比合并之前还少？答案是否定的。为了理解这一点，我们需要将整个啤酒市场的需求与大家对百威英博啤酒的需求区分开来。假定现在啤酒的售价是每瓶 2 美元，百威啤酒的需求是 2000 瓶，时代啤酒的需求是 3000 瓶。当价格上升至每瓶 3 美元时，百威与时代的销量分别降至 1500 瓶和 2500 瓶。2 美元的价格对应着 5000 瓶的总需求，3 美元的价格对应着 4000 瓶的总需求，这就是我们所说的需求定律。

合并之前，百威公司销售百威啤酒，英博公司销售时代啤酒，后者的销量为 3000 瓶。合并之后，两个品牌归属于百威英博一家公司，所以新公司的销量是两个品牌之和，即 1500+2500=4000 瓶。这意味着，合并之后啤酒价格上涨了，市场需求下降了，但单个公司的销量却提升了，尽管这一“单个公司”原本是两家不同的公司。

那么，需求的下降怎么会导致工资的下降呢？更高的啤酒价格意味着更少的消费者，同时也意味着更低的产量。既然卖不出去，那企业就没必要生产那么多啤酒。由此带来的后果就是，啤酒厂商会购买更少的生产原料（啤酒花、谷物、酵母、水、玻璃、啤酒桶），在生产方面减少投资，并雇用更少的工人。因此对于那些掌控了市场支配力的公司来说，它们的劳动收入份额下降了。出于同样的原因（更高的价格导致更低的产量），资本所占的份额也会下降。

是不是说，啤酒行业的市场支配力十分强大，以至于整个经济体系的劳动力市场都会受到它的影响？当然不是，啤酒市场只是整个消费市场的一小部分。真正的问题在于，市场支配力不是只存在于啤酒市场当中，而是广泛存在于各个行业。

我们可以看到，随着经济的发展，各行各业中出现了越来越多的、可以统治整个行业的巨无霸企业，比如网络零售业中的亚马逊，实体零售业中的沃尔玛，卫星电视行业中的 DirecTV，搜索引擎行业中的谷歌，碳酸饮料行业的可口可乐、百事可乐，电信行业的美国电话电报公司（AT&T）、威瑞森（Verizon）、斯普林特（Sprint）、T-Mobile，娱乐行业的 CEC Entertainment、Dave & Buster’s，轮胎行业的固特异、米其林，家用电器行业的惠而浦、伊莱克斯、通用电气，以及餐饮行业的金巴斯集团（Compass Group）、爱玛客（Aramark）、索迪斯（Sodexo）。正是因为企业巨头普遍存在于各个领域当中，我们的整体经济才会受到明显的影响。

近些年令整个经济学界为之困惑的谜团，现在终于得到了一种较为合理的解释。1980 年以后，经济体系花费在劳动力方面的支出一直在不断下降，与此同时，市场支配力也在迅速增长。如果只是啤酒的价格上涨了，那整个经济体系的劳动收入份额并不会受到什么影响，但如果所有行业的价格都在上涨，情况就会变得不一样了。劳动收入与 GDP 的比例之所以会从 20 世纪 70 年代的 65% 稳步下降至 2016 年的 59%，[6] 很大程度上是因为各行各业的市场支配力都在显著提升。

有充分的证据表明，市场支配力越强大的企业，在劳动力方面的支出就越少。[7] 之前我们在衡量市场支配力时使用了加价指数（价格与成本的比例）和利润这两项指标，然后我们发现这两项数据都在上升。顺着这个思路我们又发现，在市场支配力的作用下，价格在不断攀升，产量在不断降低。

考虑到市场支配力广泛存在于整个经济体系当中，且在过去的 40 多年里一直在不断上升，这些证据就越发有说服力了。随着各个企业的市场支配力的不断增强，这股强大的力量终将会影响到整个经济体系，因此，所有企业在劳动力方面的总支出占 GDP 的比例一直在不断下降。

没错，虽然单个企业的影响力有限，但如果每个企业巨头的市场支配力在过去 40 年当中都在大幅增强，那么在劳动收入份额下降这个问题上，每个企业巨头就都难辞其咎。每个企业后退一小步，整个经济体系就会后退一大步。

总之，劳动收入份额下降的原因可以归为两类：一是因为企业雇用的工人数量在不断减少，二是因为工人的工资在不断降低。很多情况下，二者会同时发生。[8] 现在我们依次分析一下。

首先我们来看看，为什么企业雇用的员工更少了。那些掌控了市场支配力的企业拥有更高的加价指数，随之而来的是更低的销量以及产量。产量降低了，需要的劳动力也就变少了。所以说，如果工资水平保持不变，那么市场支配力会导致员工数量的下降。目前来看，整个经济体系的市场支配力在不断上升，其直接影响就是活跃劳动力数量的减少，在经济学中，这一指标又被称为劳动参与率。

劳动参与率降低只意味着适龄劳动力中的活跃人数正在下降，但并不意味着失业率的升高。在所有适龄劳动力当中，有 80%~85% 的劳动力处于活跃状态，有 15%~20% 的劳动力处于非活跃状态。[9] 不活跃不等于失业，因为失业指的是愿意工作且正在寻找工作的人。换句话说，失业者也是活跃劳动力的一部分。虽然在不同经济周期、不同国家当中，失业率总会有一些波动，但从长期来看，失业率并没有明显的上升或下降趋势。

美国经济比较景气的时候，失业率徘徊在 5% 左右，这意味着在有工作能力且愿意工作的全部人口当中，有 5% 的人没有工作。新冠肺炎疫情最严重的那段时期，美国失业率曾一度飙升至 15%。经济危机期间，西班牙等国家的失业率甚至突破了 30%。尽管失业率会随着经济的繁荣衰退而有所波动，但从长期来看，失业率并没有系统性地上升或降低，而且经济繁荣的时候，失业率总是维持在 5% 左右。

与失业的概念不同，不活跃劳动力指的是那些没有工作，也不愿意去找工作的人。这一群体主要包括已经达到了工作年龄的学生，以及主动选择待在家里的人。比如有些人会因为配偶可以靠一己之力养活一家人而不必出去工作，还有些人不得不留在家里照顾儿童或老人。

自 20 世纪 90 年代中期以来，活跃劳动力的比例一直在稳步下降，非活跃劳动力的比例一直在不断增加。如果按性别来看，男性劳动力的不活跃比例在 20 世纪 60 年代为 3%~4%，到了 2020 年，这一比例已经上升至 11%，这意味着之前只有 3% 的男性没有工作，如今这一比例已经上涨了两倍多。[10] 这是一个多么惊人的涨幅啊，而最夸张的涨幅出现在 20 世纪 90 年代中期。考虑到失业率在长时间周期内并没有出现系统性的变化，不活跃劳动力比例的增加就更加显著了。

虽然女性的情况有些不同（因为女性人口占劳动力的比例出现了较大幅度的增长），但整体趋势仍然堪忧。1960 年，有 57% 的女性劳动力处于不活跃状态，到了 2000 年，这一比例已经缩减至 22%。[11] 虽然和男性之间的差距仍然较大，但不可否认，女性劳动力的情况已经得到了很大的改善。不过令人沮丧的是，就像男性一样，如今女性劳动力的不活跃比例也开始上升了。之前大家好不容易为女性劳动力所争取的各种权益，于 20 世纪 90 年代中期又开始遭到各种侵蚀。到了 2019 年，女性劳动力的不活跃比例已经回升到了 24%。

为什么会有大量的男性和女性选择退出劳动力市场，回到了家中？这个问题很难回答，研究人员正在为这一长期变化趋势寻找各种可能的答案。不过可以肯定的是，不断上升的市场支配力在这其中扮演了很重要的角色。

市场支配力的上升直接导致了活跃劳动力的减少，男性和女性都受到了很大影响。市场支配力的上升不仅阻止了女性劳动力人数的上升，甚至还扭转了这一趋势。这可能是有史以来，至少是相关统计数据诞生以来的第一次——女性正在退出劳动力大军，而市场支配力绝对有着不可推卸的责任！

由于大多数人都无法承受失业带来的后果，即便较高的加价指数会导致企业雇用更少的工人，大多数劳动力也只能被迫接受较低的工资继续工作，因为成为不活跃劳力会彻底失去收入，跟前者相比这明显要更为糟糕。这种现象间接导致了整体工资水平的下降。

由此可见，劳动收入份额的下降可以归为直接和间接两种原因：直接原因是劳动参与率的下降，由于每个掌控了市场支配力的企业都会减少员工的数量，那么随着市场支配力的不断增强，劳动力市场自然会变小；间接原因是工资水平的下降，因为它会间接地影响到整个经济体系，促使劳动力市场回到平衡状态。这种平衡指的是，随着企业对劳动力需求的下降，劳动力市场的供给会自发地进行调整。而且要注意，只有工资水平下降了，劳动力的供给才会下降，如果工资水平不变，那么活跃劳动力的人数也会保持不变，这会导致工作岗位呈现一种供不应求的状态。尽管有些难以察觉，但实际上工资效应的影响会更大一些。

为了更好地理解为什么市场支配力会间接地影响到工资水平，我们以家庭为例加以分析。路易斯是一名图书管理员，而他的妻子简则是一名收入颇丰的大学教授，夫妇二人养育着四个孩子。在孩子们还没到上学年纪的时候，路易斯选择留在家里照看孩子，因为日托费用远远高于图书管理员的工资水平。尽管夫妻二人都想去工作赚钱，但考虑到家庭的实际情况，路易斯留在家里而简去工作是一种最佳策略，因为这样家庭收入会更高。假如图书管理员的工资能够涨一些，至少涨到高于日托费用的水平，那么路易斯就很有可能会回到工作岗位上。

由于不同家庭的状况不同，大家的工作意愿也不尽相同：有些人已经无路可退，无论如何都要找到一份工作；有些人只有在工作足够有趣、薪资足够高的情况下才会去工作。工作人数与工资水平之间的这种关系又被称为劳动供给弹性（labor supply elasticity）。工资水平越高，就会有越多的人在早晨挣扎着从床上爬起来赶往办公室。

尽管工资下降只是一种间接的均衡效应，但它无疑给劳动力市场带来了毁灭性的冲击，而首当其冲的便是那些低收入群体。之后的章节中我会花费更多的笔墨在高收入群体身上，并着重分析收入不平等的问题，但现在我们必须将目光放在大多数劳动者身上。大量研究结果和媒体报道都指向了同一事实：以美元来衡量，低收入群体的工资一直停滞不前，在 GDP 中所占的份额也在不断下降。[12] 为什么会这样？

工资的中位数可以说明很多问题。美国大约有 1.6 亿劳动力，这意味着有 8000 万劳动力的工资位于中位数之上，还有 8000 万劳动力的工资位于中位数之下。由于有一小部分人的收入属于天文数字，工资的中位数要远远低于工资的平均数。

20 世纪 80 年代以后，工资的中位数几乎就没怎么变过。以 2019 年的美元价值为基准，1980 年工资中位数为 812 美元，1990 年为 807 美元，2019 年约为 917 美元。[13] 此外还有充分的证据表明，这段时期内，最低收入者的工资几乎没有任何变化。然而，如果工资水平维持不变，而经济却在不断发展，那么工资收入与总产出（以人均 GDP 来衡量）的比值必然会不断下降。

过去 40 多年中，GDP 几乎翻了一番，那么相应地，工资中位数与人均 GDP 的比值就下降了一半。[14] 由此可见，对于低收入群体来说，工资停滞不前的现象尤为严重。

尽管大量劳动者的待遇在过去 40 年里变得更糟，但这一事实在很大程度上被整体工资水平的提升掩盖了，因为这种提升极为不均。少数精英人士收入的增长，可以抵消大多数劳动力工资的下降。换句话说，由于高收入人士赚得更多了，劳动收入份额的下降就没有那么明显了。

整个经济体系的市场支配力的上升会给市场带来很大冲击，其中最明显的就是工资水平的下降。尽管受市场支配力的影响，处于活跃状态的劳动力变少了，但那些因生活窘迫而无法待在家里的人，无论如何也要找到一份工作来养家糊口，这会给薪酬水平带来一定的下行压力。因为掌控市场支配力的企业会雇用更少的员工，且市场支配力广泛存在于整个经济体系当中，所以工资的下降趋势也会逐渐蔓延到经济体系的各个角落，这就是所谓的水落船低。虽然很多人在商讨政策时都会把焦点放在失业问题上，但实际上，大量劳动力因工资过低而退出市场才是问题的关键所在。

这一切听上去都很矛盾：由于工资水平下降，很多劳动力退出了市场，但与此同时，大量劳动力被迫接受了工资下降的事实。这是因为那些退出市场的劳动力不愿意接受这么低的工资，但大多数劳动力无法承担失去收入来源的后果，所以他们别无选择，只能不情愿地去打卡上班。

并非所有经济学家都同意本书的核心论点——在市场支配力席卷了各行各业的情况下，整个经济体系的工资水平出现了下滑趋势。事实上，除了市场支配力之外，很多经济学家长期以来一直持有另一个观点：他们认为工资水平之所以下降，不是因为市场支配力在整个经济体系的层面发挥着作用，而是因为大量企业存在着工资压榨的情况，这只是企业层面的问题。之后我会深入讨论这一问题，不过在此之前，我们先来看看发生在费城的故事。

Urban Outfitters 的诞生

1970 年，在费城市中心的宾夕法尼亚大学校园内，年轻夫妇理查德·海恩（Richard Hayne）与朱迪·威克斯（Judy Wicks）共同创立了自由人（Free People）商店。朱迪·威克斯将其描绘为“一个充满了 60 年代文化氛围的地方，里面有主题新颖的图书、家庭盆栽、新旧服装，以及各种时髦的家居用品。这是一家为 30 岁以下人士开设的百货商店。两年后，朱迪放弃了这段婚姻，离开了公司，并于不久之后在几个街区之外，也就是自己家楼下开了一家白狗咖啡馆（White Dog Cafe），准备将其打造成“一个可以吃到美式简餐，可以让朋友们聚聚会、聊聊天的温暖场所”。白狗咖啡馆成为最早一批使用本地食材、提供当地特色美食的餐饮企业。[15]

理查德 · 海恩选择了完全不同的经营策略。将自由人商店改名为“Urban Outfitters”（直译为“城市户外用品店”）之后，Urban Outfitters 逐渐发展为一个连锁服装店品牌，在美国和世界各地开了 400 多家店铺。随着 Urban Outfitters 的成功，理查德 · 海恩的名字也出现在了《福布斯》富人排行榜上。[16] 尽管朱迪 · 威克斯逐渐成了“品牌本土化”运动的代表人物，并收获了一大群忠实的拥趸，可市场中仍旧存在这样一种声音：如果白狗咖啡馆真有这么好的话，为什么它没有变成连锁店呢？[17]

过去 40 年当中出现了很多革命性的技术进步，全国连锁店这种经营模式便是其中之一。过去每个小镇都有自己的裁缝，他们一边缝制衣服一边经营着自己的店铺。现在几乎每个城镇都会有一家 Urban Outfitters，一家盖璞，以及其他各种连锁品牌店。从某种意义上而言，这些变化对消费者很有利，因为大家有了更多的选择，而且零售商之间的激烈竞争可以降低成本与售价。

本地的那些裁缝店几乎都倒闭了。现在的服装都是在美国总部被设计出来，然后交给孟加拉国等国家去生产，最后在标准化的连锁店中以更低的价格卖给消费者。这里我们再一次见证了技术创新和全球化给产业带来的巨大影响：科学技术方面的巨额投资、全球化的物流网络、努力削减成本的高管团队，这些因素能够让企业以最低的成本将商品卖往全国各地。

随着连锁店的快速扩张，那些不具备成本优势的当地商铺逐渐被挤出了市场。由此可见，这些连锁品牌已经掌控了强大的市场支配力，因为在花费了巨额的前期投资以后，它们不仅建起了分销网络，同时也建起了全球供应链，这些都可以将竞争对手拒之门外。不过，即便是这些存活下来的连锁品牌，它们之间也存在着巨大差距——例如，由于在生产技术和物流网络方面的投资比其他企业高出很多，Zara实现了更低的成本，所以它能够风靡全球，赚得盆满钵满，而其他连锁店却只能勉强做到收支平衡。

价格实实在在地降低了，这对消费者来说肯定是一件好事。可是，要不是因为某些企业的效率远高于竞争对手，要不是因为市场支配力的存在，那些企业巨头或许会进一步降低价格。

从餐饮业到零售业再到服务业，各个领域都能看到连锁品牌的身影。某些品牌正面临激烈的市场竞争以及创造性破坏所带来的威胁。以零售行业为例，尽管沃尔玛采取的“大卖场”模式（在城市周边地区修建大型停车场，然后将连锁店开在停车场附近）收获了巨大的成功，但亚马逊正在利用在线分销网络这种新技术去挑战沃尔玛的霸主地位。此外，市场中有很多像玩具反斗城一样的企业，因为没能跟上在线销售的潮流而逐渐失去了往昔的光彩。

无论你是喜欢在白狗咖啡厅慢慢享用价格较高的美食，还是喜欢在连锁店吃一顿价格较低的可乐汉堡套餐，市场都可以满足你的需求。很明显，连锁餐饮店可以帮助消费者节省很多钱，不过，那些超级明星般的连锁餐厅并没有将节省下来的利润全部转移到消费者、员工或经济体系之上。

在市场支配力不断增长的阴云笼罩下，连锁餐厅的出现的确为当地的劳动力市场带来了一线曙光。由于盖璞和 Urban Outfitters 在全国范围内都存在着激烈竞争，很多地区出现了更多的企业。企业数量的增长部分是因为人口的增长和城市化进程的推进——农村和乡镇的人口正在涌入城市当中。由于当地人口的增加，更多企业会进入市场。从数据中我们可以清晰地看出这一点：平均而言，本地市场的企业数量增长了 50%。[18]

当然，人口数量的增长和企业数量的增加并不意味着当地的市场支配力在不断下降。想要了解市场支配力的情况，关键还得看那些企业赚取了多少利润、售价比成本高出了多少。

买方垄断力

既然企业的数量变多了，那么为了将商品和服务推销出去，企业必然会雇用更多的员工，这就涉及买方垄断力的问题。

企业巨头不仅会将市场支配力施加到购买商品的消费者身上。对同一个小镇来说，无论丰田公司将汽车装配线建在哪个地方，它都会向工人支付较低的工资。同卖方垄断（向消费者收取过高的价格）不同，买方垄断会向工人支付更少的薪水，此时卖方变成了工人，因为他们在销售自己的劳动。两种垄断的逻辑是完全一样的，只不过现在掌控市场的变成了买方。由于市场上只有丰田汽车一位买家，它可以向卖家，也就是出售劳动的工人支付更低的价格（即酬劳）。也就是说，在卖方垄断的情况下，买家会彼此竞争，单个卖家可以掌控市场价格的话语权。在买方垄断的情况下，卖家会彼此竞争，单个买家可以掌控市场价格的话语权。两种垄断互为镜像。

买方垄断力的概念最早由琼·罗宾逊（Joan Robinson，曾在伦敦政治经济学院与剑桥大学任职）于《不完全竞争经济学》（*The Economics of Imperfect Competition*，*1933*）一书中提出。此外，哈佛大学的爱德华·钱柏林（Edward Chamberlin）也于同一时期提出了类似的观点。其实在大多数情况下，市场不是被一家企业所统治，而是被彼此处于有限竞争关系的几家企业所统治，这种现象在经济学中又被称为“寡头垄断”。

买方垄断力最明显的例子，大概就是各个高校对大学运动员的“剥削”了。虽然这些运动员可以获得学费减免、奖学金、世界一流的训练设备和教练指导、顶级的学习课程和技术支持，但他们却拿不到哪怕一分钱的工资。与参加职业联赛相比，大学生运动员的收入远远低于市场平均水平。尽管为自己的学校创造了巨额收入，但他们却没能拿到应有的报酬。高校是这一制度的最大受益者。

买方垄断力不仅发生于大学体育竞技之中。研究表明，买方垄断力是一种极为普遍的现象。同完全竞争的劳动力市场相比，处于买方垄断地位的企业会向员工支付更少的工资，并将省下来的资金变成利润的一部分，这就是劳动收入份额下降的一个重要原因。需要注意的是，在商品市场中，如果大量企业掌控了市场支配力，就会导致整体工资水平的降低，我们应当将这种降低和因买方垄断力造成的薪酬下滑区分开来。处于买方垄断地位的单个企业只能影响到它自己员工的工资。如果劳动力市场处于完全竞争的状态，那么即便某家企业在商品市场中掌控了市场支配力，它也无法影响到员工的收入。不过，倘若市场支配力在经济体系中已经变成了一种普遍现象，那么由此产生的间接效应就会导致整体工资水平的下降。

即便买方垄断力的存在是一个重大发现——巨型企业的确会大量削减自己员工的工资——我们也没有充分的证据证明过去 40 年中买

方垄断力在不断增强。[19] 买方垄断力之所以没有急剧上升，最可能的原因就是，虽然卖方垄断势力出售的商品几乎找不到替代品，但司机和保安这种低技能工作却很容易被替代。无论企业巨头所处的乡镇有多小，这片土地上都不可能只有这一家企业。企业巨头的员工总是可以选择去其他公司工作，比如去办公楼当清洁工，去餐厅当服务员或厨师。对低技能劳动者来说，情况更是如此。相反，买方垄断现象对那些受教育程度较高的劳动力来说要更为严重一些，因为他们很难更换自己的工作。[20]

不过，虽然小乡镇的工资水平的确较低，但这还不足以作为买方垄断力存在的证据。这些地区的工资之所以较低，主要是因为生活成本较低。即便威斯康星州简斯维尔市的工资比纽约市的工资低40%，很多劳动者也乐于接受这一事实，因为纽约的高房租会提高他们的生活成本，总体算下来拿到手的收入其实差不多。大城市的高工资来源于高生产力，而高生产力则来自集聚效应与密集的生产网络等因素。即便市场中既不存在垄断势力，也不存在市场支配力，大城市与小城市之间仍旧会存在工资差异，这一现象又被称为“城市工资溢价”，第5章中我们还会回到这个话题。

总而言之，同遍布整个经济体系的市场支配力对整体工资水平的影响不同，买方垄断力会导致工资下滑的证据并没有那么充分。大家的收入之所以变少了，主要是因为全国各地的大公司都在雇用更少的员工，而不是因为那些公司在当地霸占了整个劳动力市场。

不过话又说回来，虽然我们无法证明买方垄断力在急剧上升，但这并不意味着它不存在。大量彼此独立的案例表明，工资下降或工作环境变糟，通常是因为这些企业的力量过于强大，员工的力量过于渺小。在面对买方垄断势力时，那些移民工人或专业性较强的员工会显得尤为无助，因为他们通常很难找到另一家提供类似职位的公司。[21]

大企业本应同劳动者协商之后再定下工资数目，但由于双方实力上的差距极为悬殊，处于买方垄断地位的企业完全掌控了工资的走向。既然劳动者失去了工资方面的话语权，那么他们的收入在整个产出中的比例自然会不断下降。谈判地位的下降是劳动收入份额下降的另一个直接原因。

此外，近些年新出现的竞业限制条款也会影响到劳动力的工资水平，尤其是那些处于行业头部位置的科技公司，它们最喜欢用竞业条款来限制员工的发展了。这些条款实际上是处于买方垄断地位的大型企业对市场竞争行为的一种扼杀。由于竞业限制条款的存在，员工在离职后的很长一段时间内都无法任职于跟原单位处于竞争关系的企业。

例如在加州山景城为谷歌工作的程序员，他们在离职后的两年内无法去脸书任职。目前，美国有 16%~18% 的劳动力同公司签订了竞业限制协议。[22] 这类协议原本是用来防止员工携带商业机密离开公司的，但实际上大多数情况下它们只是企业用来压榨员工的借口。竞业限制条款不仅为企业带来了垄断势力，同时也降低了劳动力的工资水平与工作岗位的流动性。由此可见，竞业限制条款可以算作市场支配力的一种表现形式，那些企业巨头会用它去操纵劳动力市场。

此外，即便当地劳动力市场中的买方垄断力并没有急剧增长，这也不意味着个别企业没有利用买方垄断地位向自己的供应商施加压力。无论哪行哪业，只要竞争行为受到了限制，这种施压行为就会出现于市场当中。沃尔玛就是一个典型的例子，它会利用自己的地位来压制供货商的价格。比如沃尔玛在比利时采购饼干时，由于进货量极大，它们会将供货商的利润压低至零。这种行为可不是单纯的市场竞争。沃尔玛之所以敢如此肆无忌惮地打压供货商，是因为它是行业的龙头老大，供货商再也找不到第二家采购量如此之大的客户。

因此，商界人士对亚马逊这家企业最大的担忧就是，它会不会过度打压供应商的价格，以至于大量供应商再也赚不到任何利润。一旦这些供应商不幸破产，市场的竞争性就会受到极大影响。更令人担心的是，亚马逊利用自己的交易平台收集了各个供应商的详细资料以及商业机密。对供应商的这种残酷压榨无疑是一种反竞争行为，它会损害到各行各业的经济效益。

在本小节的最后，我们反过来想一想，劳动力能不能掌握垄断力量呢？答案是肯定的。近些年随着许可证制度的兴起，部分劳动力也掌握了一些市场支配力，这些人往往也是自己工作单位的所有者之一。下面我就为大家介绍一下许可证制度下最有代表性的一个行业，并列举一个我亲身经历过的、非常贴近于家庭生活的实例。

执业许可证：来自劳动力一方的垄断

2004 年 4 月，一个寒风凛冽的清晨，我们的第一个女儿艾玛即将来到这个世界，然而当时已经超过了我妻子的预产期。医生提醒我们说，第一个孩子的分娩通常要很久，我们最好在家里耐心待产，因为如果我们去得太早，医院的工作人员也会强制把我们送回来，因此我妻子在家经受了 5 个小时的产前阵痛。可是下午抵达医院时，工作人员还是以同样的理由把我们送回来了。

又等了 5 个小时之后，我妻子的宫缩逐渐规律起来，于是我们再次来到了医院。当时是周六晚上，值班的是一位经验丰富的妇科医生。助产士跟我们说，这位值班医生 60 多岁，已经成功接生了成千上万个新生命。“他是最棒的接生大夫。”可问题在于，这位值班医生目前还在家里待着，因为在我们抵达之前，医院里并没有其他临产的孕妇。

于是，医院的负责人帮我们找来了一群经验丰富的护士、一位技巧高超的助产士，以及一位麻醉专家。不过，所有这些人都要听命于一个正处在实习期的年轻住院医生。他是前一天才轮换到这个岗位上的，整个职业生涯中只接生过 3 个婴儿。每隔一小时左右，这位住院医生就来检查一下情况，跟大家聊聊天。虽然年纪尚轻，可他十分自信，指挥护士与助产士干活的时候底气十足。尽管助产士已经成功接生过 4000 多名婴儿，可这位住院医生还是坚定地让助产士听从自己的命令，将药物的使用时长以及麻醉剂的使用时机“改正”过来。

由于是第一胎，整个分娩过程十分缓慢。直到晚上 10 点，羊水破了很久以后，我妻子才出现了急剧的宫缩，但是宫口扩张幅度太小，分娩暂时无法顺利进行下去，我们只能继续耐心等待。好在已经打了麻醉针，宫缩过程没有那么疼了。

随后，我们发现助产士的神情逐渐变得严肃起来。又过了两个小时，在午夜左右，助产士提议打电话给负责值班的妇科医生，可住院医生并没有理会。当时那位妇科医生还没出门，他家在费城的郊区，离医院大概有 20 多分钟的路程。凌晨 1 点多的时候，我妻子感觉孩子马上就要出生了，因为孩子的头部已经逐渐露了出来。于是我们赶忙联系到助产士，助产士了解情况以后，无视那位实习医生的命令，当场给妇科医生打了电话，并安排好了各种准备工作。

她告诉我们说，妇科医生在电话中再三强调，在他抵达医院之前，产妇千万不要用力，于是我们便照做了。等他到了之后，分娩进行得异常顺利，我们的宝宝很快就呱呱坠地了。4 月 6 日，星期天的凌晨 3 点 20 分，艾玛来到了这个世界。

有意思的是，在婴儿清洗完毕、护士宣布母女平安之后，妇科医生将住院医生拦在了病床附近，对他好一通数落。妇科医生按照时间顺序，质问他每一个时间节点都发生了什么，他又做了什么，然后挨个纠正了他的所作所为。批评完之后，这位住院医生刚才那股神气劲已经消失不见，取而代之的是一脸的尴尬，整个人狼狈至极。护士和助产士一直在旁边偷笑。

医疗是美国最具创新性的行业，美国的医疗技术比其他任何国家都要先进，美国医生的临床经验比其他任何国家的医生都要丰富，可问题在于，美国的医生太少了，很多产妇的接生工作都是由没什么经验的住院医生完成的。医生短缺在美国一直是一个极为严峻的问题。2016 年的数据显示，每 1000 名美国人只能分配到 2.5 名医生，这远远低于欧盟国家的平均水平（每千人 3.6 名）。[23] 此外，由于生活较为富裕，美国人在医疗服务方面有着更高的需求，尤其是那些拥有医保的居民。

其结果就是，医生的工作时长达到了不人道的程度。不过某种程度上而言，这也有一定的好处，毕竟实践出真知，长时间的工作可以让美国医生完成更多的手术，而且更为熟练。美国医学会经常用这一观点来支持对医疗行业从业人数的限制。医学会的这些人认为，美国医生之所以如此优秀，恰恰就是因为数量少；美国医生之所以经验丰富，恰恰就是因为他们工作量大。然而，正如米尔顿·弗里德曼（Milton Friedman）所指出的那样：

> 由于美国医学会不仅为会员提供了优质服务，同时也为整个医疗行业提供了很多帮助，所以很少有人把它看成是一个普通的工会。可事实上，它的确是一个工会，而且在我看来，它还是美国最成功的工会之一。几十年来，它不仅严格控制着医生的人数，将医疗服务的成本保持在较高水平之上，还成功地

阻止了那些发表过从业宣言的正式医生与非专业人士之间的竞争——当然，所有这些都打着“患者至上”的旗号。[24]

自人类社会出现有组织的工作行为以来，很多行业诞生了执业许可证的概念，尤其是医疗行业，很早很早以前医生在行医时就会受到各种限制。在查阅了大量图书与相关文献之后，莫里斯·克莱纳（Morris Kleiner）指出，早在公元前1754年，也就是古巴比伦时期，诞生于美索不达米亚地区的《汉谟拉比法典》就已经规定，提供医疗服务应当收取一定费用，违规行医或玩忽职守都要遭到处罚。[25]当然，《汉谟拉比法典》最出名的是那些比医疗法规残酷得多的法律条文，比如“以眼还眼，以牙还牙”，在拉丁语中这句话可以写作“Lex Talionis”，与英文单词“retaliate”（报复，反击）同源。大家都认为，导致别人死亡的人就该以命抵命。

中世纪欧洲出现的行会也是同样的道理，那些技术熟练的工匠和经验丰富的商人之所以会组成行会，是为了在自己的城镇中掌控相关技术产业。由此，他们自然而然地成为当地的垄断势力。最富有的那些行会甚至建起了一座座富丽堂皇的会馆，其中有很多直到今天都是当地的代表性建筑，比如伦敦的行会会馆。这些行会不仅扼杀了市场竞争，同时也抑制了行业创新。[26]在《国富论》中，亚当·斯密谴责行会效率低下。[27]而在法国，让-雅克·卢梭公开批评行会是封建社会的残余。最终，在法国大革命之后的几年里，行会制度被废除了。[28]

众所周知，当前时代不仅牙医和医生拥有执业许可证，律师们在跨州、跨国工作时也会受到很大限制。按照规定，很多州都要求律师必须通过由该州最高法院所主办的律师考试，一般来说这需要静下心来全神贯注地学习三四个月。而且只有成为该州律师协会的成员，新人律师才有资格从事法律工作。

在欧洲，公证员是一份十分受尊敬的工作，想要成为一名公证员极为困难，因此公证服务的费用也异常昂贵。对公证员从业人数的限制阻碍了市场的自由竞争，而且根据法律规定，很多业务必须在官方认可的公证员的监督下才能顺利完成，所以这一服务在市场中属于一种刚性需求。例如在买房时，你必须将房产交易价格的一部分支付给公证处的工作人员，只有这样，公证员才会帮你审阅合同，以确保其符合法律要求。之后，为了将房产登记在册，你还得向财产登记中心支付一笔费用，这又是一个受到执业限制的行业。当年在巴塞罗那购买公寓时，我们只花费了几百欧元就雇到了一位法律顾问，他不仅能够帮助我们确保该房产没有其他未偿还的债务，也能帮我们确认房产证是否与我们的房子相匹配，该房产是否被划分到了其他人的名下。我觉得这才是一项符合经济价值的法律服务，跟昂贵的公证费用相比，我们花费的几百欧元简直不值一提。执业许可证的出现不仅限制了竞争者的进入，同时也创造了市场支配力。

执业许可不仅存在于高学历职业当中。尽管各国的规定或美国各州的规定不尽相同，但理发师、美甲师、插花师这类工作大都需要相应的执业许可证。在某些州，成为一名美甲师甚至需要参加比护理人员还要多的培训课程，成为一名美容师甚至需要花费比律师还要多的学习时间。[29] 通过这些经典案例我们可以看出，各组织颁发执业许可证的目的十分简单，无非就是想要限制竞争对手的进入，减少市场竞争。

可悲的是，在大多数发达经济体中，执业许可证的数量正在不断增加。美国目前有 29% 的劳动力在找工作时会受到执业许可证的影响，而在20世纪50年代，这一比例只有5%。[30]研究表明，许可证制度已经为某些组织带来了极为强大的垄断力，组织内的人拥有更高的工资以及更低的流动性，然而对于消费者来说，他们得到的却是更高的价格，以及几乎没有任何改善的服务质量。虽然我女儿是由镇上最好的妇科医生接生的，但由于医生数量太少，这位妇科医生差点就被换成了那个没有什么经验的住院医生。在许可证的作用下，服务质量受到了影响，医生的工资被人为地拉高，医疗费用与医保费用都在急剧攀升。

在各行各业当中，有从业限制的行业的工资水平，要比其他行业高出18%（其中不包括政府服务），这些执业许可不仅限制了对手的进入，同时也降低了市场的竞争水平。[31]研究发现，在岗位流动性这项数据上，通过各州考试获取从业资格的人，要比通过全国考试获取从业资格的人低7%。[32]

无论是什么样的游戏，按照规则行事的人所获取的收益都要远远低于违背规则行事的人所获取的收益，经济市场也是如此。在利益的驱使下，所有人都想获取市场支配力。以那些在最终产品市场中厮杀的企业为例，它们会想尽办法减少竞争对手的数量，试图霸占整个市场，具体手段包括：吞并其他公司以便实现更高的商品价格以及更高的市场份额，利用科技创新为自己修建一条护城河，等等。

如果某些劳动力刚好也是自己工作单位的部分所有者的话，那么他们就会有更强烈的动机去组建行会，或利用执业许可来限制竞争对手的进入，打压市场中的竞争行为，以便占取更大的市场份额。这些行为不仅扭曲了市场的正常运转，也为某些小型利益集团带来了市场支配力，比如那些在最终产品市场中形成了垄断力的大型企业，以及在劳动力市场中拥有执业许可的工人群体。这些市场支配力或许有利于行业发展，但绝对不利于整个市场的健康发展。

有时劳动力建立各种组织可能是为了与处于买方垄断地位的企业相对抗，工会就是一个很好的例子。工会逐渐消失之后，为了继续抵抗买方垄断势力，大家又想出了执业许可证的办法，可事实上，许可证只是行会的另一种表现形式罢了。

总而言之，市场支配力不仅会导致工资停滞不前，同时也会导致劳动力的生产效率与劳动收入份额之间逐渐脱钩。另外，从工作的角度来说，大家并不是生而平等的。下一章我们会介绍明星经济，这种经济现象可以配合市场支配力进一步拉大收入差距。

第 4 章

明星经济：收入差距的扩大化

第二次世界大战期间，大量英国男性被派往战场、军营和军工厂，并遭受了严重的伤亡，因此，英国女性在求偶时很难找到一位身体健康、年轻力壮的小伙子。珍珠港事件爆发后，美国正式加入战场。自 1942 年 1 月开始，直至战争结束，共计有 300 多万美国大兵越过大西洋，在英国驻扎。[1] 在那个物资极其匮乏、到处都是饥荒的年代，这些美国大兵携带着香烟、丝袜、巧克力等紧俏物资来到了这里。同样一个职位，美国大兵的工资是英国士兵的三倍。

这些因素造就了一个完美的恋爱系统。一边是厌倦了战争的英国青年女性，一边是身体健康、收入颇丰的美国大兵，在当时的大背景下，二者很自然地走到了一起。事实上，这种关系在当时非常普遍。不过，尽管恋爱双方彼此满意，但这些跨国恋却触动了英国社会脆弱的神经。当时的英国人甚至为这些“从天而降”的美国人编了一段顺口溜：“性欲高高的，钱包鼓鼓的，漂洋过海专门来给我们添堵的”（oversexed，overpaid，and over here）。[2]

我之所以为大家介绍这段历史，其实是想要借助它来揭示工资不平等现象（由市场支配力所导致的）的核心问题：高管人员那天文数字般的收入已经彻底失衡。

随着业务规模的扩大，很多企业逐渐掌控了市场支配力。反过来，不断增长的市场支配力也会进一步提升企业的平均规模，导致市场中出现越来越多的巨头。为了争夺顶尖人才，这些巨头在挖人时会不断地开出越来越夸张的价格，进而导致高管工资的持续走高。

为了弄清战时英国和高管薪酬之间的相似之处，我们不妨构建一个简化的约会模型。我们假定不管是男性还是女性，恋爱市场中的所有参与者都可以按照吸引力给出明确的排名，且每一位参与者都认可这份排名。此外，所有女性都希望和最有吸引力的男性约会，反之亦然。由此一来，吸引力排名第一的女性会和吸引力排名第一的男性约会，而吸引力排名第二的女性只能和吸引力排名第二的男性约会，以此类推。

尽管整个过程公开透明，简单有效，但这并不意味着每个人都能满意，因为排名靠后的男性更希望和排名靠前的女性约会。不过，假如这位男性真的付诸行动，那他一定会被拒绝。

真实的约会远比模型复杂，它不仅和吸引力有关，还取决于偶然性、当地约会市场的男女比例、社会舆论、信息的有限性等一系列因素。不过，真实的约会结果——谁和谁能走到一起——可能会受到每一位参与者的决策的影响，这种影响甚至会远远超出大家的预料。

进化心理学家斯蒂芬·平克（Stephen Pinker）认为，浪漫的爱情和进化心理学之间存在一定关联。男性对约会对象说出“我爱你”这句话时，并不意味着他不愿意和吸引力排名第一的女性约会。我们之所以将这段感情称为爱情，是因为这位男性能够拥抱现实，愿意和眼前的女子同甘共苦，共度一生。从经济学的角度来说，爱情只是简化之后的约会市场的均衡结果，每个人在最后都能找到自己的另一半，不论他或她是否真的是你的白马王子或梦中情人。如果你能认清自己的实力与地位，那你不妨接受现实，想办法让生活幸福起来。[3]

我们来回顾一下战时英国的约会市场，看看美国大兵给婚恋结果带来了哪些变化。虽然在很短的时间内，300 万年轻的英国男子就被“替换”成了 300 万年轻的、拥有三倍收入的美国男子，但女性群体这边却并没有产生任何变化——她们并没有比之前更具有吸引力，或更缺少吸引力。不过，女性的处境明显得到了好转。虽然现在仍然是吸引力排名第一的女性与吸引力排名第一的男性约会，可这些男性的身份已经从英国男性变成了美国大兵，而后者能够为这些女子提供更优质的生活条件。同理，吸引力排名第二、第三……的女性也会出现类似的结果。正如 NBA 球员的收入会随着电视转播量的增加而上升（尽管球员的努力程度和技术水平没有什么变化），英国女性的财富也会随着恋爱对象的财富水平的改变而上升。

工资领域也存在类似现象。很显然，每一名高管都希望就职于规模最大的企业，因为这些巨头可以提供更诱人的工资、奖金、股票期权，以及更高的荣誉感和更广阔的发展前景。

假如没有任何限制条件，一位正在寻求 CEO 职位的高管一定会去苹果公司任职，而不是去其他公司掌舵。反过来，作为全球最赚钱的企业，苹果公司一定会不惜一切代价去猎寻最出色的高管来担任 CEO。虽然在现实生活中，我们很难精准地给各位高管进行排名，不过通常情况下，各位高管会根据大家的工作能力为自己排名，各个企业也会根据业务规模的大小为自己排名，就像约会市场的参与者会根据吸引力为自己排名一样。

此外，随着业务规模的不断扩大，企业必须支付越来越高的薪水才能吸引到高管的目光，无论这些高管的能力是变强了还是变弱了，就像约会市场中美国大兵的到来改善了每一名英国女性的处境一样。

最近经济学界有人研究了CEO工资的演变过程，结果发现CEO市场和约会市场其实很像——企业会根据自己的实际情况寻求不同工作能力的CEO。同约会市场一样，CEO的市场也是一个经过了大量简化的模型：企业完全按照业务规模进行排名，CEO完全按照为企业创造价值的能力进行排名。

对于大型企业来说，商业决策尤为重要，因为它可以为企业带来巨额收益（或损失），因此，企业的规模越大，它们就越想找到一个经验丰富的高管，而这种意愿越强，CEO市场的竞争就越激烈。就像战时英国女性与美国大兵结婚可以获得更好的生活条件一样，高管在规模大、利润高的企业就职也能取得更为丰厚的回报。

这里的问题在于，规模越来越大的企业终将会损害到企业所有者和整个社会的利益。正如美国大兵的高额收入人为地扭曲了英国的约会市场，堆在垄断企业的金库中的现金也会扭曲整个经济体系。企业之所以向那些CEO支付如此高昂的薪水，不仅是因为他们为社会创造了更多价值，更是因为他们为企业建立了深不可测的护城河。虽然这提高了公司的利润，但却损害了消费者的利益——大家在购买商品与服务时会支付过高的价格。

就像约会与爱情一样，过度简化的模型会惹恼一部分人群，因为他们觉得人类是有人性的，大家行事的时候不仅会看重金钱，同时也会考虑很多其他因素。没错，人们的确会考虑各种因素，这些因素也的确能够影响高管市场的具体决策。我们之所以要把这个无限复杂的世界简化成如此简单的模型，是因为它可以帮助我们更好地理解市场背后的运作机制。

在课堂上，我会告诉学生，模型根本无法取代复杂的现实世界。这些经济模型就像阿姆斯特丹和巴黎之间的路线图，它不会标示出布雷达市生长在荷兰与比利时边境线上的那一棵棵风姿秀逸的柳树，也不会标示出里尔市能够做出最美味的焗蜗牛的餐厅。

这些路线图不仅会略去这些别致的景色，也会放大你所感兴趣的地区。更夸张的是，为了看得更清楚，某些地图甚至会扭曲事实。例如在伦敦的地铁线路图上，1 区的 1 英里比 6 区的 1 英里长很多。正如美国著名医生、癌症研究先驱霍华德·斯基珀（Howard Skipper）那句戏言所说："所谓模型，本质上就是一种能帮你看清真相的谎言。"[4] 我们可以从简化后的高管市场中得到一个结论：最大的企业会雇用最好的 CEO，并付给他们市场上最高的薪水。

CEO 薪酬水平的不断攀升一直存在着很大争议，尤其是在 20 世纪 90 年代。当时的企业想尽了一切办法去激励 CEO，只要 CEO 能够为了企业和股东的利益而行动，这些企业愿意付出任何代价。因此，根据 CEO 的具体表现，企业制定了相当复杂的奖励制度，其中最有代表性的就是股票期权，它已经逐渐成为 CEO 收入的重要组成部分。企业的所有者认为，如果高管也能从企业收益中分一杯羹，那他们肯定会斗志满满，并尽其所能地为企业赢取更多利润。其结果就是，同其他员工相比，高管们拿到了数额十分夸张的薪水。

然而不久之后，研究人员发现，这种奖励并没有带来预期的效果，高管们的表现并不如想象中的好。怎么回事呢？这是因为，股票价格实际上和奖励制度没有太大关系，而是取决于多种因素，这些因素很难被 CEO 的决策所左右，比如油价，或是运气。[5]

有研究表明，CEO 的薪酬之所以增加，其实是因为市场的整体行情发生了变化。企业规模变大时，薪酬水平就会上升。因此，薪酬的增加并不是因为企业采用了新的奖励制度，这只是市场供求关系所导致的自然结果。

随着企业规模的不断扩大，市场对高管的需求也会不断增加，尽管这些高管的盈利能力与决策能力并没有什么变化。对于普通的岗位来说，我们或许可以用两名较为平庸的员工去取代一名较为优秀的员工，并让他们两人每人只拿一半的工资，但对于 CEO 这样的岗位来说，这根本行不通。

1981 年，美国经济学家、诺贝尔奖得主乔治·阿克尔洛夫（George Akerlof）在文章中发表了自己的看法。他认为，很多工作就跟坝址一样："假如一个大坝没有充分发挥坝址的潜力，那么哪怕它储水量很高、发电量很大，这也是一笔极为不划算的买卖，因为从坝址的角度而言，这座大坝是对资源的一种浪费。工作岗位就像坝址，员工的工作能力就像坝址上尚未修建的各种大坝。倘若某个劳动力的工作能力真的很低，那么即使他不要工资，他也找不到工作。这不是因为他的产出是负数，而是因为他无法充分发挥这一工作岗位的潜力。"[6]

在企业规模扩大以前，每家企业都对自己高管的工作感到十分满意。虽说一家中等规模的公司更希望拥有一名顶级 CEO，但如果这家公司要为他支付和大企业一样的薪资水平，那这家公司宁愿不雇用他，因为这并不值得，这就是高管市场中的"择偶过程"（即均衡过程）。现在请大家思考这样一个思想实验：所有企业的规模都稍微扩大了一点，因此，尽管 CEO 的人选没有发生变动，但每家企业仍旧要为自己的 CEO 支付更高一些的薪资。

为什么呢？因为如果你不这样做，那么某家比你现在的规模小，但比你之前的规模大的企业，就会有能力挖走你的 CEO。这家规模较小的企业如今已经成长起来，比当年的你更富有生产力。它的野心很强，为了在市场中更进一步，它想要挖走你的CEO。因此，你之前为CEO开出的薪资已经比不上这家企业开出的薪资了。所以说，这种广泛存在的竞争压力会提高所有CEO的薪资水平，没有哪家企业可以逃脱这一魔咒。

在这一思想实验当中，所有企业都没有更换自己的CEO，但CEO的薪资水平却出现了上涨。由此可见，企业规模的不断扩大可以给CEO带来很多收益，尽管他们并没有做出更多工作，能力也没有任何提升。仅仅因为任职企业的规模变大了，这些CEO的付出就变得更有价值了。总的来说，高管薪酬水平的上涨是两种现象共同作用的结果：一是企业规模的扩大，二是企业对稀缺人才的激烈竞争。虽然公司规模的扩大可能会导致极不公平的薪酬分配，但这只是市场支配力的自然结果，从效率的角度来说并没有任何损失。

可是，真的没有损失吗？为了回答公司规模扩大是否对社会不利这一问题，我们首先要弄清楚这些企业的规模为何会越来越大。由于信息技术的不断发展，企业的经营方式发生了很大变化，规模也比之前大了很多。以杰富仕（G4S）为例，这是一家大型跨国安保公司，总部位于英国，在全球范围内拥有超过618000名员工，主要提供保安保镖、安全系统、现金管理等服务。无论你在哪个国家，只要你参加过大型体育赛事或音乐会，你就很有可能遇到过杰富仕的工作人员，他们一般会穿着带有荧光条的安保制服，很好辨认。各种移动通信设备和GPS技术为杰富仕带来了规模经济，在科技的帮助下，他们可以坐在指挥中心去调度世界各地的员工。

不过话又说回来，公司规模的扩大完全是新技术所导致的吗？答案是否定的。很多证据表明，企业规模变大是因为它们掌控了市场支配力。不仅如此，我们的研究还发现，这种市场支配力也推动了高管薪酬的不断上涨。前面我们说过，大企业会为了争夺明星高管而产生激烈的竞争。如果所有企业的规模都在变大，那么尽管 CEO 的人选没有发生变化，这些企业仍然要为他们支付更高的薪水。换句话说，只因为企业规模变大，这些 CEO 就能够为企业创造出更多价值。为了防止自家的 CEO 被别家企业挖走，这些大企业不得不给他们涨薪。

如果企业规模的扩大来自市场支配力的提升，那么 CEO 薪酬水平的上涨便属于一种低效经济行为，因为企业所售商品的价格过高。这种低效源于这样一个事实：虽然市场支配力对企业有利，但它同时也损害了消费者的利益。这些掌控了市场支配力的企业之所以能够向 CEO 支付更高的薪水，是因为它们人为地抬高了加价指数。过高的售价提高了企业收益，进而使得 CEO 创造了更多的价值。

事实上，CEO 们之所以受到聘请，或被雇主奖励，往往是因为他们拥有创造护城河的能力。回想一下巴菲特在投资城堡时对公爵们所说的那句话吧：一定要想办法拓宽自己的护城河！尽管某些成功的战略能够为企业带来丰厚利润，并抬高了 CEO 的身价，可对消费者来说这并不是一件好事，因为这些战略会损害他们的利益。

CEO 的薪资水平会伴随着市场支配力的上升而上升。市场支配力越强的企业，支付给高管的薪资就越高。虽说高管拿高薪是一种正常现象，可问题在于，这些高薪已经远远超过了应有的水平：很多高管的工资已经达到了低收入人士的数百倍，这已经不仅仅是公不公平的问题了。前面我们已经提到，市场支配力拉高了高管的薪酬水平，现在我们又发现，高管的高薪本身也是一种低效的经济现象。为了猎寻市场上最优秀的 CEO，那些拥有护城河的企业巨头会不断开出更高的价码。我们之所以说这是一种低效行为，是因为CEO的所作所为不符合企业大多数人的利益：虽然消费者会为企业销售的商品支付更高的价格，可另一方面，由于上一章提到的水落船低效应，员工的工资却降低了。

如果市场支配力没有盛行于整个经济体系当中——有相当一部分企业的利润水平比40年前高出了一大截——那些高管的薪酬就不会像现在这样高。就像富有的美国大兵的到来扭曲了英国约会市场一样，市场支配力的上升也扭曲了高管的薪酬水平。或许我们应当将CEO这三个字母的含义由“首席执行官”改为“薪酬过高官”。

不过，苹果公司CEO薪酬过高只是问题的一小部分。真正的问题在于，能够主宰市场走向的企业巨头普遍存在于整个经济体系、各行各业当中。在市场支配力的作用下，不仅CEO的薪酬在不断增长，其他高管、普通管理人员以及每一位在气势宏伟、窗明几净的公司总部工作的员工，他们的工资都会上涨。由于水落船低效应，处于食物链底层的员工（比如高级技术顾问埃琳）的工资会变得比以前更低，上升空间也会越来越小。

当然我们也要感谢那些美国大兵，正是他们在诺曼底登陆战中的英勇表现加速了二战的结束。大多数英国丈母娘都希望自己的女婿留在战线后方做准备工作，尽管这样工资会少一些，但是更安全，而且也不会影响到战争的最终结果。同理，就算CEO们的薪资没有这么高，他们的工作水平也很难出现下滑，企业仍旧会在他们的带领下走向胜利。

超级明星

马修·哈格（Matthew Haag）是一个性格内向的青年，平时很少参与社交活动。他又矮又瘦，和运动员的形象相去甚远，大多数时间都待在位于伊利诺伊州帕洛斯山市的卧室里，同网线另一端的网友在电子竞技中一较高下。透过那苍白的面色，我们似乎可以一眼看尽他形单影只的青春。由于看不到什么发展前景，他的未来并不那么光明。虽然拿到了高中毕业证，也完成了短期商科培训课程，但他并不打算继续深造。进入劳动力市场之后，摆在他面前的第一份工作是麦当劳的服务员。

马修从小就沉迷于各种电子游戏，他最喜欢的是《使命召唤》，这是一款第一人称的系列射击游戏，最初游戏背景设定在第二次世界大战期间，后来随着新作的不断推出，《使命召唤》逐渐变成了一款以现代战争为背景的游戏。13 岁时，马修开始参加比赛，他的对手称他为“Nadeshot”。Nadeshot 是“榴弹击杀”（grenade shot）的缩写，原本指的是一种游戏技巧——先投掷手榴弹分散敌人注意力，然后用致命武器击杀敌人。经过漫长的练习之后，马修成为游戏高手，在圈子中逐渐小有名气。16 岁时，他成为一名职业玩家。

刚开始打职业比赛的时候，马修并没有赚到什么钱，他只是赢得了一些旅游套餐、报销了一部分比赛费用。21 岁那年，马修迎来了职业生涯的转折点，当时他和队友赢得了一场含金量极高的重要比赛，自此各种奖金开始源源不断地流进他的口袋。他甚至还和红牛等大公司签订了很多推广协议。如今，他已经成了电竞领域的明星人物，YouTube 频道的粉丝超过了 300 万，年收入高达 100 多万美元，这一收入不仅比麦当劳的最低工资高出了好几个数量级，同时也远远超出了他父亲作为一名木匠所能达到的收入水平。[7]

从经济学的角度来看，马修已然成为一名超级明星。在 1981 年的论文《超级明星经济学》中，如今已经身故的经济学家舍温·罗森

（Sherwin Rosen）阐释了竞争市场中个别人士可以赚取巨额收入的具体机制。[8] 总的来说，这一机制和 CEO 薪资水平疯狂上涨的机制完全一致，基本逻辑都是“最有吸引力的男性会和最有吸引力的女性约会”。罗森不仅觉察到了这一点，还提出了一个较为一般化的结论：在劳动力市场上，科技变革会导致少数群体可以赚取巨额收入。本书中我们可以看到，市场支配力会进一步加剧这种超级明星效应。

罗森理论的核心之处在于，对于音乐家、运动员、律师等职业来说，我们无法以雇用更多员工的方式来取代某一个人的工作。其实这些职业和 CEO 这种职业，以及阿克尔洛夫所提到的坝址都是一个道理。为乐团寻找一位合适的演奏家其实就和约会一样，市场规模最大的乐团可以很轻松地博得优秀演奏家的青睐，因为这些乐团可以让他们发挥出最高价值。如果整个市场都在争抢最优秀的人才，那么即便是很小的能力差异也可以让演奏家之间产生巨大的收入差距。

罗森指出，科技变革不仅扩大了市场规模，同时也让市场资源发生了严重的倾斜。在广播、电视等技术问世之前，人们只有在音乐会上才能欣赏到管弦乐队的演出。尽管最优秀的乐团可以去最大的音乐厅演奏，可以频繁地进行巡回演出，但无论怎样努力，它们的市场规模都会受到门票数量的限制。如今在流媒体技术的帮助下，某位音乐家可以同时为数百万听众演奏巴赫的大提琴组曲。为了拥有百万级别的听众、获取最大的收益，你必须找到首屈一指的大提琴演奏家。另一方面，为了雇用到如此优秀的人才，你还必须提供与乐团收益相称的薪资才行。如果你不这样做，别人就会把机会抢走。

种种迹象表明，这是一个赢家通吃的市场。虽然那些超级明星收获了丰厚的利润，但他们的能力却不一定比那些紧随其后的人强多少。能力上任何一个细微差距，或是受欢迎程度的微小区别，都有可能导致收入的巨大差距。

超级明星现象已经从表演艺术和体育竞技等领域蔓延到了各行各业。人工智能专家就是一个很好的例子，无论是研究学者还是在职员工都非常抢手，有些人的年薪甚至已经超过了百万美元。2016 年，位于英国的人工智能公司 DeepMind 平均要为每一名员工支出 34.5 万美元的费用（包括非技术人员在内，DeepMind 共计拥有 400 多名员工）。[9] 专科医生的情况也是如此。在美国，骨科医生和心脏病医生的平均年薪接近 50 万美元。[10] 虽然超级明星现象的重点并不在于平均数，而在于个人，但通过这些平均数我们可以发现，某些医生和人工智能专家的收入已经可以和世界顶级运动员的收入相媲美，这在几十年前是难以想象的。

这种广泛存在于各行各业的超级明星现象短期内不会消失。[11] 最近有研究表明，对于全世界收入最高的那 1% 的人来说，其薪酬水平的增长主要来自排在前 0.01% 的人的收入的增长。在美国，这些超级富豪家庭的数量在 1 万左右。[12]

究竟是哪些因素可以让一个人攀上顶峰，加冕为王？马修为何能够成为行业第一？弄不清这些问题的话，我们就无法彻底理解超级明星现象，也无法理解天赋上的微小差异为何能够导致收入上的巨大差距。

首先，为了成为业内专家或顶级运动员，你肯定需要具有一定的知识储备和专业技能，以及与职业相匹配的身体素质，比如篮球需要高大的身材，游戏需要灵巧的双手。其次，你还得具有某些特定的优秀品质，比如坚韧的毅力、良好的自律、强大的勇气，如此你才能够在前方一片灰暗的情况下勇往直前。最后，除了专业知识，那些优秀人士还有一个共同点，那就是他们都为自己的事业投入了大量时间。

然而，勤奋、能力、素质都无法确保你能够获得成功。能否跻身前列，成为超级明星，关键取决于两个因素：机会和运气。并非每个人都有刻苦练习的条件，也不是每个人都能有充足的时间去成长为职业运动员。

人们往往会刻板地认为，大多数篮球运动员都来自城市中的贫民区。事实也的确如此：在薪水骤然上涨、NBA 变成一个遍地捞金的行业之前，很多球员的出身的确较为贫寒。

不过近几十年来，大多数球员都来自中产家庭，每个种族的情况都是如此。虽然勒布朗·詹姆斯出生在一个位于俄亥俄州阿克伦地区的贫困家庭，母亲尚未成年便怀上了他，可他这种情况其实十分罕见。斯蒂芬·库里（来自北卡罗来纳州夏洛特城外）与科比·布莱恩特（来自费城郊外的 Main Line 地区）都是在位于市郊的中产阶级家庭中长大的。在那些篮球巨星当中，有 2/3 的球员和他们有着类似的成长经历。[13] 想要顺利完成学业，在体育场上大展拳脚，家庭背景非常重要。事实上，一个人的家庭背景是决定他运气好坏的主要因素之一。

俗话说得好，那些幸运的人一出生就站在三垒上，而绝大多数人只有在打出全垒打时才能得分。贫穷会让人在追梦的道路上举步维艰，家境贫寒不仅意味着你得分比别人困难得多，更意味着你可能一开始就处于三振出局的边缘。

成功不仅依赖于大量的练习与良好的机会，同时也依赖于过硬的实力与高超的技巧。长远看，即便一开始差异很小，这种差异也有可能会被放大到极为夸张的地步。虽然这种放大效应是科技变革与全球化共同作用的结果，但同 CEO 的例子一样，广泛存在于整个经济体系当中的市场支配力在这一过程中起到了催化剂的作用。因此，我们不能把超级明星现象的蔓延与市场支配力的增强分开来看。

运气也是一种能力

运气与能力都是成功的必要条件，大多数情况下我们很难区分二者分别占据了多大比例。有很多证据可以间接证明，随机因素对一个人能否成为超级明星会产生很大影响。例如，年初出生的孩子比年末出生的孩子更有可能成为职业运动员。对于 6 岁的孩童来说，出生在 1 月与出生在 12 月有很大区别，抛开心理影响不谈，仅生理上的差别就十分明显，我们可以想象一下，与比自己高好几英寸的孩子打篮球会面临着多大的压力。鉴于出生日期与运动员的组队方式都是完全随机的，我们很容易就可以得出结论：成功在很大程度上会受到偶然因素的影响。

这并不是体育界特有的现象，你成为 CEO 的概率也会受到出生月份的影响。数据表明，出生于 6、7 月份的 CEO 人数，要比出生于其他月份的 CEO 人数少 29%。[14] 在美国，出生于 6、7 月份意味着你会是班级中最小的孩子——由于缺乏自信、领导力不足等，这一出生日期会导致你随时随刻处于不利地位。

不过，即使我们明知道某个结果单纯是运气使然，我们还是会倾向于自我欺骗，并努力去相信这一切都是能力的缘故。日本流行着这样一句话："运气也是能力的一部分。"听上去感觉很有道理，但实际上它忽略了一个事实：运气是否属于能力完全取决于你的运气。心理学家们早就注意到，成功人士更喜欢把自己的成绩归功于能力、智力等内在因素，而失败人士更喜欢将自己的失败算在外在因素的头上，比如运气不好。真是应了那句谚语："事成争相邀功，事败互相甩锅"（success has many fathers，while failure is an orphan）。[15] 超级明星现象真正的问题在于：胜者满盘皆赢，输家一无所获。资源分配的这种两极分化，让人们很难相信马克·扎克伯格只比其他优秀大学生聪明一点点，尽管这的确是事实。

长久以来，体育界一直存在着这种两极分化的现象，哪怕大家都在一个队伍当中。由于比赛场次较少，赛事输赢很大程度上依赖于各种随机因素，可是球队和媒体都更喜欢用结果去解释整场比赛：球队获胜，是因为球员发挥出色；比赛输球，是因为球员表现不佳。在某次赛后采访中，曼城主帅瓜迪奥拉表示，获胜时，球队的表现其实并没有那么惊艳，失利时，他们的表现也没有那么不堪。仅寥寥数语，这位教练就点明了影响胜负的关键因素——运气。

正如舍温·罗森所言，这种两极分化来自科技变革与经济活动范围的扩大。随着科学技术的不断发展，两极分化程度的不断扩大，人们逐渐在内心中接受了这种现象，越来越多的人将超级明星的成功归因于个人能力，而不是运气，这些人不愿承认运气在其中所扮演的重要角色。由此一来，很多人都会误以为胜者与败者之间在能力方面有着云泥之别，而实际上他们的差异并没有这么大。

同为实力强劲的飞镖运动员，但最后的奖励却十分悬殊：击中靶心的运动员可以成为百万富翁，没击中靶心的运动员什么都拿不到。出生于瑞士的英籍作家阿兰·德波顿（Alain de Botton）认为，这一现象已经深深地影响到了人们的日常语言。比如“loser”（失败者）这个十分常见的英文单词，它实际上是由“unfortunate”（不幸的）一词衍生出来的，后者的词根来自“Fortuna”（福尔图娜），即罗马神话中的幸运女神。[16] 虽然“unfortunate”只意味着某人缺少运气，但“loser”这个词却暗示某人价值较低、缺少能力。

与事实相比，人们更愿意相信超级明星和失败者之间之所以存在巨大的收入差距，是因为他们的个人能力相差悬殊。如果马修听从了父母的建议，把打游戏的时间放在学习上，如果他迷上的游戏是《古惑狼》而不是《使命召唤》，那么他现在可能仍旧在麦当劳为顾客做汉堡，晚上回到父母的房子里躲进卧室打游戏。

利昂内尔·梅西也是一个很好的例子。多年来，梅西一直都被认为是有史以来最有天赋的足球运动员，可事实上，他的成功也受到了很多随机因素的影响。倘若他在青年时期就放弃了自己的足球生涯——或是因为身材太矮，或是因为父母没有从阿根廷搬到西班牙——那么如今梅西可能就会变成家乡罗萨里奥市的一名出租车司机，每年拿着 1 万而不是 1 亿美元的薪水平淡度日。

超级明星效应会将运气成分进一步放大，从而导致收入水平的两极分化。意识到这一点之后我们就会发现，我们有必要承认失败者的价值与贡献，有必要承认坏运气给他们造成的种种障碍。此外，这些运气成分与随机因素也会对市场政策产生重要影响。既然收入差距如此极端，那么为了公平起见，各界人士自然会期待更为合理的财富再分配手段。尽管如此，大多数人还是更关心由此产生的低效问题。

在赢家通吃的巨大诱惑之下，人们争先恐后地涌入赛道，奋力拼搏。很多小孩子都希望自己长大后能成为克里斯蒂亚诺·罗纳尔多、穆罕默德·萨拉赫那样的顶级球员，驰骋在绿茵场上，不断攻破对手的大门。为了进入优秀的球队，很多球员会在父母的鼓励下日复一日地刻苦练习，试图完成上一代人未能实现的梦想。由于赢家通吃实在过于诱人，所有选手都想争取胜利，奖励越高，人们就越努力。不过，诱惑力太大也并非一件好事——如今，为了进入专业的足球培训机构，数以百万计的孩子放弃了自己的学业。其实他们自己也十分清楚，只有极少数人能够踏过这座独木桥成为一名职业运动员。

宾夕法尼亚大学最近的研究表明，挤进高收入阶层的过程会受到很多随机因素的影响，换句话说，就是受到运气的影响。[17] 收入排在前 1% 的人，甚至是那些收入前 0.1% 的人，也只能在这一阶层停留一年左右的时间。换句话说，大家的运气是有限的。因此，即便我们对高收入群体征收更多的边际税，他们也会像之前一样努力工作、努力创新、努力积累更多的人力资本。

比如那些顶级运动员，他们的巅峰期通常会持续几年，虽然我们总是更关注那些著名球星，可事实上，篮球场上每出现一个斯蒂芬·库里，都意味着有几十个打了很多赛季的球员的黯然退场。而一旦成为著名球星，即使少赚几百万美元也不会让他们在比赛中跑得更慢。这一切都基于一个显而易见的事实：要么成功，赢取数不清的财富；要么失败，去街头开出租车。

尽管如此，在对高收入者征收更高的边际税率之前，我们还是应当三思而后行，因为这需要国家之间的政策配合。如果各国各行其是，那么这种高税率会通过各种方式（比如打击到大家工作的积极性）给政府税收带来损失。毕竟劳动力是可以流动的，尤其是那些日进斗金的劳动力。

在弗朗索瓦·奥朗德执政期间，法国政府将个人收入超过 100 万欧元的部分的税率从 48% 提高到了 75%。政策实施之后，为了守住自己的收入，法国著名影星杰拉尔·德帕迪约（Gerard Depardieu）立即搬到了比利时居住，导致法国政府竹篮子打水一场空。类似的案例还有很多。研究表明，顶级足球运动员会根据各国的税率来决定去哪家俱乐部效力。虽然温和的税收政策可以吸引更好的球员，但另一方面也会导致大量本土球员被外来球员所取代。[18]

虽然人人都羡慕超级明星，可很多时候他们的地位和运气难以长久地维持下去，比如曾经在美国商界大受追捧的罗恩·约翰逊（Ron Johnson）。作为苹果商店背后的零售战略大师，罗恩·约翰逊彻底抛弃了之前货架密密麻麻、结账时混乱无序的购物环境，取而代之的是极简风格的摆设、温暖舒适的松木桌、清晰明朗的设计，每一个细节都可以给消费者带来全新的体验。在轻松愉快的探索过程中，顾客不由自主地就会购买一台 MacBook 或 iPhone。即便遇到软件故障、硬件维修等令人恼火的问题，天才吧的工作人员也可以为你提供舒心愉悦的售后服务。苹果专卖店收到了如潮般的好评之后，罗恩·约翰逊辞去了苹果公司高级副总裁的职位，跳槽到了塔吉特，并成功地将其改造成一个现代、时尚的零售品牌。最终由于战绩斐然，他收到了杰西潘尼（美国最大的零售品牌之一）的邀请，开始在 CEO 的位置上继续发挥自己的才能。

很可惜，罗恩·约翰逊的任期只持续了 14 个月，这位曾经的商界宠儿没能延续自己的神话，杰西潘尼的股东们也没有迎来新的春天。担任 CEO 之后，为了让公司更加现代化，为了吸引新顾客，罗恩·约翰逊更改了品牌战略，将杰西潘尼从一个以打折促销为主要卖点的百货商店转变为一家以价格公道透明、拒绝虚假宣传为卖点的零售商，并将主打卖品换成了由设计师精心打造的商品。

他认为先涨价再打折的营销手段没什么用，因为顾客一眼就能看穿这种把戏（我父亲就很讨厌这种手段，他总是跟我说“这些公司每次都是先将价格翻倍再半价促销”）。于是，罗恩·约翰逊省略了涨价的步骤，一开始就给产品标上了较低的价格。此外，就像他对苹果专卖店所做的那样，他还想把杰西潘尼变成一个温馨舒适的好去处，把购物变成一种享受。

罗恩·约翰逊没想到的是，杰西潘尼的大部分顾客都是喜欢讨价还价的人——与实际支付了多少钱相比，他们更关心自己拿到了多少折扣。

另一方面，无论罗恩·约翰逊如何调整品牌战略，似乎都无法吸引到年轻消费者的注意力，因为通常情况下年轻人根本不愿意和那些攥着大把优惠券的老年人一起购物，他们觉得这样很尴尬。再加上罗恩·约翰逊有些刚愎自用，管理风格也较为粗暴，对这家商业模式已经十分成熟的公司的了解也不够深，品牌变革彻底变成了一场商业灾难。2012 年第四季度，杰西潘尼的销售额下滑了 32%，媒体将其形容为"整个零售史上最惨的一个季度"。[19]2013 年初，当杰西潘尼的股价跌幅达到 51% 时，罗恩·约翰逊终于被解雇了。[20]

罗恩·约翰逊的经历并非个例，而是反映了一个普遍规律。就像大多数顶级运动员一样，大多数 CEO 也只有一次功成名就的机会，而能否把握住机会在很大程度上取决于运气的好坏。经济环境中的各种随机事件跟 CEO 的个人表现与管理水平没有任何关系，一切都是运气这种外部因素在作祟（例如航空公司的高管无法提前预知石油价格的巨大波动，也无法去改变由此带来的巨大冲击）。

研究表明，在以股票期权作为业绩奖励的情况下，CEO 的收入在很大程度上取决于运气好坏。[21] 只要油价上涨，石油公司的股票与利润就会跟着上涨，这和 CEO 的能力与思维没有什么关系。所以说，股票期权一类的奖励措施很难影响到高管的具体表现。

由于市场充满了不确定性，再加上大家无法判断 CEO 的真实水平，规模最大、生产力最高的企业其实并不一定能够雇到最棒的 CEO。[22] 如果负责掌舵的企业高管最终被证明是错误的人选，那么无论是从长期来看还是从短期来看，他们在职期间做出的决定都会对企业的发展产生负面影响。

哪怕他们的业绩真的很糟，公司最终向他们支付的总薪水仍然会是一笔天文数字。虽然 2012 年杰西潘尼的股价跌至最低点时，罗恩·约翰逊的薪资只有 190 万美元，但他在 2011 年的收入却高达 5300 万美元，当时他正忙着制定各种华而不实的营销策略，而之后的事实证明，这些策略给企业带来了极大损害。[23]

尽管超级明星效应已经给美国和世界各地的收入水平带来了严重的两极分化，可近几十年来，随着市场支配力的不断兴起，超级明星效应的危害程度仍旧在蔓延。就像 CEO 一样，市场支配力也可以增加企业收益，让那些企业巨头有充足的资金去猎寻最优秀的员工，无论他们是来自硅谷的人工智能专家，还是来自波士顿的资深顾问。其实在超级明星之上，市场中还有一些“超级巨星”，他们的收入比前者还要高很多很多。这些人主要集中在金融领域，其成功完全得益于企业势力的迅速膨胀。

超级巨星

前面我们已经分析了 CEO 和体育明星的情况，不过他们还算不上真正的高收入群体。那些富可敌国的大佬的名字，通常不会出现在装帧精美的杂志的头版之上。尽管这些人赚的钱比超级明星多得多，可他们仍旧可以像你我一样，“光明正大”地去餐厅吃饭，不必和人留影，也不用给人签名。他们的身份往往是金融经理人或私募基金公司的老板。为了和超级明星区分开来，我们可以将他们称为“超级巨星”。

2004 年，埃迪·兰伯特（Eddie Lampert）成为华尔街第一个年收入超过 10 亿美元的经理。职业生涯初期，他曾于高盛集团任职过一段时间，后来组建了自己的公司，即 ESL 投资公司。通常情况下，他会从自己长期持有的各种金融头寸中拆出一部分，将其放到股市与对冲交易市场当中。

虽说埃迪·兰伯特的确是一个很有才华的经理人，但不可否认的是，他的成功也充满了很多运气成分。那些运气极好的金融经理人可以反复进行投资，从而积累了大量财富。然而，并非所有人都有用不完的运气，所以像埃迪·兰伯特这样富甲一方的经理人其实并不多见。为了理解他在 2004 年的运气到底有多么惊人，我们可以用《谁会成为百万富翁》这个电视节目作为参考，只不过其中的“百万富翁”变成了“亿万富翁”。

整个游戏进程是这样的：一开始，房间里有 1024 名金融经理人，每人手中有 100 万美元。这些人会被随机分为 512 组，两两对抗。对抗采用抛硬币的形式，败者会将所有财产输给胜者，然后离开比赛，而胜者的资产会变为 200 万美元。之后游戏进入第二轮，现在场上只剩下了 512 名金融经理人，每人手中有 200 万美元。这些人仍旧以抛硬币的形式两两对抗，败者（也可以将其称为不幸之人）会将所有财产输给胜者，然后离开比赛，而胜者的资产会变为 400 万美元。之后再投硬币，剩下的 256 人会再淘汰 128 人……九轮之后，场上只剩下了两名金融经理人，每人手中有 5.12 亿美元。再投一次硬币之后，胜者将拥有 10.24 亿美元的巨款。没错，这位在幸运女神的眷顾之下一路高歌猛进的胜者就是埃迪·兰伯特。

当时是 2004 年。自那之后，埃迪·兰伯特继续着自己的投资事业。又过了 10 年之后，他的资产已经达到了惊人的 40 亿美元。在他持有的各项金融头寸中，有一项来自零售巨头西尔斯百货公司。当西尔斯因经营不善而陷入财务泥潭时，埃迪·兰伯特以公司大股东的身份成为新一任 CEO。其实对于埃迪·兰伯特来说，跟金融经理人这个身份相比，西尔斯 CEO 的身份要更为出名，因为他在短短几年之内就把这家零售巨头搞得一团糟。最终，在埃迪·兰伯特的带领下，西尔斯于 2018 年宣告破产。在经营西尔斯期间，为了扭转乾坤，埃迪·兰伯特投入了大量的自有财产。2017 年，尽管此时西尔斯尚未破产，但埃迪·兰伯特的财产已经出现了大幅缩水，当时他的个人净资产为 16.9 亿美元，仅有鼎盛时期的 1/3。

超级巨星们那离谱的收入水平主要来自资本投资的巨大收益，以及令人艳羡的绝佳运气——个人实力所发挥的作用远没有这两者那么大。正如沃伦·巴菲特所言："在投资领域，智商 160 的人不一定能够打败智商 130 的人。其实智力只要达到平均水平就够用了，投资的重点在于保持理智，因为一时冲动往往会带来无穷无尽的麻烦。"[24]

虽然巴菲特将投资成绩归功于某种情感方面的能力（"保持理智"），但实际上这句话的重点在于，投资和其他工作有着本质区别，而且投资者不可能永远领先于市场平均水平。如果某项结果（比如 10 亿美元的巨额收入）是随机因素导致的，那么它最终会出现"均值回归"的现象。为了更好地理解什么是均值回归，我们不妨回到两个世纪之前的维多利亚时代，看看英国那些仍旧以木质建筑为主体的大学校园里发生了些什么。

在研究遗传特征时，尽管某些遗传特征在人类当中的总体表现较为稳定，但统计学家、社会学家弗朗西斯·高尔顿（Francis Galton，与达尔文是表兄弟关系）爵士还是对这些特征的继承方式产生了浓厚兴趣。比如说，在人口稳定的情况下，高个父母的子女往往比父母矮一些，矮个父母的子女往往比父母高一些。为此，高尔顿提出了一个和随机性相关的理论，他认为这种现象的根本原理就是"均值回归"。随着科学技术的不断发展，均值回归逐渐成为回归分析和统计学的基础概念。

高尔顿绝对算得上是一个神童。在那个统计知识还没发展起来的年代，高尔顿就率先提出，基于群体的预测比基于个人的预测准确得多——这就是所谓的“群体的智慧”，直到詹姆斯·索罗维基（James Surowiecki）的著作《群体的智慧：如何做出最聪明的决策》问世之后，这一概念才逐渐被公众所熟知。[25] 无论哪一领域的数据分析，高尔顿的理论都是相当重要的一环。如果均值回归不成立，身高的遗传完全随机，那么按理来说，这世界上应该有人长得比红杉还高才对。

在进化生物学当中，均值回归是种群趋向稳定的驱动力；而在经济学中，均值回归也是金融行业趋向稳定的驱动力。虽然某些时候金融投资可以产生极为夸张的收益，但好运气终究是会用光的。比如埃迪·兰伯特，虽然他的投资策略给他带来了极为丰厚的回报，可是他无法一直领先于市场行情。如今，埃迪·兰伯特已经成了均值回归的典型案例，人们不得不承认，很多超级巨星的成就主要来源于运气。更为讽刺的是，高尔顿最初并没有将这种现象命名为“均值回归”，而是将其命名为“趋向于平庸的回归”。

其实，市场中每出现一个超级明星或超级巨星，都意味着世界的其他角落中又诞生了几千几万个没有明星光环加持的高收入人士。美国共计有 1.6 亿劳动力，这意味着其中有 160 万人的收入排在前 1%。想要挤进这个群体，你的年度劳动收入和年度资本收入加在一起必须超过 52 万美元才行。前 1% 的人的平均年收入比这个数字还要高得多，在 150 万美元左右。[26] 更为夸张的是，仅 1980—2018 年这短短 30 多年的时间里，前 1% 的人的平均总收入就增长了 217%。与此同时，全体劳动力工资的中位数却没有发生任何变化。

虽说挤进前 1% 的人运气很好，但实际上他们在工作时也没有丝毫懈怠。不管怎么说，有一点我们可以确定无疑：这些人至少有一半以上的收入来源于投资，而不是来源于个人能力或工作水平。如果某位医生或牙医开设了一个诊所，且雇用了技术人员、护士、其他医生，那么这位医生的收入来源就可以归为两类：一是来自人力资本，即他治疗病人所花费的时间；二是来自投资回报，即他为了开设诊所而支付的各种资金产生的利润。也就是说，在这种情况下，工资和利润混在了一起。

由于美国的税收法存在漏洞，很多专业人士（医生、律师、牙医）会组建一种被称为“S 分类”的公司，简称为 S 公司。这种公司会根据美国《国内税收法典》第一章第 S 小节的规定履行自己的纳税义务，很多承担着管理工作的企业主也属于这种情况。同自己作为企业雇员的情形相比，注册成为 S 公司可以让这些专业人士缴纳更少的税款。

从某种意义上来说，这与阿尔弗雷德·钱德勒（Alfred Chandler）于《看得见的手》（*The Visible Hand*，1978 年荣获普利策历史奖）一书中所描绘的景象截然相反。钱德勒认为，一个世纪前现代资本主义的兴起，本质上是企业的管理者从企业所有者过渡到非企业所有者（即专业经理人）的过程。[27]

由于 19 世纪也存在和 S 公司类似的企业模式，人们很容易就会把 S 公司的兴起解释为一种复古的创业风潮。不过实际上，S 公司之所以大量存在于市场当中，既不是因为经济力量①的转变，也不是因为科学技术的进步，它纯粹是出于财政方面的考虑——S 公司不需要缴纳企业所得税，公司收入可以按照股东的个人收入报税。这意味着，

① 经济力量主要指失业率、通胀率、财政政策等能够影响企业经营环境的因素。——译者注

与每月领取工资的形式相比，注册 S 公司可以节省大量的税款（尽管企业的所有者和管理者仍旧需要领取最低工资，以防违反社保的相关规定）。[28] 这就是所谓的"企业所得税税赋转嫁"①。最近有研究表明，收入排在前 1%、前 0.1% 的人中，分别有 69%、84% 的人会利用企业所得税税赋转嫁为自己增加收入，其中大部分属于工资收入，只有一小部分属于资本回报。[29]

总而言之，经济体系中的最高收入产生于超级明星效应。换句话说，由于能力上的微小差别会被市场无限放大，超级明星们的收入水平可以达到极为夸张的地步。当然，运气也是一个很重要的因素，尤其是在金融市场当中。不过致使收入水平出现严重的两极分化，以及导致这种现象普遍存在于各行各业的罪魁祸首，却是市场支配力。如今，市场中各式各样的锦标赛越来越多，由此孵化出的超级明星更是数不胜数。更可怕的是，在市场支配力的作用下，胜者能够赢取的奖励比之前更丰厚了。

不仅如此，市场支配力和超级明星效应的触角甚至已经延伸到了常春藤联盟的象牙塔之中。下面我们就来看看大学校园中的超级明星现象。

---

① 企业所得税税赋转嫁（pass-through business income），一种计税方式，将企业收入按照比例分配到投资人或合伙人身上，然后根据他们各自的个人所得税的税率征税。文中的 S 公司便属于这种征税方式。——校者注

第 5 章

无处不在的不平等

常春藤盟校中的超级明星

虽然常春藤联盟和英超联赛完全是两回事，但二者也有相似之处，比如说这些大学校园里也存在着很多超级明星，其中最广为人知的应该就是在各大学附属医院任职的医生了。除看病救人之外，他们通常还会在大学中兼任教授。许多领域的研究学者都配有价值数百万美元的实验室、昂贵的仪器设备，以及大型科学团队。尽管投资机构会为他们提供大量资金，但有时为了从竞争对手那里挖人，某些大学也会不惜投入巨资（比如 500 万美元），这种情况下，很多研究学者就会带领自己的团队转换阵地。

任何一位在那些顶尖名校就读过的学生都知道，大学招聘教授时，教学水平绝不是唯一的考量因素。教授们之所以能够得到聘请，主要是因为他们是最顶尖的研究学者。毕竟一所大学的声誉主要取决于它能否证明自己拥有高水平的科研专家。即便这些专家、学者算不上明星，就算他们把课程完全推给了其他兼职教授和博士生，大多数学生仍然倾向于去那些拥有最顶尖学者的机构、校园交流学习。

由此可见，为了将带有超级明星光环的研究学者收到自己麾下，各大学之间已经展开了极为激烈的资金竞赛，其中有一部分变成了实验室的建设费用，还有一部分变成了主要研究人员的工资。无论是哪一个研究领域，顶尖机构为学术专家开出的工资都出现了非同寻常的增长。即便是博士刚毕业的年轻教授，如今的总收入也达到了 20 年前的 3 倍多；那些顶尖专家的工资甚至已经可以和职业运动员的收入相媲美。当然，并非所有教授的工资都这么夸张，前面说的只是超级明星教授所特有的现象。

到底是哪些因素推动了工资的大幅上涨？很多经济学家认为，工资增长是因为教授们在学术机构之外还有很多其他工作机会。这是有一定道理的。既然医生可以在医院拿到高额工资，那么对于大学来说，想要邀请高水平的医生来校园里研究教学，就必须提供有竞争力的薪酬水平才行。机器学习领域的计算机专家的情况也是如此，他们有很多人都在顶级科技公司享受着令人艳羡的薪资待遇。再比如金融专家，他们很难抵抗在金融行业日进斗金的诱惑，其中有很多人甚至已经创建了自己的对冲基金。

20 世纪 90 年代末，超级明星学者桑迪·格罗斯曼（Sandy Grossman）下定决心，辞去宾夕法尼亚大学沃顿商学院的学术工作，成立了自己的对冲基金。由此可见，对于某些学者来说，市场中还有很多工作能够为他们带来更为丰厚的收入。这里我得说一句题外话——虽然发财致富很重要，但人生还有很多事情比这更重要。正如格罗斯曼所言：“我在学术界工作的时候，金融界的朋友总是问我，‘如果你真有那么聪明，那你为什么没发财呢？’如今我利用对冲基金赚了很多钱，结果学术界的朋友又开始问我，‘虽然你很有钱，可为什么我总觉得你没那么聪明了呢？’”[1]

虽然各研究领域拥有众多教授，但其中只有少数人可以像格罗斯曼一样，在象牙塔之外谋到一份薪资不菲的工作。大多数学者的研究项目都很专业（由于天赋、爱好等原因，很多人一开始就选择了较为小众的研究领域），以至于他们在校园之外几乎找不到什么活干，更不用说那些高薪工作了。尽管如此，我们还是会发现所有学者的工资都出现了上涨，尤其是那些在自己的研究领域里最拔尖的人。

这种薪酬上涨的推力与引起 CEO 薪酬上涨的推力极为相似。前面我们提到，CEO 市场是一个带有超级明星效应的市场，他们的薪酬之所以出现上涨，是因为企业的规模变大了，市场支配力也随之变强了，与此同时，企业所销售的商品与服务的价格也会被人为抬高，所以 CEO 的薪酬水平会出现过度增长。

常春藤盟校教授薪资水平的上涨也受到了市场支配力的影响。尽管那些顶尖学府已经掌控了市场支配力，可各高校收取的学费却差不多，这就难免令人生疑：学费是不是各大学串通好的？的确，由于求学市场对精英学府的需求非常旺盛，大学学费已经定得很高了。可是考虑到那些如潮般的入学申请，哈佛大学把学费再提高十倍都没有什么问题，新生数量仍旧可以达到预期数值（事实上，哈佛大学的确从那些子女未能达到录取要求的校友手中收到了几百万美元的“捐款”。作为交换，哈佛大学会向这些校友回赠一个入学名额）。

实际上，即便为了收益最大化，高校也没必要在学生的学费上做文章。如今很多高校会为家境贫寒、天赋异禀的学生提供大量奖学金，并将很多愿意支付全额学费的学生拒之门外。在我看来，高校这样做并不是为了将收益最大化，而是为了让生源变得更加多元化。不过从长远的角度来看，这些学生功成名就以后也能给高校带来巨额收益。

今天，大多数高校的各种资金都来自社会上的捐款。那些杰出校友以及热衷于慈善事业的社会人士为高校的建筑、实验室、体育设施捐赠了大量资金，同时也为各院系讲席教授职位的设立提供了各种资助。这些捐款可比学生缴纳的学费多得多，由此我们便可以理解为什么各种奖学金项目越来越多，为什么精英学府的经济规模有了可观的增长。这些校友之所以会捐赠巨款，不仅是因为他们现在已经十分富有，更是因为他们打心眼里觉得自己能够取得今天的成就全靠当初大学对自己的培养。那些在金融市场上财运亨通的超级明星、超级巨星，很愿意将自己身上的一部分“星尘”回赠给母校。有些人捐款单纯是为了做慈善，还有些人捐款是为了名声。他们会用自己的名字为建筑命名，将自己的名字附在讲席教授的头衔之后，把自己的头像挂在大楼入口附近的墙上。

由此可见，市场支配力既让企业高管和金融专家赚得盆满钵满，又为各个高校带来了充足的资金。那些学业出色的人现在终于有机会回馈社会了，这就是哈佛大学的捐助资金已经达到了近 400 亿美元的原因。[2] 反过来，为了维持住这种良性循环，各高校也必须确保自己能够提供最高水平的教育体验。不过这还不是最重要的，高校的首要任务是保持住自己作为顶尖学府的声誉。

为了在学术排行榜上保持领先地位，高校唯一能做的就是雇用更多声名在外的研究学者。前面我们说过，在市场支配力的帮助下，企业可以抬高商品价格，掌控巨额现金，然后人为地将超级明星高管的收入推上一个台阶。与之类似，各种捐赠行为也可以给常春藤盟校带来巨额收入，进而抬高研究学者们的收入水平。如果某位顶尖学者的工资比其他学校开出的薪资低了 25%，那他就会离开这家高校，转而投向其他研究机构的怀抱。因此，高校之间的激烈竞争拉高了学者们的工资水平。不过，如果所有研究人员的工资都下降一半，那么我敢打赌，大多数人仍旧会待在自己的岗位上干下去，无论他们是明星学者还是普通员工。毕竟就算薪资没有那么丰厚，这份工作本身也是很有价值的。

题外话：慈善事业真的可以帮到人吗？

大学校园和艺术作品是最为常见的两种捐赠渠道，不过每一笔捐赠背后的故事都不尽相同。40 多年来，萨克勒三兄弟（莫蒂默、阿瑟、雷蒙德）一直坚持着一项独特的“爱好”——他们总是隔三岔五地就为各种艺术、学术机构捐赠资金。通过这种方式，他们为世界保住了很多文化遗产，比如纽约大都会博物馆中那些极为珍贵的古埃及艺术品、伦敦皇家学院中由米开朗琪罗亲手雕刻的圣母像浮雕、华盛顿特区史密森尼博物院中那些令人惊叹的亚洲艺术作品、卢浮宫中波斯国王大流士一世时代的浮雕作品。与此同时，他们也通过各种捐赠将自己的名字刻在了纽约大学、塔夫茨大学、剑桥大学、特拉维夫大学、耶鲁大学、哈佛大学、麻省理工学院等知名学府中的石碑以及讲席教授的木椅之上，尤其是那些和生物医学相关的教授职位。每次举办捐赠仪式的时候，你都能听到“某某某通过努力，在生活和商业上取得了成功，现在想回馈社会”这种千篇一律的故事。萨克勒三兄弟当然也是这么干的。

这三兄弟都是犹太移民。来到纽约之后，他们接受了专业培训，成为职业医生，并将主要精力放在了精神疾病的研究上面。不过大家不要误会，萨克勒家族并不是靠治病救人赚钱的。他们之所以能够成为美国最富有的家族之一，坐拥 160 多亿美元的净资产，是因为他们开了许多公司，其中有一家公司幸运地研制出了奥施康定。

奥施康定是一种带有缓释效果的阿片类药物，病人只需服用一片药，就可以在12小时内持续缓解疼痛，因此它在疼痛治疗史上占据了相当重要的地位。在奥施康定出现之前，类似的疼痛只能以静脉滴注吗啡的方式来解决。一经问世，这款阿片类药物便收获了巨大的成功，萨克勒三兄弟一夜之间就变成了亿万富翁。不过事物总是存在着两面性：奥施康定不仅减缓了疼痛，也助长了阿片类药物的滥用。据估计，2017年仅美国就有7.2万人死于用药过量，[3] 其中奥施康定的致命性尤为骇人，因为大家可以通过研磨的方式让原本带有缓释效果的药片瞬间释放出全部有效成分，由此产生的效果比海洛因还要强好几倍，用药者会逐渐成瘾，难以摆脱。

虽然市场上其他品牌的阿片类药物也起到了推波助澜的作用，但凭借着高超的营销手段，萨克勒家族成为最具代表性的药企。他们不仅公开虚假宣传，诱使医生为病人开药，甚至还设法获得了当局的批准，成功将其打造成一款荣获官方认证的、有安全保障的、绝不会上瘾的、能够治疗各种疼痛的灵丹妙药。尽管没有任何临床数据可以支持他们的说法，也没有任何证据可以表明这种药物不会导致患者上瘾，他们还是成功地拿到了FDA认证。最终，在各种营销手段的狂轰滥炸之下，他们隐瞒了药物的成瘾性，淡化了药物的效力，[4] 导致病人哪怕只有一点点的疼痛，也会在医生的建议下买一大堆奥施康定来吃。

萨克勒三兄弟旗下的普渡制药公司如今由他们的后人所掌控。除奥施康定外，这家公司还生产、销售过其他名噪一时的阿片类药物，比如芬太尼、可待因、羟考酮。由于是私有企业，普渡公司很少公开自己的经营状况，萨克勒家族对公司业务的参与程度也一直不为人知。虽然萨克勒的名字已经和各种慈善事业捆绑在一起，但直到最近几年大家才发现，原来他们做慈善所使用的巨额资金来自阿片类药物的售卖，原来他们的钱不仅用来做慈善，还用来投资阿片类药物的研究。显然，在积德行善之前，他们已经做出了无数伤天害理的事，可他们却试图向公众隐瞒这一事实。正如马里奥·普佐（Mario Puzo）于 1969 年在畅销书《教父》的序言中所写的那样："每一笔巨大财富的背后都隐藏着各种罪恶。"美国总统西奥多·罗斯福在评价约翰·洛克菲勒时（当时洛克菲勒向国会提议建立一个全国性的慈善基金，以便将自己和其他业界巨头的财富疏散给社会，但被国会拒绝了）也给出过类似的观点："无论这些人在慈善事业上花费了多少钱，都无法弥补他们在攫取财富时对社会和个人所造成的巨大伤害。"[5]

当然，就像我们所看到的那样，如今很多富豪的发家史都被包装成了艰苦奋斗的励志故事，并成为美国梦的经典案例。除了收获成功时年纪过小、成功后异常慷慨之外，马克·扎克伯格和比尔·盖茨的奋斗历程好像没有什么值得生疑的地方。事实上，美国的慈善行为真的很多，以至于慈善捐款已经占到了 GDP 的 2% 左右，[6] 除美国外没有任何一个国家能够达到这一水平。人们之所以大量捐赠，部分是因为美国极为慷慨的税收激励政策——任何一笔捐款都可以享受到税收减免优惠。在税收减免的激励之下，那些原本需要支付巨额税款的富豪更愿意将自己的部分收入以慈善的形式捐赠出去。除宗教机构之外，大部分慈善资金都会流向教育机构，这不仅是因为人们乐于回馈母校，还因为大部分捐赠者喜欢人们将自己与教育、科研等听上去就很崇高的事业联系在一起。

不过，越来越多的人开始怀疑，这些慈善事业是否真的像大众所认为的那样崇高，怀疑的目标既包括那些诚信可靠、公开透明的捐赠，也包括那些不愿透露捐款来源、不愿将自己的盈利手段公之于众的捐赠。[7]慈善捐赠最大的缺憾之一，就是慈善资金并没有真正流到那些亟须帮助的贫困人士手中，也没能减少社会中的不平等现象。尽管哈佛大学和斯坦福大学都是值得称赞的学术机构，可是在二者的捐赠资金分别高达390亿美元和250亿美元的情况下，我们真的有必要继续向它们捐钱吗？把这些钱捐给城市贫困地区的公立学校会不会更有效呢？精英学府每年招收的本科生还不到2000人，它们能帮助的贫困生的数量其实十分有限。

从自由主义的观点来看，慈善带有自愿属性，捐赠者完全可以根据自己的意愿决定把钱捐给哪家机构，而不是像税收一样，只有政府才能决定这笔钱该用在什么地方。这难道不是合情合理的吗？虽然每所接受捐赠的大学都希望维持自己的声誉，希望每一笔捐赠都不附加任何条件，也不指定任何用途，可是如果真的有捐赠者捐出了3000万美元，并要求校方将其用于某个不是很有必要的项目之上，又有哪位校长会在头脑清醒的情况下拒绝这笔捐款呢？事实上，大多数捐赠者都很喜欢这些不是很有必要的大型项目，比如宏伟的建筑，全新的、最先进的科研实验室，以及各种占地颇广的体育设施。

很少有捐赠者会把钱捐给城市贫困地区那些毒品、暴力现象较为严重的学校。从捐赠的对象来看，这些捐赠者似乎并不希望自己闪着金光的名字出现在这些学校门口的金属探测器上。所以说，无论捐款目的多么伟大，无论捐赠资金多么慷慨，这些慈善行为都很难帮助到社会上那些真正需要帮助的人。更重要的是，这些捐赠并非完全“免费”：如果捐赠者的收入已经达到了35%的边际税率，那么他每向哈佛大学捐赠100万美元，政府税收就会损失35万美元。在美国，政府每年因捐赠而损失的税收总额在500亿美元左右。

如果捐赠资金来自市场支配势力，那么除税收之外，社会还会付出很多更为严重的代价，比如商品价格的上涨、工资水平的下滑、劳动参与率的下降、收入不平等程度的增加。最关键的是，对高校的捐赠会拉高学术界的收入水平，从而导致不平等现象的加剧。毕竟，教育机构是慈善事业的最大受益者之一，没有学者会因为工资的上涨而发出抱怨。

“迷你明星”：大学溢价

超级明星的收入高得异乎寻常，大多数人一辈子都赚不到这么多钱。无奈的是，无论科技进步的速度有多快，我们都无法让更多的人挤进收入排行榜的前 1%，毕竟有人挣得多就一定意味着有人挣得少。不过，即便没能进入这个平均收入已经超过了 52 万美元的精英俱乐部，[8] 其余 99% 的人的生活在过去 40 年当中也发生了很多变化。其中最明显的，大概就是读过大学的人与没读过大学的人在收入方面的差距（即所谓的“大学溢价”）一直在稳步增加。

在 1980 年的美国，大学毕业生的平均收入要比那些没能读过大学的人的平均收入高出 46%。[9]2012 年，这一比例已经上升到了 96%，比之前足足高出 50 个百分点。怪不得家长即便拼尽全力也要将自己的孩子送进大学，怪不得大学生宁愿承担巨额债务也要想办法支付那越来越高昂的学费。通常来说，大学文凭并不能让你成为超级明星——很少有人能够跻身这一群体——不过考虑到 96% 的大学溢价，我们可以将大学毕业生称为“迷你明星”。大学溢价的上升并不是美国特有的现象，其他很多发达国家也出现了类似的情况。

由于大学文凭的高回报率，入学人数与毕业人数都出现了大幅增长，市场上的迷你明星越来越多。大多数父母已经意识到了大学毕业生与非大学毕业生在收入上的巨大差距，他们会不顾一切地将自己的孩子送往全国各地的大学校园。1980 年，美国大约有 18% 的成年人拥有大学文凭，无论这些文凭来自州立大学还是常春藤盟校；2019 年，这一比例已经增至 39%。[10] 出人意料的是，虽然入学人数出现了大幅增长，但各大学的学费却不降反升。虽然被称为迷你明星，但这种现象背后的社会问题可并不迷你。

仅从市场供需关系来看，既然拥有大学文凭的劳动力增加了，没有大学文凭的劳动力减少了，那么大学溢价的程度应该有所减缓才对。考虑到大学毕业生的人数几乎翻了一番，这种减缓理应非常明显。可实际上，虽然美国大学毕业生的人数在不断增加，但大学毕业生收入水平与非大学毕业生收入水平的差距却并没有缩小，反而在不断上升。

当然，并不是每个大学毕业生都能找到一份和自己学术能力相匹配的工作，比如前面提到的住在新墨西哥州的高级技术顾问埃琳便是如此。不管怎么说，鉴于竞争这些工作岗位的大学毕业生人数已经翻了一番，我们还是会下意识地认为他们的工资水平会逐渐下降，而不是上升。

既然如此，为什么大学溢价的程度一直在不断加深呢？ 20 世纪 80 年代末 90 年代初，哈佛大学的拉里 · 卡茨（Larry Katz）与芝加哥大学的凯文 · 墨菲（Kevin Murphy）提出了一个比较简单但很有说服力的解释：科技进步的方向对大学生格外有利。[11] 在经济学中，这一理论又被称为“技能偏向型的技术变革”。为了顺利完成生产，企业既需要技术工人（这里包括大学毕业生），又需要非技术工人，而这两个群体是无法互换的。

想要经营一家快餐店，光有经理肯定不行，我们还得找人去煎肉排、做汉堡。虽说做汉堡的员工请假时，经理可以替他干一会儿，但二者可替代的东西也就这么多了，所以对于公司来说，技术工人和非技术工人缺一不可。不过，由于现代企业的生产方式和最终产品相较于几十年前已经发生了很大变化，企业对于员工的需求也不可同日而语。经济的主体模式已经从以低技能劳动力为核心的制造经济，转向了以高技能、受过大学教育的劳动力为核心的知识与服务型经济。同其他员工相比，受过大学教育的知识型劳动力拥有更高的生产力。

以程序员为例，他们通过写代码为公司创造的收入，比他们通过打扫卫生、在食堂做菜为公司创造的收入多得多。随着科技的不断进步，以及大学毕业生生产力的不断提高，公司也会向他们支付更高薪水，这一过程很像亚当·斯密所说的“看不见的手”。尽管企业并不想提高工资，但如果它们不涨工资，员工就会跳槽到别的企业。不过在面对低技能工人时，企业并不存在类似的压力，因为很多由低技能工人完成的工作如今已经可以实现自动化了。一方面，机器人的出现减少了市场对低技能工人的需求；另一方面，为了制造这些机器人、为了设计出更优秀的算法，市场需要更多受过大学教育的高技能劳动力。

有研究表明，大学毕业生的生产力与非大学毕业生的生产力之间的巨大差距，主要是资本投资导致的，这进一步完善了“技能偏向型的技术变革”理论。一方面，计算机大幅提高了大学毕业生的生产力；另一方面，计算机的售价却在迅速下降。因此，企业在信息技术方面无须投入太多资金，就可以让大学毕业生的生产力远远高于非大学毕业生的生产力。反过来，这一现象也会拉高大学毕业生的薪酬水平，提高大学教育的溢价程度。[12]

在大学溢价现象日益加重的情况下，劳动力市场也迅速做出反应：由于所有人都想找到一份更好的工作，受过大学教育的劳动力人数增加了一倍。与此同时，大学生人数的上涨也给大学教育的溢价程度带来了巨大的下行压力。由此可见，如果大学生的人数没有增长这么多，大学溢价的程度还会更高。换句话说，尽管大学溢价现象可以从侧面反映出科学技术的变革，但实际上科技变革的程度比我们看到的更深。即便在互联网革命时期，如此根本性的变化仍旧好得令人难以置信。

就像市场支配力会加剧超级明星效应，进而导致 CEO 薪资水平出现大幅上涨一样，大学溢价程度的上升与市场支配力的上升也存在类似的关联。

我们可以这样理解低技能的工作岗位：公司实际需要的低技能劳动力的数量，大约与公司的产量成正比。如果一家连锁快餐店的规模缩减了一半，那么服务员和厨师的数量也会下降一半。市场支配力会提高餐饮价格，减少餐饮销量，因此公司雇用的低技能劳动力也会变少。

相反，受过大学教育的劳动力数量与公司产量之间的关联则没有那么紧密。掌控市场支配力之后，公司的规模会越来越大，在雇用高技能劳动力方面所花费的资金也会越来越多。既然市场对高技能劳动力的需求增加了，大学溢价的程度也会随之上升。总的来说，大学溢价的程度不仅取决于市场支配力的大小，同时也取决于科技变革的强弱，因为科技变革会提高大学毕业生的生产力。一方面，掌控市场支配力的企业会减少产量，并大幅削减没有受过大学教育的劳动力的数量；另一方面，高技术劳动力会帮助企业建造、维护护城河，从而提高商品售价，这也会导致低技能劳动力几乎无事可做。

需要说明的是，即便是在受过大学教育的群体之内，或是在没受过大学教育的群体之内，收入水平也存在显著差距，有些人虽然没接受过大学教育，但收入却比大学毕业生还高很多。群体中的巨大差异来自运气或个人能力等大学教育难以影响的因素，毕竟比尔·盖茨与马克·扎克伯格都没读完大学。虽然高级技术顾问埃琳拥有多所大学的学位，但她的薪水甚至比高中毕业生还要低。

尽管大学可以让学生学到很多东西，但并非每种知识都能得到市场的重视。同那些未曾被大学录取的劳动力相比，成功毕业的大学生劳动力很可能拥有更高的生产力，二者之间或许的确存在很大差别。如果说所有聪明的孩子都能从高中走向大学，并在毕业之后找到一份薪酬较高的工作，那么大学实际上就是一个人才过滤器。

这意味着，虽然大学学位并不能直接增加你的生产力，但它可以证明你的能力的确较为突出。说到这里，有些人会问：如果大学没有附加价值，那大家为什么还要拼尽全力去读大学，并支付如此高昂的学费？答案就是：企业很难知道哪些孩子比较聪明，既然如此，为了向企业证明自己比较聪明，孩子们只能想方设法考进大学，然后用出色的学业成绩来包装自己。事实上，学生们的生产力并没有大幅提高——源源不断的考试只是学生为了证明自己比较聪明而向雇主们发送的信号，这种现象又被称为高等教育的信号理论。

虽然这种解释有一定道理，但乔·阿尔顿吉（Joe Altonji）和查尔斯·皮埃雷（Charles Pierret）发现，信号理论很难完全解释大学溢价现象。[13] 毕竟各企业有很多方法可以在孩子们上大学之前就鉴别出他们是否足够聪明，这些方法可比大学教育的费用便宜多了。总的来说，企业可以借鉴大学招生官所采用的方式来鉴别最出色的学生。他们可以参考学生的高中成绩、课外活动，还可以看看这些学生是否参加过暑期实习活动，是否在某些体育项目中担任过队长，等等。

同样，汽车保险公司也会根据司机和汽车的各种特征来判断相关风险的高低。在其他条件都相同的情况下，红色汽车的保险费用会更高一些。这是因为，虽然红色汽车的质量并不比其他颜色汽车的质量差，但喜欢驾驶红色汽车的司机更容易发生交通事故。

顺便说一下，20 世纪 90 年代，汽车保险业发生了一次重要的变革，因为保险公司逐渐发现个人信用等级可以作为汽车事故的预测指标。难道说更高的信用就等于更好的司机？其实这个问题问得不大准确。数据表明，某些人格特质（也可以称之为非认知类技能，这些特质或技能并不是通过学习获得的，而是与生俱来的，或是童年时期形成的）可以同时影响到人们的各种能力，比如节俭、按期支付账单、偿债，以及驾驶等能力。

总而言之，受过大学教育的劳动力的收入水平上升了很多，大学毕业生逐渐成了“迷你明星”。大学溢价现象之所以越来越严重，不仅是因为科技变革提高了大学生的生产力，同时也是因为市场支配力的推动。由于高学历劳动力帮助企业掌控了市场支配力，建立、拓宽了护城河，企业对这种人才的需求也会随之上涨。高技能劳动力提高了企业巨头的利润，反过来这些掌控了市场支配力的企业也会将利润分给这些人一部分。假如市场支配力消失了，市场恢复了完全竞争的状态，多出来的这些利润就会瞬间消失。

通过大学溢价的前因后果，我们可以看出整个经济体系的不平等现象如何愈演愈烈。接下来我们就把镜头拉近，看看在企业内部都发生了哪些事，思考一下整个经济体系不平等现象的加剧在多大程度上归因于企业内部问题。

企业内部的不平等：外包那些事

大学溢价（迷你明星效应）和超级巨星现象的加重，都极大地影响到了整个经济体系的公平程度。如果整个经济体系的不平等程度加剧了，那么企业内部的不平等程度自然也会跟着加剧。如排在前 1% 的富人的收入增长速度比工资中位数的增长速度快得多，那么企业内部收入最高的群体的收入增长速度一定会比企业内部工资中位数的增长速度快得多。长此以往，高管们的收入必然比工资处在中游水平的工人高好几倍！真实情况是这样吗？不，不对！事实证明，同金表神话类似，这只是一种错误认知，企业内部的薪酬不平等现象并不是这样加重的。

让我们来看看过去几十年中越来越常见的一个现象——服务外包。现在，我们把目光移到布鲁塞尔一家大型咨询公司的前台人员南希身上。南希有 40 来岁，穿着商务套装，谈吐十分专业。上午 11:30 见面之后，南希把我的事情记在了她的日程表上。南希每周工作三天，工作时间为早上 7:30 至下午 1:30，而她同事的工作时间为上午 10:30 至下午 6:30。每天清晨一到公司，南希就开始为当天预计到访的来宾打印姓名牌。此外，她还得安排好会议室的使用次序，并为与会人员订购餐饮，接听、回拨电话只占了她工作内容很小的一部分。虽然大部分外来电话都是直接打给员工的，不需要南希去转接，但由于公司有 1000 多名员工，其中有 500 多名员工常驻公司，南希还是忙得不可开交，尤其是清晨只有她一个人到岗的时候。

南希的工作和其他接待员没什么不同，只不过南希并非受雇于这家咨询公司。就像保洁服务与某些 IT 服务一样，很多公司也会将接待服务外包给其他公司，南希就属于这种情况，她背后的外包公司是埃利吉奥。埃利吉奥大约拥有 180 名接待员，所有这些接待员都在比利时工作，其中大部分员工位于布鲁塞尔地区。咨询公司与埃利吉奥公司之间签订的服务合同规定了接待员的人数与服务时长，埃利吉奥公司也必须保证自己的服务质量与服务范围。尽管南希大部分时间都待在咨询公司内，但她实际上受雇于埃利吉奥公司。每次有人问她到底属于哪家公司时，她都会坚定地回答自己是埃利吉奥的员工。其实就算南希受雇于咨询公司，而不是埃利吉奥公司，她的情况也不会有多大改变：每周大约工作 19 个小时，年薪大约为 15000 欧元。二者最重要的区别，大概就是埃利吉奥公司能够给她带来更高的职业安全感，以及更为灵活的就业形式。

之所以说埃利吉奥公司提高了南希的职业安全感，是因为她的工作不受客户身份的影响，如果客户迁址之后南希上班不再方便，那么她完全可以换一家离自己住所更近的客户。事实上，自 2012 年加入埃利吉奥公司之后，南希已经在三家不同的公司担任过接待员，它们分别是美国的通用电气公司、法国的公用事业公司 Fabricom GDF Suez，以及现在这家咨询公司。

正如南希所言，埃利吉奥公司为她提供了更为灵活的就业形式。南希的职业生涯始于一家中等规模的律师事务所，在那里实习了一段时间之后，她被提拔为某位合伙人的私人助理。在这家律所干了十几年后，她诞下了自己的第二个儿子。由于小孩需要照顾，南希辞去了工作，留在家里当全职太太。又过了十几年，南希想要重返职场，找一份兼职来做。

同客户企业直接雇用南希的情况相比，埃利吉奥这种商业模式是否更具成本优势？在考虑假期、疾病、突发事件等各种因素之后，我们假定客户企业旗下的全职员工平均每年缺勤 32 次。缺勤对于企业来说是一件很难受的事，尤其是在员工因疾病、家庭紧急状况而请假的时候。像接待员这种十分显眼的工作岗位，缺勤的代价更大：访客无法进入大楼、会议日程被打乱、外卖点餐等服务也会受到影响。人员配置并非咨询公司的核心业务，而这样的工作刚好是埃利吉奥公司所擅长的，因为它有 180 多名接待员，这些员工既可以提供高效的长期服务，又可以在特殊情况下及时提供紧急服务。埃利吉奥公司表示，同客户自己处理接待业务相比，它可以提供更专业的服务，所花费的管理费用却只有前者的 90%。

服务外包或商品外包其实并不是多么新潮的业务，很多年前企业就开始将运输业务外包给专业的物流运输公司。如今，大多数保洁工作都是由专业保洁公司旗下的清洁工完成的。早在两个半世纪之前的工业时代，劳动分工就已经成为亚当·斯密《国富论》的核心主题。

在大型企业出现之前，大多数经济生产活动都围绕着个体工匠或家庭作坊展开。通常来说，非技术工人负责食物和农产品的生产，铁匠、面包师、裁缝这类技术工人则负责商品与服务的生产。即便是 18 世纪那些令人眼花缭乱的劳动分配，也并非一种全新的分工形式。早在史前时代，家庭内部就已经出现了较为明确的劳动分工，比如有些人负责哺育后代，有些人负责打猎觅食。

正如亚当·斯密所言，劳动分工会随着市场环境的改变而改变。100 年前，面包师和锁匠并不需要接待员，但现今的大型企业却很需要。虽然以前的制造业和现在的服务业在分工方面有很大差别，但我们关注的重点并不在此，而在于企业规模的扩大，以及劳动分工的确在发生变化这一事实。要知道，埃利吉奥公司的客户通常都有 300 名以上的员工，有些客户的员工甚至多达 3000 余名。毫无疑问，这些企业的日常运转离不开接待员的工作。10 年前，市场中并不存在埃利吉奥这样的公司。有意思的是，埃利吉奥公司自己并没有设置前台，也没有配备接待员。虽然这家公司拥有 180 多名员工，但实际上只有 3 个人驻守在公司，他们的办公室实在是太小了，根本没地方去弄一个前台。

南希的案例充分体现了业务外包的好处：对于咨询公司来说，将接待工作外包出去可以降低成本；对于员工来说，在外包公司工作更为灵活。不过，企业之所以选择外包，其实还有另外一个目的，那就是降低工资，这对劳动者来说显然没有任何好处。波士顿大学的黛博拉·戈德施密特（Deborah Goldschmidt）与约翰内斯·施密德尔（Johannes Schmieder）研究了外包模式对工资的影响，并对德国清洁、安保、物流、食品加工等行业的工人进行了详尽的调查。结果显示，自20世纪90年代以来，外包工作的种类与数量一直在不断增加。

某些员工最初受雇于某一企业的特定部门（比如企业的食堂），后来由于外包公司的出现，虽然他们仍旧在同一食堂工作，但他们的雇主却从之前那家企业变成了新出现的外包公司。对于这类情况，研究人员也进行了详细的考察，他们发现，在外包模式的作用下，这类工作的薪酬正在逐步下降。与10年前没有外包公司的情况相比，这些员工的收入降低了10%。与此同时，这些工作的其他指标（比如工作时长）却几乎没有产生过任何变化。[14]

这表明，企业可以以较低的工资，从企业外部雇用到同质或类似的服务。即便这些人的工资没有下降，外包模式也可以降低企业的人力成本，因为这些员工的福利减少了，这种情况在那些提供各种慷慨福利的大型科技公司身上尤为明显。如果某家科技公司为了吸引人才而提供了免费日托，如果某所大学为教职员工提供了子女学费减免，那么为了公平起见，这些机构可能不得不为自己的清洁工提供同样的福利。如果清洁工不受雇于这些机构，而是受雇于外包公司，这些机构就不会有这种顾虑了——既然他们不是自己公司的员工，那就没必要为他们提供同样的福利。

外包模式同样可以解释为什么埃琳身为一名高级技术顾问，却没有被手机制造商的母公司所雇用。在高科技领域工作，并不意味着一定能拿到高水平的工资。大型科技公司会将所有非核心业务外包出去，比如客户支持、软件实施、服务台等业务。这就意味着硅谷的设计师可以一边从事高价值工作，一边赚取高额工资，而外包公司的员工则只能从事低价值工作，并领取较低的薪水。

那些提供外包服务的公司通常面临着激烈的市场竞争，几乎没有任何形式的市场支配力。这是因为，使用外包服务的企业通常可以称霸市场，它们完全可以确立多家采购公司，然后让它们彼此竞争，压低外包服务的价格。就像其他行业一样，科技行业的两极分化也越来越严重，高薪高利润企业的数量与低薪低利润企业的数量都在增加。此外，这两种企业各自的员工的相似度也越来越高：在公司总部办公的基本都是高技能的超级明星，在外包公司工作的基本都是低技能的工人。

这种两极分化的现象通常又被称为“类聚效应”（assortative matching）。高技能高收入的劳动力在找工作时，更青睐于那些已经雇用了很多高技能高收入人才的企业；低技能低收入的劳动力在找工作时，也更容易被那些已经雇用了很多低技能低收入工人的公司所雇用。这主要是因为在科技变革的作用下，经济主体已经从制造业变成了服务业，而服务业的劳动分工现象更为显著。当今时代，某些企业会大批量地雇用工程师、咨询师等高技能劳动力，另有很多企业会大批量地雇用技术工人、接待员等低技能劳动力，比如埃利吉奥。

20 世纪 70 年代的类聚效应并不严重，当时不管是工程师、技术人员，还是门卫，大家都会被同一家公司雇用，所以每家公司的人员配置看起来都差不多，每家公司都有各种技能水平和各种收入水平的员工。直到今天，工资差距在很大程度上仍旧来自工龄、职级的区别。硅谷那些豪华气派的办公楼里既有拿着巨额工资的高级 AI 程序员，也有收入比前者少一大截的新手程序员，而且二者完全有可能在同一楼层办公。再比如法律咨询公司，合伙人的收入要比初级律师的收入高得多。

不同之处在于，20 世纪 70 年代，几乎所有的不平等都发生在公司内部，因为合伙人、接待员、门卫都隶属于同一家公司；如今，接待员的薪水主要来自像埃利吉奥一样的外包公司，而法律顾问的薪水主要来自埃利吉奥的客户，也就是咨询公司。来自美国、瑞典、法国、德国的数据表明，这种现象已经成了当前时代最确凿的程式化事实之一，其背后的推力就是我们前面提到的不断增强的类聚效应。[15]40 年前，几乎所有收入不平等现象都发生在企业内部，企业层面的收入不平等现象可以代表整个经济体系的收入趋势。如今，整个经济体系中只有 2/3 的收入不平等现象发生在企业内部。也就是说，过去 40 年当中，收入不平等程度的加剧主要来源于企业之间不平等现象的加重，企业内部的不平等程度几乎没有什么变化。[16]

这和进化生物学的理论有很多相似之处。路易吉·卡瓦利–斯福尔扎（Luigi Cavalli-Sforza）是一名来自斯坦福大学的生物学家，他成功推翻了人类种族之间存在巨大遗传差异这一理论。事实上，人类基因中的各种差异几乎全部来自种族内部，种族之间的基因几乎没有差别，所以非洲祖鲁人之间的基因差异与萨米人（位于斯堪的纳维亚半岛北部北极圈内）之间的基因差异几乎是一样的。[17]这一发现意味着“种族”并不具有明显的遗传意义。

企业中的收入不平等现象与之类似。40 年前的企业就像某个人类亚种的基因，总人口中的收入不平等现象主要来自企业内部的收入差异，而不是企业之间的收入差异。相反，在当前时代，收入不平等现象的加剧有 2/3 是因为企业之间的收入差距，只有 1/3 是因为企业内部的收入差距。现代企业的工资结构已经发生了巨大变化，低收入者和高收入者会分别聚集到不同的公司当中。

收入不平等现象的加剧在很大程度上是因为企业将收入差距扩散到了企业外部，比如外包等。有证据表明，企业内部的人员之所以越来越专业化，主要是受到了科技变革的推动。在信息通信、机器人制造等新兴科技行业当中，为了提高科技水平，企业往往会雇用更多的高技能人才、提供更高的薪资。至于那些没能采纳新科技的企业，则只能不断地雇用更多的低技能低收入员工。[18]

贸易的自由化与全球化也会导致企业之间收入不平等现象的加剧，以及企业内部劳动分工程度的增加。在分析全球化对丹麦劳动力市场的影响时，研究人员发现，职业的重新分配是决定谁能借助自由化与全球化这股东风脱颖而出的关键因素。这也从另一个角度说明，在运输成本与通信成本大幅下降的情况下，科技进步必然会促进经济的全球化发展。[19]

另外，外包模式也会涉及市场规模问题。亚当·斯密提出的市场广度理论表明，只有在市场对接待员的需求足够多的时候，那些外包公司才会在利润的激励下进场，专门经营和接待员相关的业务，利用自己的专业化优势来创造收益。既然所有的接待员都可以在不同的公司、不同的地点工作，那么客户与外包公司之间就完全可以实现一对一的合作，比如埃琳的公司就只向手机制造商这一家客户提供服务台业务。

为什么手机制造商会把服务台这种极具企业特色的业务外包出去？因为市场支配力。那些生产规模极为庞大的企业可以让外包公司互相竞争，竞争之后的服务价格要远低于企业自己提供这种服务所花费的成本。

掌控市场支配力的企业非常清楚一个充满竞争的市场能够带来哪些好处，所以它们才会想办法在自己的供应商之间创造竞争。所以说，只要供应商之间能够保持竞争，百威英博就决不会自己生产啤酒花或玻璃瓶。有时，这些中间投入（不管是商品还是服务）的大买家会借助它们庞大的规模来发挥垄断力量，就像大企业会压低小城镇的工资水平一样。

掌控市场支配力的企业坚信这样一条理念：只要提供中间投入的公司处于竞争市场中，它们就可以把任何一项业务外包出去。虽然CEO们都喜欢在自己的城堡周围修建一条宽广的护城河，但花钱的时候情况就不一样了，他们只会与那些没有护城河的城堡做交易。

虽然在外包模式和科技变革的作用下，企业之间的不平等现象正变得越来越严重，但国与国之间的不平等现象却变得越来越相似，国家内部的不平等程度正在不断攀升。随着全球化的推进，不平等现象似乎也变成了一种十分流行的“进口商品”。接下来我将讨论这一点。

输入性不平等与辛普森悖论

1951年，爱德华·辛普森（Edward Simpson）在某著名统计学期刊上提出了一个很常见的悖论，不过当时并没有引起多大反响。[20] 尽管二战之后辛普森一直在剑桥大学研究统计学，但他一直都没能成为一名优秀的统计学家。战争期间，辛普森于布莱切利园首次接触到了统计学和密码学方面的知识。布莱切利园是位于白金汉郡的一座庄园，由英国金融家赫伯特·塞缪尔·莱昂爵士（Sir Herbert Samuel Leon）于19世纪末出资建成。二战期间，这里曾是盟军进行密码破译的主要场所。1942—1945 年，辛普森亲眼见证了阿兰·图灵等数学天才与统计学天才的成长、崛起，亲眼见证了他们为破译恩尼格玛密码机与德军指挥部的加密通信所做出的种种努力。

战争结束后，辛普森开始从事统计学方面的研究，并于 1951 年以医学实验为例提出了如今流传甚广的辛普森悖论。该悖论可以简化成如下虚构案例：实验人员对 1000 名吸烟者和 1000 名非吸烟者进行了长达 20 年的跟踪调查，并统计了两个群体的死亡人数。样本数据显示，吸烟者中有 300 人死亡，死亡率为 30%；非吸烟者中有 360 人死亡，死亡率为 36%（见表 1）。难道说我们应该鼓励大家吸烟，让万宝路牛仔的海报再次贴满大街小巷？先别急于下结论。

表 1　一个虚构的关于吸烟者和非吸烟者死亡率的案例

	吸烟者	非吸烟者
50~70 岁	200/800（25%）	40/200（20%）
70~90 岁	100/200（50%）	320/800（40%）
50~90 岁	300/1000（30%）	360/1000（36%）

如表 1 所示，对 50~70 岁的人来说，不吸烟与吸烟的死亡率分别是 20% 和 25%；对 70~90 岁的人来说，不吸烟与吸烟的死亡率分别是 40% 和 50%，由此可见，每个年龄段中，非吸烟者的死亡率都低于吸烟者的死亡率。不过仔细看看我们就会发现，如果我们将 50~70 岁的人称为年轻人，将 70~90 岁的人称为老年人，那么吸烟者中共计有 800 个年轻人，非吸烟者中共计有 200 个年轻人，吸烟者中的年轻人明显较多。换句话说，吸烟者与非吸烟者的年龄构成并不相同。由于年轻人的死亡率必然低于老年人，所以吸烟者整体上的死亡率（30%）也要低于非吸烟者的死亡率（36%）。

说了这么多，辛普森悖论和收入不平等现象到底有什么关系呢？我们先来看看国家内部的收入不平等。自 20 世纪 70 年代以来，大多数国家内部的收入不平等程度都在增加，只有个别国家例外。一般来说，我们会以劳动收入作为劳动不平等现象的评判标准，但除此之外，其实还有很多其他标准，比如财富水平或资本收入的增加。

当我们研究世界收入分配时（不区分国籍，所有个体收入视为一个整体），我们会发现不平等程度其实有所下降，这是近些年才出现的一个新现象。自 19 世纪初开始，世界不平等程度一直在增加，最值得注意的是，北美和西欧地区的某些国家经济增长很快，它们迅速与亚洲、非洲、拉丁美洲的大部分发展中国家拉开了差距。到了 20 世纪 70 年代，世界收入分配已经形成了两个驼峰①：富有国家的平均收入较高，国家内部的不平等程度相对来说还算温和；发展中国家的平均收入较低，国家内部的不平等程度同样也较低。

20 世纪 70 年代之后，这种双峰模式逐渐演变成了单峰模式。[21] 主要原因在于，像印度和中国这种之前较为落后的国家实现了飞速发展，它们的平均收入出现了大幅上涨，与发达国家之间的差距也在迅速缩小。因此，穷国（第一驼峰）远远落后于富国（第二驼峰）的现象已经一去不复返，取而代之的是由大量中等收入国家组成的单峰模式。

尽管世界范围内的不平等程度有所下降，但各个国家内部的不平等程度却在不断上升。这让人想起了辛普森悖论，现在是在国家层面，并扩大到允许不平等的程度。当我们比较不同组成的群体（吸烟者 / 非吸烟者，富国 / 穷国）时，一旦我们把它们捆绑在一起，这些组成

① 这里的“世界收入分配”指的是以人口数量为纵坐标、以收入水平为横坐标的分配图，不同地区会以不同颜色单独标示在图中。这种表示方法是否能够准确反映出世界收入水平的变化，目前还存在着一定争议。——译者注

就会随总人口的变化而变化。

20 世纪 70 年代，以印度和中国为代表的经济较为落后的国家不仅平均收入较低，不平等程度也同样较低。到了 21 世纪初的时候，印度和中国的平均收入水平开始迅速向富裕国家靠拢，但与此同时，这些国家内部的不平等程度也在不断上升。西方国家的情况也是如此。总的来说，中国的收入水平已经出现了全方位的提升，最贫穷的中国人与最富有的美国人之间的差距在逐渐缩小。因此，尽管中国内部和美国内部的不平等程度都在上升，但世界范围内的不平等程度却在不断下降。

落后国家的经济之所以能够追赶上来，全球化功不可没。今天的企业完全可以在硅谷设计电子产品，然后交给中国广州的厂商进行生产，最终产品的价值有很大一部分是在国外产生的。在经济一体化的作用下，市场对墨西哥和中国低收入劳动者的需求增加了，这不仅推动了平均收入水平的上升，同时也缩小了中国与美国之间的收入差距。

与此同时，由于美国与中国对高技能劳动力、低技能劳动力的需求均发生了较大变化（比如前面提到的“迷你明星”效应），这两个国家内部的不平等程度也上升了。[22] 随着经济全球化与生产一体化的推进，各国之间的差距越来越小，中国、印度的经济正在变得越来越像西方，西方的经济也正在变得越来越像中国、印度。

如此一来，国与国之间的不平等程度下降了，但各个国家内部的不平等程度却上升了。在大量进口商品和服务的同时，发展中国家似乎也在“进口”原本不属于自己的不平等现象。换句话说，随着贸易的进行，不平等现象也传播开来，国与国之间的不平等逐渐演变成为各个国家内部的不平等。

全球不平等程度的下降为经济的发展带来了一线曙光，而国家内部不平等程度的上升却重新给经济发展蒙上了一层阴影。科技变革促进了全球化发展，而反过来，全球化发展与科技变革也增强了市场支配力。由此可见，国家内部不平等程度的上升主要是因为市场支配力的疯狂生长，想要解决这一问题，我们必须想办法削弱企业巨头的霸主地位。

城市之间的不平等：明星城市

国家内部的收入不平等在很大程度上来源于地域差异，即便是同样的工作岗位，乡镇地区的工资也要比大城市的工资低得多。事实上，不仅乡镇与城市的工资存在区别，城市之间的收入水平也不尽相同。一般来说，城市规模越大，它的工资水平就越高，这种现象又被称为城市工资溢价。纽约都会区拥有2000多万居民，平均周薪为1284美元，威斯康星州简斯维尔市的人口只有16.3万，平均周薪也只有908美元，前者的收入水平比后者足足高出41%。[23] 差异不仅存在于这两座城市之间。平均来说，人口每增加一倍，工资就会上涨4.2%。[24] 即便我们将天气、服务质量、交通工具、交通拥堵等因素排除在外，这种差异仍旧存在。

收入上的差异表明，人口越多，劳动力的生产率就越高。生活在人口稠密的地方似乎有很多好处。不过，这种集聚效应背后的原因我们却知之甚少。虽然相关的理论和解释有很多，比如规模效应、网络效应、劳动力市场溢出效应、知识溢出效应、学习理论，但这些理论和解释都缺少直接证据。虽然集聚效应已经成为经济学的主要研究方向之一，但它仍旧是一个悬而未决的难题，经济学家们尚未找到明确的答案。

在城市经济学领域，所有学生和研究人员都认为集聚效应的确存在，它甚至可以通过各种指标衡量出来，由此产生的城市工资溢价现象也十分明显。不过，无视生活成本只谈工资差距是没有意义的。倘若简斯维尔市的生活成本与纽约市相同，那么只有个别极为眷恋家乡的人才会选择留在简斯维尔，其他大部分人都会搬到纽约，赚取更高的收入。很可惜，现实生活并非如此。

纽约的生活成本比简斯维尔高出一大截。不管是买房还是租房，按面积单价来算，前者的住房成本都要比后者高出一倍以上。因此，尽管纽约人的收入更高，但他们在住房上的花费也更高，大多数纽约人只能住在更为狭小的公寓里。研究人员发现，住房总支出与家庭总收入之间存在明显规律：住房支出大约占税前总收入的 1/4，或税后总收入的 1/3，[25] 这种规律与居住地点无关。由此可见，同简斯维尔人相比，纽约人的收入要高出 41%，住房支出也高出 41%，但他们辛苦工作所换来的房子却不如简斯维尔人的大。[26] 也就是说，城市工资溢价会被高昂的生活成本抵消一部分，所以才会有很多人宁愿在小城市挣着较低的薪水也不愿搬到大城市去。

不过话又说回来，就算加上了生活成本，大城市的平均收入仍旧更高，因为大城市的高技能劳动力更多。很多人都会下意识地认为，大城市可以吸引更多的高技能人才，这可能是受到了弗兰克·辛纳特拉（Frank Sinatra）那句歌词的影响——“我助纽约繁荣发展，纽约助我功成名就”。① 可现实情况并非如此，不管城市是大是小，平均来说，各城市的人才平均水平其实都差不多，大城市的人才平均水平并没有显著高于小城市。[27] 城市工资溢价现象的发生并不是因为大量

---

① 这句歌词来自弗兰克·辛纳特拉所演唱的歌曲 *Theme from New York*, *New York*，原文为“If I can make it there, I can make it anywhere”，译文参考了歌词的上下文。——译者注

高技能人才从小城市涌向大城市，导致大城市的人才平均水平更高。

不过这并不意味着各城市的人才构成不具有系统性的差异。恰恰相反，有数据表明，哪怕各城市的平均人才水平大同小异，城市规模的大小也会影响到人才的具体分布状况，大城市的确拥有更多的高技能人才，只不过因为大城市低技能劳动力也很多，拉低了大城市的平均水平。

由此看来，弗兰克·辛纳特拉的歌词也有一定道理，高技能人才的确更倾向于大城市。既然如此，小城市就只剩下了更多的中等技能劳动力。虽然各城市的人才平均水平没有什么变化，但大城市的人才分布却比小城市更为不平等。由于高技能人才收入较高，人才分布的不平等会转化为收入上的不平等，所以大城市的收入不平等程度比小城市更为严重。

是什么因素导致了这种人才分布模式，进而导致了收入上的不平等？答案是集聚效应。大多数医生和律师都被吸引到了大城市中，最顶尖的癌症专家在纽约市斯隆-凯特琳癌症中心工作，最出色的演员和电影人在洛杉矶拍摄作品，最聪明的程序员在硅谷编写代码。吸引了大量的高技能人才（即所谓的“迷你明星”）甚至是超级明星之后，这些地方还会进一步吸引能力没那么出色的劳动力，因为大城市的这些专家需要其他员工的配合，尤其是低技能劳动力的配合，才能正常工作。

在医院里，医生需要其他人来打扫手术室；在医院外，这些专家也需要低技能劳动力所提供的家政服务，比如做饭洗碗、照看孩子、清洁卫生，后者的需求往往比前者更为迫切。也就是说，在集聚效应的作用下，大城市吸引了越来越多的高技能劳动力，而这些高技能劳动力的到来又会带动低技能劳动力的迁入。相比之下，小城市对超级明星的吸引力很小，所以当地对低技能劳动力的需求也较少。

虽然所有年龄段都存在收入不平等、人才分布不均衡的现象，[28] 但大城市的收入之所以格外不平等，除了人才分布的因素，还有另外一个原因，那就是大城市的劳动力市场存在着更多的机会。对于年轻人来说，大城市就像一个充满变数的试验场，那些没有什么工作经验、没有什么技能储备、收入也不高的年轻人更愿意去大城市碰碰运气。经过了时间的考验之后，那些取得成功的人会在大城市定居下来，拿着一份较高的薪水；那些不走运的、没赚到什么钱的人就会转移到生活成本更低的小城市（通常会回到自己的家乡），因为他们无力支付大城市那些压得人喘不过气来的账单。如此一来，大城市既多出了大量想要改变命运的、年纪较轻的低技能劳动力，又多出了很多事业有成、买房定居的成功人士。而对于小城市来说，中等收入者越来越多，其中有很多人都是在大城市打拼失败之后铩羽而归的落寞者。与其继续在大城市中挣扎，他们更愿意成为小池塘中的一条大鱼。[29]

大城市与小城市的人才分布差距越来越大，由此产生的收入不平等程度也一直在不断攀升。事实上，在 20 世纪 70 年代，收入不平等程度与城市规模大小之间并不存在系统性的关联。[30] 直到 1980 年以后，大城市中的收入不平等程度才开始逐渐加剧。正如图 2 所示，市场支配力也开始于同一时间迅速增强。

有证据表明，大城市的加价指数要高于小城市，仅凭各个产品的生产地 [31] 与销售地 [32] 我们就能直观地看出这一点。虽然还需要很多后续的调研，但目前我们掌握的证据已经足以表明，市场支配力是各城市间不平等现象愈演愈烈的主要驱动力。正是因为大城市拥有更强的市场支配力，大城市与新兴城市（衰败城市）之间的不平等程度才会逐渐加深。

消失的中间阶层：工作岗位的两极分化

为了彻底弄清工资水平和收入不平等程度的演变过程，我们还差最后一块拼图，那就是工作岗位的两极分化。自 20 世纪 70 年代末期以来，最高收入岗位与最低收入岗位的人数都在增加，只有中等收入岗位的人数出现了下降。

在收入最低的人群当中，在工厂打工的人越来越少，保安或商场营业员则越来越多；在收入最高的人群当中，中等收入行业的人数越来越少（比如银行出纳），高收入行业的人数则越来越多（比如程序员、咨询师）。工作岗位以及从业人数的这种两极分化，必然会导致收入不平等程度的加剧，因为低收入者和高收入者的人数都增加了。自英国首次出现工作岗位两极分化的相关记载之后，美国等发达国家也相继证实了这种现象的存在。[33]

工作岗位之所以出现两极分化，主要是因为那些程式化程度较高、重复性较强的工作领域出现了巨大的科技变革，很多逐渐趋于标准化的工作已经开始被计算机和机器人所取代。[34] 制造行业的很多工作，如机床操作、零件装配、金属加工、手工工艺，如今都交给机器人去完成；服务行业的很多岗位，比如办公文员、秘书、客服，如今在很大程度上也已经被人工智能所取代。

这些中等收入的岗位几乎都形成了一套标准化的操作流程。如今，社会对这些岗位的需求已经大大减少，对非标准化岗位的需求则在迅速增加。我们分别从两个方向来看看这一变化所产生的后果：首先是劳动力的上升趋势——非标准化岗位通常需要创造能力、思考能力、认知能力更强的员工来完成生产任务，比如计算机编程或教育工作，程序员和教导主任必须完成思考过程才能顺利解决问题，这些人的工作已经取代了文员、银行出纳等程式化程度较高的工作。其次是劳动力的下降趋势——那些以人力服务为主、不需要太多思考过程的岗位（比如制造业中程式化较强的工作），正在逐渐被那些仍旧以人力服务为主但需要更多思考过程的岗位所取代（比如销售、安保、医疗保健）。尽管这些工作不容易被自动化，但他们的薪资水平仍旧处于最底层。正是这种上升与下降的综合作用，导致了人们在远离程式化工作的同时，逐渐向收入水平的两个极端走去：那些更看重脑力劳动而不是体力劳动的工作岗位，正沿着收入水平的阶梯往上走；而那些只看重体力劳动而不注重脑力劳动的工作岗位，正沿着收入水平的阶梯往下走。最终的结果便是工作岗位的两极分化，高薪工作与低薪工作都变多了，只有中等收入的工作在变少。换句话说，中产阶级人数正在逐渐减少。

研究表明，工作岗位两极分化的主要推力是信息通信技术与经济全球化。正如我们在前面看到的，全球化只是科技变革的一种表现形式，因为运输与通信都更便捷了，也更便宜了。同全球化相比，信息通信技术对工作岗位的影响似乎更大。最近针对不同国家的研究表明，在信息通信技术变化较快的行业，市场需求的变化也更大，这些行业现在需要更多的高学历劳动力，而对中等学历劳动力的需求则减少了。[35]

了解到这些之后，我们再回过头来看看大学里发生的事。还记得之前提到的大学溢价吗（受过大学教育的劳动力的收入出现了大幅增长，大学毕业生变成了所谓的迷你明星）？没错，就像大学溢价一样，工作岗位两极分化本质上也是一种劳动力供需的变化。一方面，劳动力的供给发生了一些调整，劳动力接受的培训种类和培训数量都发生了很大变化，由此积累下来的工作经验也不同以往；另一方面，科技变革会导致从事程式化工作的人员越来越少，进而导致工作岗位的两极分化。这一过程给受过大学教育的人带来了正面影响，因为需要进行大量思考的、非程式化的脑力劳动收入更高；同时它也给没有接受过大学教育的人带来了负面影响，因为体力劳动的收入较低，尽管这些岗位已经逐渐摆脱了程式化的重复劳作。因此，程式化假说还有助于解释大学溢价程度的上升。[36]

市场支配力与工作岗位的两极分化有关系吗？据我所知，目前尚未有任何证据可以证明工作岗位的两极分化来源于市场支配力。我的观点是，市场支配力和工作岗位两极分化都是工作岗位的去程式化造成的。换句话说，工作岗位的去程式化不仅会导致工作岗位出现两极分化，也有助于企业充分发挥自己的市场支配力。

市场支配力的增强并不是 IT 行业特有的现象，信息技术也并非 IT 行业特有的核心科技，很多行业巨头的快速成长都依赖于信息技术，尤其是那些利用科技变革快速掌控了市场支配力的企业，比如零售业的亚马逊，以及纺织业的 Zara。这些企业巨头的生产力之所以远超对手，正是因为它们在劳动力节约型科技、生产自动化等方面的投资达到了令对手难以企及的地步。

例如，亚马逊履行中心使用的 Kiva 机器人已经彻底颠覆了仓储物流模式。以前，即便那些已经采用了自动化技术的仓库，其中的货物也会被放置在静态的货架上，人类操作员寻找货物时必须到货架上去挑选。如今，静态货架已经被 Kiva 机器人“背负”的移动单元货架所取代。Kiva 机器人是一种 16 英寸高的方形引导车，它会“背”着货架一起前进，并采用和红酒开瓶器类似的方式提升货架。机器人将货架送到人类操作员身边后，操作员便可以轻松地将货物打包、装运。这一案例可以很好地说明重复性、程式化的工作岗位是如何被技术所取代的。相关技术被大规模运用之后，生产成本就会大幅降低，企业就会掌控市场支配力。在这种先进科技面前，其他竞争对手只能望尘莫及。

从这个例子我们可以看出，企业巨头会通过多种方式利用科技掌控市场支配力。2012 年，意识到机器人的重要性以后，亚马逊立即收购了 Kiva 的拥有者 Kiva Systems，然后将其改造为自己的机器人公司，后者只为亚马逊提供服务，所生产的机器人一律不外售。通过这些手段，亚马逊进一步拓宽了自己的护城河，拉开了自己与竞争对手的差距。

总而言之，市场支配力不仅创造出了超级明星经济现象，同时也为这些明星编织好了一个错综复杂的“星系”。收入不平等现象部分来源于企业在销售商品时所施加的市场支配力，而这一过程也导致了 CEO 和超级明星的天文数字般的收入，并将大学毕业生变成了迷你明星。此外，大公司常常会外包大量业务，这也解释了为什么不平等程度的增加往往会出现在企业之间，而不是企业内部，为什么企业总部拥有大量收入不菲的设计师，而外包公司拥有大量低收入低技能员工。全球化进程不仅帮助发展中国家进口了大量商品与服务，同时也迫使这些国家“进口”了收入不平等现象。随后我们又介绍了城市规模与不平等现象的关联，明白了在自动化的大背景下，中等收入的工作岗位正在逐渐消失。

第 6 章

金表神话：经济活力的丧失

你的祖父母或亲朋好友的父辈在退休之后，很有可能会从他们的老板那里得到一块金表。通常来说，金表是为了奖励那些在毕业以后、退休之前这 40 多年的时间里一直任职于同一家公司的忠诚员工。这种现象与当时的时代背景有很大关联。

相反，在现在这个年代，大家普遍觉得就业市场不太景气，工作内容没什么意思，企业开出的工资也很低，所以很少有人会长期依恋于某一份特定的工作，大部分人都会频繁地跳槽。在连锁快餐店领着微薄薪水的员工很可能会为了找一份新工作而跟公司请一周长假，反正工资很低，不工作也没多大损失。

很多人都认为当前时代充满了不确定性，各行各业的工作都不大稳定，而前几代人的工作不仅稳定，甚至可以干一辈子，最后领一块金表作为纪念。不过，真是这样吗？

数据显示，事实完全相反：平均来说，现在每份工作的持续时间比 30 年前延长了一年。具体来说，现在每份工作平均可以持续 4.2

年，而在20世纪90年代初，每份工作的持续时间只有3.2年。[1]每份工作持续的时间变长了，意味着大家换工作的概率下降了。道理很简单，工作持续时间与跳槽概率是相反的：如果每个月换工作的概率是10%，那么平均来说每份工作的持续时间就是10个月；如果每个月换工作的概率提高至20%，那么平均来说每份工作的持续时间就会减少至5个月。相关数据也证实了这一点：在每份工作持续时间出现上升的同时，就业人口换工作的概率也从20世纪90年代中期的3.8%下降到了今天的2.9%。[2]

既然劳动力换工作的频次下降了，那么企业更新劳动力的速度自然也会下降，这就是1980年以后商业活力一直在下降的原因。在当时，企业每年会更换35%的员工，而现在，企业每年只会更换25%的员工。[3]

那么问题来了：为什么大家换工作的速度下降了？对于那些正在研究劳动力市场活力以及企业雇佣方式如何随经济形势变化而变化的专家和学者来说，这已经成为最迷人的研究方向之一。10多年来，研究人员们已经掌握了充足的证据，劳动力市场的活力的确在不断下降，企业更换员工的频率的确低于40年前的水平。企业更换员工的频率下降了，每份工作的持续时间自然会变长。

活力下降最直接的原因，或许是科学技术的快速进步。100年前，装卸工人们每天都会聚在港口附近，等待招工人员的到来。集装箱货运技术问世之后，这种工作方式就逐渐被市场淘汰了。所以有人认为，工作持续时间之所以变长了，是因为很多劳动力签下了长期劳动合同。可是这种解释存在一个问题：劳动力市场活力下降是近些年才出现的现象。

针对劳动力市场活力的下降，研究人员还给出了其他可能的解释，比如人口老龄化、高技能劳动力增多等人口结构方面的原因，以及执业许可等法律方面的原因（执业许可证可以保护工作岗位、减少工作流动）。可惜的是，有证据表明，这些原因都较为片面，它们并不能成为工作岗位稳定性增强、劳动力市场活力下降的主要原因。[4]

与此同时，劳动力市场还出现了其他的变化趋势，比如工会覆盖率的下降，或者服务性工作岗位的增加（平均来说，服务业岗位的稳定性要高于制造业岗位的稳定性）。在工会领导下的工作岗位往往可以得到更多保障，薪水也较高，所以这些工作的持续时间更长。随着工会影响力的下降，情况应朝着相反的方向变化：工作的持续时间变得更短，而不是更长。

为什么燃油价格会影响我邻居的晋升？

劳动力市场活力的下降其实还有一个更为直接的原因。想要明白这是怎么回事，我们得站在加油站老板的角度，看看十字路口上，两家彼此相邻的太阳石油加油站与埃克森美孚加油站之间都发生了什么。我们假定两家的油价都是一加仑 2 美元，在这个价格之下，它们的利润刚好可以和前期的风险投资相抵消，售价等于成本。此时顾客对两家加油站没有什么明显的偏好，所以两家加油站可以平分当地市场。如果原油价格下跌了 10%，那么只要这两家加油站的售价大于等于一加仑 1.8 美元的成本，公司就可以避免亏损，维持经营。

假设埃克森美孚的价格仍旧维持在 2 美元，此时太阳石油只要稍微降低一点点价格，比如降到 1.95 美元，它就可以占领整个市场，将销量翻倍，所获利润比之前油价 2 美元的时候还高，因为销量的提高足以弥补价格的下降。而且降价只需要敲几下键盘、改一下显示屏上的数字就能瞬间完成，这一行为完全不需要付出任何成本。

另一方面，埃克森美孚当然不会眼睁睁地看着自己的市场份额被夺走，为了抵御对手，它会将价格降至 1.95 美元以下。如此反复下去，两家加油站的价格最终都会等于自己的成本。由此可见，在完全竞争的市场当中，价格会随着成本的下降而下降，且二者下降幅度相等，经济学家将这种现象称为“成本的完全传递”。处于完全竞争状态时，企业会将因成本下降而产生的收益完全传递到消费者身上，这不是因为太阳石油或埃克森美孚深爱着自己的客户，而是因为面对竞争压力它们不得不这样做，维持高价的一方什么都卖不出去。

如果十字路口只有太阳石油这一个加油站，情况就会发生变化。在竞争并不激烈的市场中，因成本下降而产生的收益并不会完全传递给消费者。如果下一家加油站距离很远，那么太阳石油就可以获得市场支配力。原油价格下降时，即便太阳石油仍旧维持着 2 美元的油价，它也不会损失几个客户。很多司机甚至根本不知道原油价格出现了下跌，而且就算他们知道，也会有很多人认为把车开到下一个小镇再加油有些得不偿失，哪怕那里的油价稍微便宜一些。最终，经过一段时间的调整以后，太阳石油会把价格稍微下降一些，比如下降到 1.9 美元，以确保汽油价格和客户数量这两个指标综合到一起之后能够为自己带来足够高的利润。由此可见，企业掌控市场支配力之后，成本的下降只会有一小部分能够传递到消费者身上。

经济学家们通常会利用汇率变化对进出口业务的影响来衡量成本传递的程度，因为汇率变化的数据很容易得到，而且汇率对各个进口商（或出口商）所造成的影响是一样的。研究发现，平均来看，经合组织国家所节省下来的成本中，大约有 46% 可以立即传递给消费者，大约有 64% 可以在一段时间之后传递给消费者。总的来说，成本上的节省大约只有一半可以传递到消费者身上。美国的传递比例甚至更低——短期为 23%，长期为 42%。[5] 平均来看，我们的市场并没有处于理想的完全竞争状态，大量证据可以证实市场支配力的存在。

凡事都有两面性，就像成本下降无法完全传递给消费者，成本上升也不会完全转移到消费者头上。虽说成本波动会导致价格波动，但问题在于，对于同样的成本波动来说，它在完全竞争市场中所导致的价格波动幅度，比它在市场支配力盛行的市场中所导致的价格波动幅度更大。完全竞争市场就像一辆打满气的自行车，任何坑坑洼洼都会对骑行者的身体造成巨大冲击；相反，市场支配力盛行的市场更像一辆装有减震装置的摩托车（或汽车），尽管身体仍旧能感受到颠簸，但大部分冲击被减震装置吸收了。

此外，价格波动与销量波动之间也存在密切联系，只不过二者变化方向相反。汽油价格翻倍时，人们就会减少驾车出行，购买更少的汽油。因此，在完全竞争市场当中，价格猛涨会导致销量骤降；而在市场支配力盛行的市场中，这种变化会温和一些。换句话说，市场支配力可以减缓产量的波动。

这一切和就业之间有什么关系呢？答案就是，企业会根据产量来调整员工人数，季节性变化就是一个很好的例子。H&R Block 是美国最大的零售报税企业，报税季节来临时它会大量招工。它的全职员工只有 2700 多名，但在 4 月 15 日之前，即税务申报截止前的那几个月里，它的员工数量最高可达 9 万多人（包括临时工）。[6] 类似地，海滩附近的餐馆只在夏天招工，草莓种植中心会在收获季节大量招工，这就是很多统计数据会根据季节进行调整的原因。季节性波动属于一种系统性的（会在每年的同一时间发生）、可以预测的波动。

尽管有很多公司的业务不会受到季节影响，但这些公司在调整产量时也会调整用工情况。原油价格走高，加油站的销量就会下降。斯坦·史密斯白色网球鞋问世 30 年后再次流行开来时，为了满足生产和销售需求，阿迪达斯不得不雇用更多员工。这些非季节性波动会受到很多因素的影响，比如市场需求、市场供给、时尚潮流、科技发展。

这些波动会影响到企业产量，进而影响到用工数量。由于传递并不完全，这些需求、技术、成本方面的波动可以在多大程度上影响到企业用工需求，具体要看企业的市场支配力有多大。在完全竞争的情况下，需求或成本上的波动会完全传递到价格上，价格又会传递到销量上，销量又会传递到用工数量上；反过来，市场支配力极为强大时，尽管所受冲击和前者一样大，但部分冲击会被吸收掉，所以需求或成本的变化只会部分地传递到价格上，然后价格再传递到销量上，销量再传递到用工数量上，每一个环节都会受到影响。

有充分的证据表明，同 20 世纪 80 年代相比，企业现今正在经历的需求波动或成本波动并没有变高，市场冲击并没有变强，真正产生变化的，是冲击来临时企业的具体反应。研究表明，由于市场支配力的存在，劳动力跳槽的频次变低，每份工作的持续时间都变长了，这就是所谓的“金表神话”。如今，劳动力在现在工作岗位的持续时间比前几代人更长了。正如前面我们所看到的，其影响是巨大的。在 20 世纪 80 年代，每个月约有 3.8% 的劳动力会换一份工作，现在这一比例已经下降到 2.9%。[7] 如今，劳动力更换工作的意愿大约下降了 1/3。

劳动力的流动性，以及人们的移居行为

虽然这两个话题看起来好像没什么联系，但实际上企业在调整劳动力时会影响到家庭在城与城之间、州与州之间、国与国之间的迁移率，家庭搬迁的主要原因之一就是工作机会与职位晋升。尽管大多数人都梦想住在气候宜人、空气纯净、景色优美的地方，但大多数适龄

劳动力在搬家时最先考虑的还是工作。

之所以会出现很多新的工作机会，是因为那些企业的生产需求出现了变化，一旦商品需求出现激增，招工数量就会增加。现在我们已经知道，在掌控了市场支配力的情况下，商品需求的激增不会完全传递到产量上面，因为有部分冲击会被市场支配力吸收掉。虽然很多人在更换工作时不会更换居住地点，但有时更好的机会会出现在其他城市中，这种情况下人们就会选择移居。如此一来，企业的市场支配力越强大，调整劳动力结构的频次就越低，由此导致的城市间移居行为就越少。人们工作的稳定性越强，家庭就越有可能长期待在同一个城市。所以说，市场支配力的上升会导致移居行为的减少。

移民数据表明，事实的确如此，而且效果十分惊人。1980 年，各州之间的移居率约为每年 3%，到了 2016 年，这一比例已经下降至 1.5%。[8] 在不到 40 年的时间里，家庭的移居率降低了一半。除市场支配力外，这一巨大降幅还涉及其他因素，比如越来越便利的通勤。此外，研究人员还提出了其他解释，比如人口老龄化趋势，以及新科技的出现。新科技不仅能够提高人员的配置效率，同时也能让部分劳动力远程办公，而不必在城市间移动。不过不管怎么说，市场支配力都是尤为重要的一环。如果抛开市场支配力不谈，其他因素根本不足以解释移居率的大幅下降。

更不可思议的是，移居率的巨大跌幅出现在了一个移居成本比以往任何时候都要低的年代。一个世纪以前，无论是国际迁移还是国内迁移，其成本都要比现在高得多。在两次世界大战期间及其前后这 30 多年的时间里，我的曾祖父、曾祖母养育了五个孩子，生活过得十分拮据。他们原本都是朴实的农民，在乡下靠饲养动物和种植菊苣为生。第一次世界大战的爆发让他们本就不富裕的生活雪上加霜。

在孩子们纷纷结婚，并拥有了自己的下一代之后，这个家庭开始面临前所未有的伙食压力：一边是资源短缺的耕地，一边是一大家子的饭碗。无奈之下，三位祖辈利用辛辛苦苦攒下的比利时法郎买了三张三等座船票，先后离开了这个大家庭。他们乘坐红星航运公司（Red Star Line）的船只，渡过大西洋，从比利时安特卫普市来到了美国纽约附近的埃利斯岛。通过安检之后，他们被埃利斯岛的移民管理局登记在册。[9]

三人当中，有两位直接奔赴底特律，在福特工厂找到了一份工作；另一位先去加拿大待了一段时间，最后又回到美国蒙大拿州成为一名农民。我还有一位祖辈先后来了美国两次，第一次是为了找工作、定居，第二次是为了把自己的妻子儿女接过来。1944 年秋天，盟军解放比利时之后，他的一个女儿苏珊娜回到了自己位于比利时的家乡，并在当地成了一个小有名气的人物——她以护士的身份加入了美军，最终晋升至中校军衔，身边所有的美国士兵见到她时都要立正敬礼。看到此情此景，她的亲戚们不由自主地产生了一种敬畏之感。

当时的移民难度和现在的移民难度完全是两回事。当年的长途旅行就像探险家探索新大陆一样，充满了各种未知。即便到了 20 世纪初，美国西部仍旧是一片荒芜，向西移民就意味着要搬到人迹罕至的荒野上居住，想要在此找到发展机会简直是天方夜谭。此外，当时的交通工具只有昂贵的火车，或尽管廉价但耗时极久的马车，而且当时信贷体系并没有建立起来，人们根本没地方去借钱、融资。所有这一切对移居来说都意味着巨大的风险。

第二次世界大战后的几十年里，随着公路网络的发展、火车的提速、飞机的问世，移居变得容易多了。20 世纪 60 年代的欧洲出现了移居热潮，他们不仅会在城市化进程的作用下于国内移居，也会为了更好的生活移民到其他国家（主要是地中海国家向德国、法国、比利时等国家的移民）。在当时的美国，很多家庭每隔几年就会搬到其他州去居住。按照常理来说，既然现在的机票更便宜了，出行方式也更多样化了，人类的流动性应该进一步提升才对。

从旅行的角度来说，确实是这样的。根据联合国世界旅游组织提供的数据，目前全球游客总数约为13亿，在过去的25年中增长了3倍，[10]其中大部分人是为了休闲娱乐、探亲访友，还有一小部分人是为了商务会谈、工作项目。由于出行已经变得如此便捷，很多人会自然而然地认为移居和搬家的难度已经下降了一大截，可谁也没有想到，新冠肺炎疫情的暴发让一切都成了泡影。旅行的这种趋势是否能维持下去，是否会出现倒退，需要等到疫情结束才能得出结论。

我们可以确定的是，旅行成本的下降并没有导致移居率的增长。虽说我们这一代人的旅行次数要远超上一代人，但人们搬家的频次却没有随之增加。就像金表神话一样，移居神话也是一种认知偏差。搬家频次之所以不升反降，是因为市场支配力的盛行导致大家换工作的频次下降了。

国际移民的情况则大不相同。根本原因在于，通常情况下人们不能在国家之间自由穿行，所以各个国家的经济机会存在巨大差异。相反，由于人们可以在城市之间自由穿行，各个城市的经济机会很难存在太大差异，所谓的"套利"行为也较难出现。尽管纽约市的工资比威斯康星州简斯维尔市的工资要高，但它的生活成本也更高。因此，仅从理论上来看，人们不会太在意自己住在哪里。国家间的情况之所以大不相同，是因为出行会受到限制。中世纪的时候，即便是城市之间也存在很大的出行障碍，这就导致各城市的经济机会出现了巨大差异，某些城市的吸引力会远超其他城市或乡村。

目的地与所在地的经济差异越大，人们为搬家所付出的牺牲就越大。在 20 世纪 90 年代末、21 世纪初那段时间，以色列很多出租车司机都大有来头，在开出租车之前，有些人是声名在外的钢琴家，有些人是成就斐然的数学家，有些人是出类拔萃的核物理学家。如果你有幸在那段时期到访以色列，你就很有可能遇到其中一位。

对教育的认同已经深深根植于犹太人的文化当中，所以大部分俄籍犹太人都受过良好的教育，并在科研、教育、文化等领域颇有建树。我有位同事是俄籍犹太移民的后代，他跟我讲过这样一句在移民之间颇为流行的玩笑话："在以色列的大街上，就算一位俄籍犹太人背着小提琴盒，你也无法确定他到底是不是一位钢琴家。"

抵达以色列后，当时的移民面临着三大障碍，这些障碍不仅影响了他们的发展前景，也影响到了他们的日常收入。第一大障碍，是大部分移民难以说出一口流利的希伯来语，这使得他们在教学等岗位上处于不利地位；第二大障碍，是苏联解体前经济情况很糟，这使得那些移民没有什么积蓄，他们迫切需要找到一份能够养家糊口的工作、一个遮风避雨的住所；第三大障碍，也是最为重要的一个障碍，就是几乎所有移民的资历都很优秀，无论是受教育程度，还是工作经验的积累，他们都是顶尖的。之所以这也算个"障碍"，是因为在 20 世纪 90 年代抵达以色列的俄籍犹太人，会面临来自其他已经居住在以色列的俄籍犹太人的激烈竞争。核物理学家和钢琴家全部供应过剩，以至于你可以花最少的钱雇到最优秀的人才。此外，由于符合自身专长的岗位太少，很多专家都转到了其他行业，在那里，他们出色的简历几乎和废纸没有什么分别。

劳动力市场活力的下降是坏事吗？

人们换工作的频次下降了，家庭搬家的可能性也就降低了，这有利于生活稳定。孩子们不再因为换学校而失去朋友，配偶们也不再因为妻子或丈夫的工作调动而频繁辞职。很多社会政策花费了极大代价，其目的就是提高工作的稳定性。现在好了，在市场支配力的作用下，工作稳定性成了一个免费的礼物，政府再也不用瞎忙活了。不过，真是这样吗？

虽说工作稳定的确是好事，但我们别忘了，工作更换频次的下降是因为市场支配力的增强。各企业会大幅提高商品售价，结果就是消费者为了买东西需要掏更多的钱。在收入不变的情况下，大家可以买的东西变少了（换句话说，实际工资减少了）。此外，企业会雇用更少的员工，工资水平也会随之下降。广大劳动力是否愿意牺牲一部分收入来换取工作的稳定性？只有在商品价格较为合理的情况下，答案才是肯定的。

由于过高的售价会损害经济效率，工作稳定性所带来的收益很难超过其他方面的损失。如果所有劳动力的工作都一模一样，所有人都不在乎晋升与否，那么工作稳定性的提升就是一项伟大的成就，处于收入链顶端的那些幸运儿更是乐于见到此情此景。但是，如果工作稳定性的提升会导致晋升速度的下降，如果它可以阻止底层劳动力的向上流动，那它的破坏性可就大了。

出于市场支配力之外的某些原因（主要是劳动法规的影响），欧洲大部分地区（尤其是地中海国家）都因劳动力流动性降低、晋升速度减慢、工作岗位固化而“臭名昭著”。我有位西班牙的朋友在伦敦金融行业干了很多年，而他的未婚妻却一直留在巴塞罗那。成家以后，他搬回了巴塞罗那，并在西班牙一家大型银行找了份工作。在当地，他的这份工作属于劳动岗位中的“劳斯莱斯”：福利数不胜数，工作极为稳定，待遇十分优渥。可是工作没多久他就发现，他能否晋升完全取决于前辈是否退休。以前在伦敦的时候，工作环境充满了活力，不断有新人进入行业，也不断有老人离开行业，内部充满了大量晋升机会，他的职级提升得非常快。相反，在巴塞罗那这家银行，晋升是一种极为罕见的情况。保罗·萨缪尔森是诺贝尔经济学奖得主，在某次经济学论坛上，这位伟大的经济学家在谈到科学进步时曾说过这样一句话：“职位晋升只会出现在葬礼之后。”我想，西班牙每家公司的人力资源部门都应该把这句话刻在会议室的墙上才对。

表面来看，岗位流动性的下降意味着工作稳定性的上升，这应该是件不错的事，可另一方面，这种现象也会让人们损失很多机会，因为流动性下降会导致晋升困难，进而导致薪资水平停滞不前。市场支配力在提高了工作稳定性的同时，也扼杀了人们的“美国梦”。

正如我们在第 3 章至第 5 章中所看到的，市场支配力对薪酬水平和岗位流动性有很大影响。接下来的一章，我们会分析一下市场支配力在社会结构、身体健康、财富、创业、利率等方面所导致的各种后果。

第 7 章

穷也郊区，富也郊区

默瑟县是美国新泽西州一个较为富裕的县，那里正悄然发生着一场重要的变革。2007 年，我正在新泽西州普林斯顿市进行学术旅行。由于学术氛围浓厚，学生数量众多，这里算得上是一个名副其实的“大学城”（居民有 1.6 万）。镇上居民主要在大学校园和周边的制药企业任职，由于这里离纽约很近，有些希望在优秀高校任职的高收入人士也会来这边通勤。只要和几英里之外的新泽西州首府特伦顿市比一比，你就知道这里的生活到底有多富裕了。

在普林斯顿高中后面那条街遛狗时，我常常会遇到邻居乔和他的妻子贝蒂，他们就住在这条街前面，每次我都会跟他们打声招呼。阳光明媚的时候，他们会坐在屋外，他们家的狗也会陪着他们。每次路过，这条狗都会紧张地朝我汪汪叫，好在有狗链拴着，它扑不过来。乔的房子是一个面积很大、配有一个车库的平房，正面看上去相当气派，不过屋顶是那种不利于积雪融化的平顶，这种户型在 20 世纪六七十年代十分流行。当时二战结束不久，汽车文化正在逐渐流行开来，可供建房的空间也远比现在大。除了草坪之外，这所房子自建成以后就没有过任何大规模的改造。公路与车库之间有一条通道，他们家那辆福特“水星大侯爵”就静静地停在上面。早在2011年的时候这款车就停产了，此后也没有生产过类似的车型，所以我感觉这辆水星大侯爵至少有15年以上的历史。我们从未谈论过彼此的工作，但据我观察，他们两个人要么已经退休了，要么马上就要退休了。

我住的那条街道也属于市郊，当时刚好有人盖了新房。某家开发商买下了一幢和乔的家风格差不多的老房子，然后把它拆了，重新盖了一座非常豪华的房子。虽然它不是那种典型的“暴发户式设计”，但其气派程度却不遑多让，上上下下一共盖了三层，吊顶的设计甚至可以媲美庄严神圣的大教堂。除此之外，开发商还修建了一间异常宽阔的地下室，并配置了一个可以容纳两辆汽车的大型车库。从以前那个普通平房到现在这个三层别墅，开发商只花了不到半年的时间。别墅的第一任主人是一个华裔家庭，夫妻二人分别在不同的制药公司工作。Wei和Li Min两个人都在中国接受过基础教育，并先后拿到了美国大学的博士学位。搬进这所房子时他们才30多岁，两个孩子也都是未满5岁的幼童。为了照看孩子，Wei和Li Min的父母千里迢迢从中国搬了过来，同他们一起居住。夫妻二人都有自己的座驾，其中一辆是特斯拉Model 3，另一辆是沃尔沃X90。其实Wei和Li Min的这种情况并不罕见：从其他地区搬迁过来，住进新房子的几乎都是高学历、高收入的专家，而且很多人都是在国外出生的。

仔细观察之后，我得出了这样一个推论：乔和贝蒂家的年收入可能是附近最低的，甚至有可能低于全国平均水平；Wei和Li Min的年收入可能远超40万美元，他们甚至很有可能已经位列全国收入水平的前1%。尽管这两个家庭住在同一社区，土地价值也几乎没有差别，房产税也都一样昂贵，可他们在生活上的差距却是如此之大。房子、汽车、职业，每一项要素都在诉说着自社区建立以来，居民们的收入水平发生了多么大的变化。

刚搬进社区时，上一代居民几乎处于薪资水平的最顶层，而现在，这些老居民几乎已经没有办法再在这里住下去了。房产税一路猛涨，可他们的收入和养老金却没怎么变过。更重要的是，对于乔和贝蒂这样的家庭来说，他们的子女已经无力支付各种费用，不得不搬到其他不那么昂贵的社区去居住。在这种空间的割裂之下，某些地区会逐渐贫困化，收入水平和社会地位的不平等程度会愈演愈烈。[1]

随着经济的变化，劳动力的生活与工作也在发生着变化。20 世纪上半叶，科技变革驱使劳动力从农场转移到工厂，最近几十年，科技变革又驱使劳动力从工厂转向服务业。不过历史前进的速度因人而异，更为重要的是，这些变化是一代一代发生的。农场经济枯竭时，年青一代就会离开农场去找其他工作，但年长一代却只能留在那里，他们的收入也常常低得不可思议。20 世纪中叶，农场社区这种经济模式逐渐消失的时候，很多人都忍不住怀念起以前那个美好的农场时代，并抱怨大好生活就这样被一座座工厂给毁掉了。就像以前一样，现在的人们又开始怀念起工厂时代。虽然科技变革会导致经济结构出现变化，但对不同年龄段的人来说，这种变化的速度却大不一样。

在伦敦政治经济学院读博时，我有位同学的父亲曾在西班牙某个偏远山村靠牧羊为生，这听上去多少有点震撼，毕竟即便在 20 世纪 90 年代，牧羊也是一种十分罕见的职业。其实乔和贝蒂就是当今时代的牧羊人，他们和那辆老旧的汽车一起，被困在了自己的老房子里。经济进步会伴随着昂贵的代价，而这种代价并不会在人们之间均摊。首当其冲的往往是老龄劳动力，因为年龄等方面的原因，他们已经没有办法顺利地从旧经济过渡到新经济。毕竟投身于新经济就意味着你必须从最底层开始一步一步干起，这些老年人所付出的精力与回报很难成正比。所以说，达到一定年龄之后，大多数人的职业就已经无法转型了，很多老龄劳动力只能在自己原来的岗位上熬着，赚取微薄的薪水，过的日子甚至还不如刚参加工作那段时间舒服。

有证据表明，科技变革的代价主要由老年劳动力所承担，很多年轻劳动力的收入不仅没有下降，反而还有所上升，尤其是在 IT 行业。因为老年人往往很难搞懂 IT 技术，所以 IT 行业的人才市场就会供不应求，反过来这也会拉高行业内年轻人的薪资。[2] 这就是经济进步造成的巨大矛盾之一：虽然科技变革为年轻人提供了大量的工作机会与阶层跨越机会，但它也让那些年长的“牧羊人”和退休人员的日子变得更难熬了。所以我们的社会面临着一个巨大的挑战，那就是如何在不损害科技进步速度的情况下，将这些老年人所遭受的损失降到最低。下一章我们会详细地分析这个问题。

21 世纪初这段时间对于老年人来说格外艰难，因为即便抛开科技变革不谈，婴儿潮也会给乔和贝蒂这一代人的职业生涯造成巨大冲击。二战后期，美国经济实现了快速增长，出生率也随之猛增，连续好多年都维持在 25‰ 以上（平均来说，每年每一千名居民当中就会有 25 个新生命诞生）。不过到了 20 世纪 70 年代初的时候，出生率已经回落至战前水平，即 12‰。[3] 由此可见，前者的新增人口数量大约是后者的两倍，这会实实在在地影响到劳动力市场的方方面面。出生在婴儿潮时期其实就像在高峰期坐公交，大多数人都会认为交通十分拥堵。尽管公交车有一半的时间几乎是在空驶，可因为当时车上没几个人，所以很少有人体验过公交车不忙的时候。[4] 所以说高峰期的公交车确实和婴儿潮一样，所有人都感觉生活忙忙碌碌的。

婴儿潮之所以会影响到工作岗位，是因为它会改变就业前景。通常来说，一家企业既有缺乏经验的年轻员工，又有经验丰富的老年员工。年轻时，大多数员工都处于最基础的岗位上，然后随着年龄的增长逐步升职，最后在中年时成为主管或经理。凭借多年的工作经验，老员工完全有能力成为年轻员工的师傅或管理者。现在我们假设企业需要同等数量的年轻员工与年长员工，然后我们就会发现，婴儿潮不仅给那一代人的职业发展带来了障碍，也给其他人带来了一笔“意外之财”。

20 世纪七八十年代，婴儿潮那一代人已经长大成人，步入职场。由于出生率的变化，当时市场中有经验和没经验的员工的比例大约为 1∶2。为了平衡这一比例，劳动力市场会出现各种变化。最极端的情况就是，婴儿潮那一代人有一半都找不到工作。雪上加霜的是，失衡的比例还会影响到薪资水平。由于没有经验的年轻劳动力实在太多，企业在招聘婴儿潮一代人时会给出更低的薪水，这些企业完全不担心招不到人，因为劳动力市场中有大把人为了一份低薪工作抢得“头破血流”。即便婴儿潮可能会给某一小部分人带来好处，这种好处实质上也是一种变相的诅咒。比如说由于主管人员相对短缺，某些聪颖过人的年轻人可能会被破格提拔，可就算这样，他们的工资也不会太高，毕竟他们的工作经验实在太少了。

虽然婴儿潮一代人在年轻的时候就已经很惨了，但是等他们年迈之后，工作经验丰富之后，情况还会变得更糟糕。在 20 世纪末、21 世纪初那段时期，美国的出生率大约为 15‰，这意味着此时年轻员工太少，年长员工太多。虽然婴儿潮一代人已经成长起来，拥有了较为丰富的工作经验，但是他们的薪资水平却再一次迎来了下行压力。

除快速的科技变革与婴儿潮之外，市场支配力的增长也会在某种程度上进一步拉大婴儿潮一代与其他几代人之间的差距，因为它从整体上减缓了工作岗位的流动性，提高了向新技术岗位过渡的难度与成本，加剧了各代人之间的分化程度，其中老年人受到的影响尤其大。与此同时，市场支配力还将穷人与富人分割开来，这种现象正发生在你我身边的每一个社区当中。虽说不平等现象无法彻底消灭，但如果我们处在一个充满竞争的市场中，这些危害绝对要小得多，持续时间也要短得多。在市场竞争足够激烈的情况下，大家的生活不会有太大差异。

无论是在富人区还是在穷人区，不平等都是一种十分普遍的现象。对于富裕的社区来说，越来越多的地理隔离会逐渐导致文化疏离，尤其是在那些没有挤进超级明星梯队的中产阶级当中。这种疏离感的出现很大程度上受到了房产价格的影响，因为普通劳动者住不起那些房子。富裕社区有些人为了生计已经卖掉了房子，可他们拿到的钱却不足以让他们继续生活在这个社区。这些钱或许能够让他们安度晚年，但由此导致的家庭财富的减少却是不可逆转的。

更重要的是，这些人被迫放弃了之前的邻里关系，被迫切断了与正在产生大量超级明显的经济重心的联系，整个家庭在经济上逐渐被边缘化。这种割裂的罪魁祸首是超级明星经济，而超级明星经济的罪魁祸首则是巨无霸企业，正是它们把大量财富集中到了少数员工和企业家手里。唯一能阻止这种两极分化趋势的办法，就是恢复市场竞争，而这需要一种革命性的反垄断政策，后面的章节我还会具体讨论这个话题。

健康状况

美国社会有一件很可悲的事，那就是很多反移民立场的电视台会反复宣传这样一个观念：上了年纪的白人之所以对生活越来越不满，不仅是因为他们工资水平较低，更是因为在全球化的大背景下，那些移民正在夺走他们的高薪岗位。这些电视台还会强调，这些来自不同文化的移民根本不在乎家庭的幸福美满，也不在乎基督教的信仰，他们只会肆意破坏原本幸福安定的社会结构。这些人不仅未婚生子，还嗜酒如命，用药成瘾，很多人成了监狱里的常客。

其实现实情况远比电视台说的复杂得多。带有强烈成瘾性的阿片类药物已经粉碎了无数落后地区的家庭，比如农村和锈带。和电视台描述的不同，Wei 和 Li Min 的家庭很积极向上，他们结婚后才诞下后代，双方父母会帮助照看孩子，所在社区也会提供相应的支持与帮助。那些饱受阿片类药物折磨的年迈白人男性不得不面对这样一个事实：他们的邻居比他们更富有，比他们更团结，社会地位更加稳定，生活更加幸福。其实不仅是那些已经成为超级明星的移民拥有更优秀的社会关系，很多低收入的拉丁移民和亚洲移民的人际网络与社会地位也要优于乔和贝蒂，尽管他们的收入水平不及后者。辛苦一辈子之后，可怜的乔不仅在工作领域地位最低，就连社会地位也是最低，而这会极大地影响到他的身体健康状况。

自相关统计数据被建立以来，人类的预期寿命一直在增加，这在很大程度上得益于科技和经济的飞速发展。我们可以吃到更优质的食物，卡路里的摄入也更加合理，我们逐渐清楚了什么是健康生活，什么是非健康生活，医疗保健水平也有了巨大进步。然而在美国，对于某些特定的人群而言，他们所经历的一切和我们完全相反。

在《美国怎么了：绝望的死亡与资本主义的未来》（*Deaths of Despair and the Future of Capitalism*）这本书中，作者安妮·凯斯（Anne Case）与安格斯·迪顿（Angus Deaton）表示，自 20 世纪 90

年代末期开始，45~54 岁的美国白人的死亡率开始呈上升趋势，而其他群体的死亡率却一直在下降。不管是在男性中还是在女性中，不管是在高学历人士中还是在低学历人士中，中年人的死亡率都在上升，而低学历者的死亡率上升趋势最为明显。更令人疑惑的是，这完全是美国特有的现象，因为其他国家这一群体的死亡率都在下降。[5] 稍加注意我们就会发现，在 20 世纪末期，这一年龄段的美国白人刚好是婴儿潮一代；而在今天，这一年龄段的人刚好是婴儿潮一代的孩子。

安妮·凯斯与安格斯·迪顿的研究表明，美国中年白人死亡率上升的主要原因是药物中毒、慢性肝病以及自杀。虽然死因并不新鲜，但其严重程度却足以扭转死亡率下降的大趋势，这就值得人们深思了。安妮·凯斯与安格斯·迪顿表示，经济因素或许可以解释这一现象，因为这一代人成年以后，社会不平等程度刚好开始加剧，他们是第一批生活质量不及父母那一辈的人。

当然，其他国家也存在不平等程度加剧的现象，可他们的死亡率却没有出现增加，这或许是因为相比之下，美国不平等程度的增速更为夸张。由于工资停滞和不平等程度的增加，这一代有很多人过得比父母还差。市场支配力的增强导致了不平等程度的加剧，而不平等程度的加剧又导致了大量的自杀和药物滥用，所以我们可以大胆推测，死亡率的上升绝对受到了市场支配力的影响。

另一方面，预期寿命的差距也在进一步拉大，美国最富有的男性（家庭收入排在前 1%）可以比最贫穷的男性（家庭收入排在后 1%）多活 15 年，而女性之间的差距则为 10 年。[6] 仅仅在 2001—2014 年这段时间，预期寿命的差距就增加了 3 年多。除了收入不平等、失业就业、居住环境等经济因素外，寿命差距还会受到吸烟、肥胖、运动等行为因素的影响。居住在移民更多、房价更高（大城市）、教育水平更高的地区，可以明显提高预期寿命。[7]

经济发展方式已经影响到人们的身体健康，不平等程度的加剧进一步拉大了人们的健康差距。导致这一切最可能的原因，或许就是市场支配力的增强，毕竟收入之间的鸿沟就是它导致的。一方面是巨头企业的不断扩张，一方面是市场竞争程度的不断降低，这不仅会影响到广大劳动力的收入水平，也会影响到大家的身体健康。

虽然市场支配力会干扰经济的健康发展，可股票市场却一直在高歌猛进。实体经济和股票市场这种截然相反的走向，恰恰是理解利润悖论的关键所在。

股市一路上涨，经济萎靡不振

股票市场就像一个忽起忽落的过山车，就在我写下这几行字、你读到这几行字的时候，股市或许就已经出现了意料之外的变化。更令人费解的是，即便股市因某些突发状况出现了巨大跌幅——比如 2020 年新冠肺炎疫情的暴发，或 2008 年的全球经济危机——大多数股票指数也能在几年之内恢复过来（遭受新冠肺炎疫情的冲击之后，股市在几个月之内就涨回来了）。如果我们把时间放长一些，看看自二战以来股市的整体演变情况，忽略掉短期波动，我们就会发现一些很有意思的现象。

2020 年 11 月，道琼斯指数突破了 30000 点大关。虽然该指数一直在跌跌涨涨起起伏伏，但平均来看，自 20 世纪 80 年代以来，它一直都在以平均每年 6.2% 的速度增长着（已经去掉了通货膨胀的影响，下文亦是如此）。当然，道琼斯指数也并非总是增长，数据表明，1981 年的道琼斯指数水平完全等同于 1946 年二战后的水平。也就是说，这 35 年的时间里道琼斯指数的实际增长量为零。[8]

通过上述数据我们可以得知，自 20 世纪 80 年代以来，大中企业的发展一直顺风顺水。比如第二章中生产抗过敏设备肾上腺素笔的美国公司迈兰，近些年就获取了超乎寻常的利润，所以它在股市中的表现也同样出色。不仅如此，很多规模不一、行业不同的企业，以及我们所熟悉和喜爱的那些大品牌，近些年都在股市上取得了空前的成功，比如苹果、维萨、强生、Alphabet（谷歌母公司）等公司。

没错，就像你推测的那样，股票估值最高的公司刚好就是那些市场支配力最强的公司：市场中的公司数量变少了，竞争也变少了，所以巨头企业可以拥有更大的市场份额，赚取更多的利润，而这并不是科技行业所特有的现象，市场支配力盛行于各行各业当中。

大家都喜欢股价较高的公司，投资者也更青睐于掌控了市场支配力的公司。放眼整个投资史，几乎没有什么人能够比沃伦·巴菲特更擅长挑出那些护城河最宽的城堡、市场支配力最强的公司。掌控市场支配力之后，迈兰公司便可以提高肾上腺素笔的售价，股价也会应声上涨，因为投资者相信售价的提高可以增加企业的利润，一旦利润真的增加，投资者就会愿意为该公司的股票支付更多的钱。很多时候，股市持续走高会被大家当作经济健康发展的标准，其实不然，因为在竞争激烈的经济体系中，高利润会吸引新公司的入场，因为人人都想分一杯羹。即便你为了保住领先地位努力改进技术，竞争对手也会迅速模仿并加以创新。激烈的竞争必然会削弱市场支配力，降低商品价格，进而导致公司股价的下降。

通过数据我们还发现，正如我们所预料的那样，公司的市场支配力越强，其股价越高。[9] 如果用公司市值与销售额的比值来衡量公司在股市中的表现，我们就会发现这一比值在 1980 年还不到 0.5，现在已经猛增至 1.5 以上，是之前的 3 倍多，而且公司的市场支配力越强，这一比值就越高。由于公司市值可以在一定程度上反映出它的盈利能力，这一巨大增长也说明投资者们普遍认为自己在未来可以分到更多股息。

新冠肺炎疫情期间，这一现象尤为明显。当时美国 14% 的失业率已经达到了历史最高点，GDP 跌幅将近 10%，但股市很快就恢复过来。尽管上市公司的销售额平均减少了 15%，但它们的利润却没有受到什么影响，因为成本也降低了。此外，由于市场长期缺乏竞争，这些企业甚至可以在销售额下降的情况下进一步提升利润。随着大量未上市的小公司宣告破产，市场竞争程度会越来越低，横行股市的企业巨头的压力也会越来越小。

需要说明的是，虽然股票价格可以充分说明一家公司的价值，但由于目前经济体系中的市场支配力过于强大，股价也能反映出经济发展的病态程度，这就是利润悖论的核心所在。在过去的 35 年当中，虽然股市增长十分惊人，但经济的发展方式却越来越不健康，价格过高、产出增长过低、工资水平也难以令人满意。很不幸的是，经济病态发展所带来的损失已经超过了股市持续走高所带来的收益。如果产出的增速持续放缓，那么最终就连巴菲特也会通过自己的投资间接地感受到这一点。

前面我们已经知道，市场支配力对劳动力造成的冲击尤为严重。由于市场支配力广泛存在于整个经济体系当中，它可以从根本上改变劳动力市场的面貌。市场支配力给市场带来了更高的价格、更低的销量，反过来这还会降低企业对劳动力的需求，从而导致薪资水平的下滑。大多数劳动力都会遭受双重打击：一方面，由于企业对劳动力的需求下降，他们的工资会降低；另一方面，由于垄断的影响，商品价格会上升，这进一步降低了他们的消费能力。此外还有更糟的事情——如果他们手中没有企业股票，那他们就会与伴随着市场支配力而产生的金融收益失之交臂。

不过事实上，目前有很多人都在享受股价上涨所带来的收益，这些人几乎感受不到经济病态发展所产生的负面影响。如果你正在阅读本书，那你很可能会以养老金的方式拥有着多只股票，并干着一份体面的工作。果真如此，你就是市场支配力的净受益者，市场支配力给你带来的最大影响，顶多就是你不得不为容易过敏的孩子购买一支昂贵的肾上腺素笔。

手中未持有股票的人可就没这么幸运了。即便是在 2020 年新冠肺炎疫情、2008 年全球经济危机这种大范围的经济衰退当中，促进经济恢复的那些政策也会给股票持有人和企业巨头带来更多益处。虽说在经济衰退出现之前，没有人会预料到航空等业务的需求会出现大幅下降，由此带来的损失的确防不胜防，可是当经济不景气时，我们是否真的有必要用纳税人的钱来救助航空公司，弥补股票持有人所遭受的巨额损失？既然这些人选择了持有股票，那他们就应当已经做好了赔本的准备。如果我们选择救助航空公司，那这些股票持有者的收益必然会只增不减，而他们的收益却主要来自广大纳税人的辛勤付出。

最惨的是那些不曾持有股票的家庭，他们没能享受到市场支配力所带来的收益。就像收入分配的不平等一样，财富的分配方式也会日益扭曲。不知不觉当中，那些家境贫寒的人吞下了大部分由经济病态发展所导致的恶果。不过这还没完，哪怕你现在没有遭受这一切，你子女的情形也不容乐观。现在年轻人的收入水平普遍较低，手中的财富远远少于上一代人，所以他们买房的年龄一定会大于自己的父母。就算你是一个净受益者，你的资本收益也远远比不上其他方面的损失。

目前来看，政府的政策天平完全倾向了企业一侧，而不是市场一侧，这就导致持有股票的人与没有股票的人之间的财富差距越来越大（第 11 章中我们还会深入讨论这些政策）。如果我们打压市场支配力，经济产出就会增加，价格就会下降，工资就会上涨，股票收益就会降低，社会财富就会重新分配。在当前政策环境当中，赢家会在股市中赚得盆满钵满，而输家则会被那些无聊的电视节目困在家中，混沌度日，就算他们现在有养老金，这笔钱的未来也很不明朗。就像已经造成严重影响的阿片类药物一样，经济病态发展也需要一定的时间才能恢复。一旦企业突然失去了市场支配力和高额利润，股票持有者的财富就会遭受巨大冲击。如果我们任由经济这样发展下去，后果将不堪设想。不过话又说回来，如果我们真的有一天开始调整相关政策，市场竞争程度完全恢复到了 20 世纪 80 年代那种积极健康的水平，那道琼斯指数很可能会从 30000 点跌回 10000 点，请你务必做好心理准备。尽管指数很低，但这却是经济健康发展的标志。没错，又是利润悖论在作祟。

创业神话

股市的繁荣既证明了企业巨头的盈利能力，也掩盖了其他公司的悲惨状况。之前我们提到过，现在有一半以上的企业的加价指数比 20 世纪 80 年代还要低，只有那些最顶尖的企业才能掌控强大到无以复加的市场支配力。由于股市会放大企业巨头的成功，我们不能因为股市持续走高就得出所有企业都在欣欣向荣的结论（包括私有公司）。市场支配力不仅会给工作岗位和没有股票的家庭带来负面影响，也会损害到很多中小型企业的利益。当前经济环境肯定不是“亲市场的”，现在我们又发现，它甚至不是“亲企业的”，因为大多数企业的日子都过得格外艰苦，尤其是那些中小型企业。由此可见，当前经济实际上正处于一种“亲巨头的”大环境中。

不过事实上，大部分人都认为当前时代是一个注重科技创新的时代，创业环境迎来了前所未有的春天。诚然，在过去的二三十年里，我们见证了许多科技创业公司的飞速成长，谷歌、亚马逊和脸书等佼佼者，几乎在眨眼间就成长为世界上最大的公司。除这些巨头之外，还有一部分规模较小、不太出名的创业公司也取得了巨大成功，不过失败者也很多，pets.com 与 govWorks.com 就是两个血淋淋的例子。让人哭笑不得的是，后者虽然没有取得成功，但以其创业历程为蓝本所拍成的电影《天才网路梦》（*Startup.com*）却小小地火了一把。当然，所有投资都有风险，所有创业都有可能失败，这是很正常的。

因此很多人认为，当前时代就是一个创业的时代。可实际上，就像金表神话一样，“创业神话”本质上也是一种认知偏差。1980 年那会儿，创业率（成立不到一年的公司占市场中全部公司的比例）还维持在 14%，可到了 2018 年，创业率已经跌到了 8%。[10] 人们之所以误以为当今时代创业公司变多了，或许是因为谷歌、脸书、亚马逊等科技巨头的成绩实在太耀眼了，它们的光芒遮住了大量小型创业公司的失败，很多公司甚至还没走几步就倒在了漫漫长路上。另外，科技之外的行业其实也有很多创业公司，比如新成立的小餐馆小酒吧、为本地企业提供服务的小型会计公司、利用读书时期获得的专利成长起来的生物技术公司。

这些初创公司的数量比之前少了很多。既然创业公司少了，能成长起来的大企业自然也就更少了，所以 IPO（首次公开募股）的数量——新上市公司的数量——也会随之减少。数据显示，美国年均 IPO 数量已经从 20 世纪 90 年代的 409 家下降至 21 世纪初的 117 家，2019 年这项数据进一步下滑至 112 家。[11]

创业减少的原因很复杂。前面我们分析了为什么企业利润得到了巨额增长，而进入市场的公司却越来越少，这是因为企业巨头已经拓宽了城堡前的护城河。这已经违背了资本主义的初衷：如果有公司实现了超额利润，那其他任何一家资本充裕的公司都应当有机会进入这个领域，生产类似的产品，并借助更低的价格来争夺客户。只有在这种情况下，新入场的公司才能分到一杯羹。

为什么今天的市场中不再发生这种事了呢？答案就是市场支配力已经过于强大。首先我们要明白，创业数量的减少既是市场支配力盛行的结果，也是它的原因。换句话说，如果入场公司变少了，竞争程度也就下降了，所以场内企业的市场支配力会进一步提升。但是正如经济学家所说，创业数量、入场数量都是市场均衡之后的结果，这意味着创业公司数量和市场支配力大小之间已经达成了一种平衡。

只要思考下市场支配力的来源我们就会发现，创业率下降确实是市场支配力上升所带来的结果。第 2 章中我们已经看到，亚马逊这样的企业在科技发展方面具有很强的倾向性，它们会为了提高生产力而进行大量投资，最终要么实现了更低的生产成本，要么提高了产品质量。如果这种投资刚好可以带来规模经济，那么率先入场的企业就可以凭借规模优势和超低成本来打压那些市场份额较小（有时几乎为零）、利润较低的竞争对手。规模经济和生产效率为亚马逊带来了成本优势以及低廉的价格。如果就连场内的竞争对手都无法在巨头的压力下生存下去，那场外的新手就更不用说了。只有想办法让生产规模和生产成本达到和场内巨头一样的水准，新入场的企业才能站稳脚跟，实现盈利，而这需要巨大的投资，所以掌控市场支配力的往往是那些率先入场的企业。由此可见，在市场支配力的作用下，新企业很难生存下去，创业率也会随之下降。

市场中有很多巨头正在四处猎寻、收购潜在的竞争对手，很多人因为这一点选择了创业，梦想着自己也能在父母的车库里创建一个像YouTube、Instagram一样的公司，然后被某个科技巨头以重金收购。不管自己的公司是独立上市，还是被上市公司收购，似乎都没有什么区别，不管怎样创始人都能够成为年轻的亿万富翁。

其实这只是表面现象。仔细想想，谷歌和脸书之所以会收购YouTube、Instagram，绝不是因为它们钱多得没处花，毕竟这些科技巨头自己也有充足的知识储备与资源积累，它们完全可以仿照那些创业公司的技术自己成立一个分公司。它们收购创业公司，不仅是因为那些创业公司掌握了一定的技术优势，更是因为那些公司已经形成了一定的规模经济。若非如此，这些科技巨头完全没必要花钱买下那些核心技术很容易被他人复制的创业公司。由此可见，在市场支配力越来越强大的情况下，抱着被收购的念头去创业似乎并不是一个很好的选择。

就像被高估的股市一样，萎靡不振的创业率也可以反映出经济发展的病态趋势，反映出市场支配力给经济体系带来的各种痛苦与折磨。接下来我们会看到最后一个可以反映出经济病态发展的标志——过低的通货膨胀。当然，这也是市场支配力导致的，很多政策制定者都因为这件事而感到头疼不已。

通货膨胀和利率的下降

在经济学家提出的各种政策当中，最成功的或许就是稳定通货膨胀的政策了。如今大多数发达国家都设立了司法独立的中央银行，不管政策怎么变动，不管谁在选举中获得成功，这些中央银行都不会受到直接影响。

为了营造政绩，很多政客都会利用额外开支来刺激经济，在保持税率不变的情况下实现更亮眼的经济数据。增加政府债务就是一个常见的办法。但其实有个办法比这效率更高，那就是印钞票，不过很少有人会用这一招，因为虽然它可以在短期内刺激经济，但最终价格会上升到普通家庭难以承担的水平，群众的购买力会出现大幅下滑，从而阻碍经济的健康发展。

很多经济学家认为，有害的不是通货膨胀本身，而是通货膨胀的急剧变化，因为这样一来人们在未来取得的收入的价值就会忽高忽低，难以预测。中央银行独立存在就是为了确保通胀稳定在每年 2% 左右的水平。

通货膨胀在历史上一直保持着极低的水平，很多时候都接近零。当然，自从货币成为交易媒介以来，人们就一直格外关注通货膨胀的水平，无论这些货币是 11 世纪中国的宋朝时期就开始使用的纸币，还是于 15 世纪下半叶价格革命期间逐渐流行开来的硬币（当时西班牙帝国所掠夺的黄金白银大量流入欧洲，导致每年的通胀率维持在约 1%~1.5%[12]）。虽说以现代的标准来看，这一数字并不高，可当时纸币尚未普及，通胀意味着随时都要背着更沉的钱出门。更重要的是，这种通胀是南美金银大量流入欧洲产生的恶果，而不是有目的的政策调整。

自那以后，政客们就开始向群众分发纸币来换取商品和服务，并意外地发现了政府掌控铸币权的好处——制造纸币所带来的铸币税。此外，铸币税也会损害到纸币持有者的利益，因为随着时间的推移会出现通货膨胀，他们手中的纸币的购买力会随之下降。通货膨胀一直都是一个很好用的经济工具，在债务过多时（比如在战争期间），通货膨胀可以在不提高劳动收入税率的情况下稀释部分债务。不过这种好处是暂时的，长此以往，通货膨胀会恶性地螺旋式上升，因为只有这样政府支出才能维持不变，很多独裁政府都干过类似的事情。所以说，尽管通货膨胀可以很方便地为政府开支提供资金，但大多数国家都认为，只有较低的、可预测的通货膨胀才能保证经济健康发展，才能保证企业和家庭有一个安全的投资环境。为了做到这一点，最好的办法就是成立一个相对独立的中央银行。

近些年来，中央银行的经济学家们正在面临更多的新问题，其中最不可思议的一个问题就是过低的通货膨胀。没错，通胀过低也有坏处，在这种情况下，中央银行为刺激经济所实行的低利率政策很难真正发挥作用，而这正是问题的关键所在。自 20 世纪 80 年代初期以来，无风险利率（即没有任何风险的投资所能带来的回报率）一直在稳步下降，今天的无风险利率已经达到了近些年的最低水平。投资者通常会把 10 年期美国国债的利率当作无风险利率的基准（他们觉得这种投资极为安全），所以这些年美国国债的利率也在急速下滑。

当然，我们得把通货膨胀考虑进去，毕竟 1980 年的通胀率高达 12.5%。不过就算去掉了通胀的影响，1980 年之后的无风险利率也一直呈下降趋势——之前为 3% 左右，而现在只剩下 1% 多一点点。[13] 当今的无风险利率是如此之低，以至于货币政策很难唤醒经济活力。除无风险利率外，目前的通胀率也非常低，就连扩张性货币政策都很难让通胀率涨上去。

中央银行的经济学家们对此感到困惑不解：在市场支配力的作用下，加价指数正在逐渐走高，商品价格也在逐年增长，为什么通胀率没有一路猛涨呢？事实上，假如 20 世纪 80 年代以后市场支配力没有增强，加价指数也保持不变（现在加价指数已经从 1.21 涨到了 1.54[14]），通胀率还会进一步下降至每年 1% 的水平。换句话说，中央银行的经济学家们所面临的问题居然不是该如何降低通胀，而是该如何提高通胀！这也太奇怪了！为了明白这是怎么回事，让我们把问题简化一下。

随着科技的不断进步，商品的成本会逐渐下降，售价也会越来越便宜，至少在竞争激烈的情况下是这样。现在我们假设市场中只有计算机这一种商品，根据摩尔定律，集成电路每平方厘米的晶体管数量每两年翻一番，这种指数增长会导致价格呈指数式下降，所以在这个虚拟的计算机经济体系中，计算机的计算能力会变得越来越廉价，通胀率也会大幅下降。由此可见，通胀并不是只有上升这一个方向。

当然，现实世界比这复杂得多，市场中也远不止计算机一种商品，很多商品的价格会随着经济的发展而上升，土地就是一个很好的例子。由于土地资源数量有限，自相关数据开始被统计的那一天起，房价就一直在稳步上升。不过从整体上看，我们消费篮子中的大部分商品都降价了，其中下降最明显的是那些制成品、农产品与食品，以及出行费用。这些商品的价格之所以下降，是因为随着时间的推移其生产成本会因科技进步而下降。

既然我们所消费的大部分商品都降价了，美联储是如何将通货膨胀率保持在 2% 左右的？答案是钱。就像计算机和食物一样，钱也可以看作一种有价值的商品。如果向经济体系中注入更多货币，钱的数量就会变多，钱的“价格”也会随之下降。我们必须支付更多的货币，才能换取同之前一样多的商品和服务，最终只有钱的“价格”会下降，其他商品的价格都会上升，这就是所谓的通货膨胀。所以说，就算科技进步会导致价格下降，中央银行（无论是美联储、欧洲央行，还是其他任何国家的中央银行）也可以增加货币供给，人为地让通胀上升，2% 并不是什么难事。

20 世纪 80 年代以来，由于市场支配力的快速增强，加价指数正在稳步上升，中央银行再也不必像市场竞争异常激烈、市场支配力尚未出现时那样向经济体系中注入大量货币。一方面，科技进步会造成成本下降；另一方面，市场支配力会导致加价指数上涨，所以价格的下降和加价指数的上涨可以同时出现于市场当中。以计算机行业为例，尽管行业内存在市场支配力，但由于科技的快速进步，按照性能来看计算机的价格其实下降了，但下降幅度不会像完全竞争市场中那样大。

由此可见，虽然市场支配力会导致价格高于完全竞争的水平，但它并不会影响通胀，我们的通胀主要来自美联储和欧洲央行的货币增发。为了将通胀率保持在 2% 左右，同完全竞争市场相比，市场支配力盛行的市场可以让中央银行少发行一些钱。

与其担心通货膨胀率，我们更应该去担心市场支配力对无风险利率的影响。虽然利率会受到多种因素的干扰，特别是会受到中央银行的货币政策的干扰，但我们现在最关心的是供给和需求这两个最基本的因素。

用经济学家的话来说，利率就是一段时期内资本供需关系达成平衡以后所形成的“资本的价格”。以面包为例，烘焙师负责面包的供给，而面包的需求则来自各个家庭。面包短缺，价格会上涨；面包过剩，价格会下降。资本也是如此，资本短缺，利率会上升；资本过剩，利率会下降。

那么问题来了：市场支配力如何影响资本的供求关系？价格上升，销量就会减少，为了生产更少的产品，企业会减少资本投资。反过来，如果最新款 iPhone 的价格从 1200 美元降到了 400 美元，其销量就会上升，苹果公司就会在产能方面投入更多资金，所以市场支配力的上升会降低投资需求。相关研究也证实了这一点，资本方面的投资（以利息为代价换来资本进行投资）的确在下降。[15]

既然如此，资本供应又是什么情况呢？首先需要明确的是，资本的供应来自家庭储蓄和企业投资后所得到的可用资金，也就是利润。数据表明，美国家庭储蓄率已经从 1980 年的 11% 下降到了今天的 8%。[16] 另一方面，整个经济体系的利润占 GDP 的比例从 1980 年的 5% 上升到了 2019 年的 12%。[17]（如果只统计上市公司我们就会发现，其利润与附加价值的比例在 20 世纪 80 年代初为 3% 左右，近些年这一比例已经飙升至 15%。[18]）总的来看，企业利润增加所带来的影响远大于家庭储蓄下降所带来的影响，所以资本供应大量增加。再考虑到资本需求正在下滑，无风险利率在最近 40 年中从 3% 跌至 1% 就成了一件顺理成章的事情。[19]

注意，“将资金用于资本投资”与“用资金购买资产以获得利润”之间有很大区别。还记得第 3 章的内容吗？当时我用房产举了一个例子：购买房产用于出租是一回事，花费额外资金进行装修以提高租金则是另外一回事。一方面，市场支配力增加了企业的利润，这笔钱可以让企业购买更多资产；另一方面，它也减少了投资，进而减少了市场对资本的需求。

无风险利率如此之低，主要是因为市场支配力过于强大的企业巨头持有过量的现金。面对这种情形，中央银行也很头痛，因为利率已经降得不能再降，对经济的刺激程度也早就达到了极限，可是在市场支配力的作用下，市场上并没有太多值得投资的项目，所以货币当局实际上已经失去了刺激经济的能力。在市场支配力面前，货币政策的难题并不是低通胀，而是低利率。

在本书的第二部分中，我们已经见到了市场支配力过于强大所导致的种种恶果，无论是工作之内，还是工作之外。市场支配力不仅会加重不平等程度、降低薪资水平与工作岗位的流动性，也会影响到人们的身体健康，致使股市出现畸形成长，增加创业难度。市场已经被市场支配力撕得四分五裂，只有让市场恢复到激烈竞争的状态，才能及时弥补这些损失，而这需要社会实行一些新颖的、切实有效的反垄断政策。在分析解决方案之前，我想告诉大家，并非每一件事都如此让人悲观。

3

第三部分

工作岗位的未来，以及解决方案的探索

青年群体的失业率高得可怕，刚刚毕业、初入社会的年轻人所面临的形势要更为严峻。当市场过于自由，以至于竞争程度严重下降时，反垄断机构就有必要去利用监管等手段恢复市场的竞争活力。

第 8 章

我们有充分的理由对未来保持乐观

尽管市场支配力在很大程度上来源于科技的快速变革，但我们并不能因此就否定科技变革为人们带来的种种好处，市场支配力也绝不能成为卢德运动死灰复燃的借口。卢德运动的主人公是 19 世纪中期英国流离失所的工人，他们反对机器取代人力，破坏了大量纺织机，所以后来大家会把那些反对科技进步的人称为卢德主义者。其实从长远的角度来看，科技进步是社会进步的动力之一，我们决不能停下创新的脚步。

尽管当今的劳动市场继承了 100 年前的某些弊端，但整体来说，我们的情况还是比 100 年前要好得多。虽说社会转型必然会伴随着一定的代价，有赢家就一定会有输家，但从长远的角度来看，科技变革和全球化实实在在地提高了大家的生活水平，其中甚至包括乔和贝蒂这样被经济发展远远甩在后面的人。我们之所以觉得他们生活变糟了，只是因为 Wei 和 Li Min 的光芒太耀眼了。不得不承认，同牧羊人，也就是上一代人中的“失败者”相比，大多数人的确过得更好了。

其实从经济的角度来看，我们每一个人的生活水平都比童年时期要高，只是我们住的房子可能不如以前精致、宽敞了。虽然高级技术顾问埃琳的收入处在中下游水平，但她的生活绝对要优于100年前处在同样阶层的人：她的预期寿命长得多、饮食更为丰富、时间更为自由、旅行成本和交通成本也下降了不少，很多疑难杂症如今也可以医治了。在疫苗的帮助下，我们可以免受很多传染病的危害，哪怕是近几年十分猖獗的新冠肺炎，疫苗也可以让它的致命性下降一大截。

科技进步给我们带来了惊人的收益。别忘了，就在几十年前，很多如今已经可以治愈的传染病还在肆虐人间。1950年，即便是在当时医学水平最高的伦敦大学学院附属医院，乔治·奥威尔的肺结核也没能治好，因为当时的抗生素治疗手段还十分有限。就算乔治·奥威尔人脉很广，能够搞到稀缺药物，就算他的银行账户里还躺着一大笔由畅销书《动物庄园》带来的版税，[1] 在肺结核面前他也没有任何办法，一代文学巨匠就这样死于一种如今已经可以被治愈的疾病。

此外，科技进步还可以降低相对价格，从而增加大家的消费，改善大家的生活，食物成本的下降就是一个很好的例子。数据显示，西方国家大多数家庭会将收入的12%用于食品消费。[2] 尽管食物种类是如此丰富，但从事农业生产的人口全部加起来还不到总人口的1%。一个世纪以前，食品消费占家庭总消费的比例十分惊人，大家几乎将每一分钱的工资都花在了吃喝上面。经济学中，这一比例又被称为恩格尔系数，它可以很清晰地总结出开销和收入之间的关系：随着经济的进步，我们消费的食物越来越多，但食物开支占总收入的比例却越来越低了。这是因为科技进步不仅提高了生产效率，也降低了商品价格。

科技进步和专业化经济还会促进贸易的全球化。根据世界银行提供的数据，在过去40年中，仅中国就有8亿多人脱离了贫困，中国的贫困率（每日生活费用低于3.2美元的人口占总人口的比例）已经从20世纪90年代初的90%下降至2016年的5%。[3]不过，就像我们在第5章中所看到的那样，虽然中国经济和印度经济的快速增长极大缩小了世界范围内的不平等程度，但各国内部的不平等程度却一直在上升。贸易对经济的发展和贫困的减少都有着惊人的影响。

科技进步最重要的一个特点就是，它能提高社会整体生活水平。在以前，生活在社会底层的家庭会生很多孩子，其中某些不幸的孩子未满1岁便会夭折，整个家庭的营养摄入与身体健康都是一个天大的难题。同那个年代相比，人们的生活已经得到了极大改善。其实在18世纪之前，生活质量低下的不只是社会底层的人，世界上绝大多数人都生活在极端贫困之中，[4]人类平均预期寿命只有30岁左右。即便是在1900年，也就是在第二次工业革命进行得热火朝天的时候，人类平均预期寿命也只有32岁，几乎比今天发达国家的寿命水平低了50岁，[5]只有极少数的幸运儿能够过上富足幸福的日子。

其实在18世纪第一次工业革命尚未兴起的时候，就连社会顶层人士的生活水平也比不上当今时代的穷人。经济学家们很喜欢用曼萨·穆萨（Mansa Musa）的例子来说明这种对比。曼萨·穆萨是14世纪马里帝国（信奉伊斯兰教）的君主，他不仅扩大了帝国领土，还帮助帝国在那段黄金极为稀缺的年代成为世界上黄金产量最高的国家。虽然很难评估他的财产数量，但历史学家们一直认为他是有史以来最富有的人。据估计，他的净资产至少超过了1850亿美元，[6]富有程度比杰夫·贝佐斯还要高好几倍，可他的生活却并不那么惬意。尽管他的寿命远远超过了当时的平均水平，但也只有56岁而已，比当今时代的平均水平低了25岁。当时眼镜并没有普及开来，所以他很可能看不清任何东西；由于医疗水平不高，蛀牙和其他常见疾病都能很轻易地夺取他的性命，而这些疾病在当今时代根本算不上什么大病；去帝国的其他城市访问考察也不是件容易的事，因为一出门就要耗上好几个月的时间，而现在只需几个小时就能走完这些路程。

如今，处在美国社会底层的人平均每周工作时间不超过 40 小时，可以在手机上实时与亲友交流，预期寿命达到了 80 岁以上，冬天有暖气夏天有空调，拥有一个可以遮风避雨、抵御侵害的小家。他们的生活在很多方面都要优于史上最富有的富豪曼萨 · 穆萨的生活。

虽然大家经常会担心工作岗位的发展与变化，但事实上很多人都已经忘了，我们的生活质量要比前几代人高得多。科技创新是经济发展的驱动力，我们在给经济体系“治病”时一定要小心，不要本末倒置，把经济搞得一团糟。

其实我们的认知偏差远不止这些。已故科学家汉斯 · 罗斯林（Hans Rosling）擅长利用普通人之间的数据调查结果来展示大众观念与事实之间的偏差，并解释其成因，从而帮助大家对世界有一个更加准确、更加清晰的认知。为了得出生活质量和经济发展的真实状况，他调查了大量数据，采访了大量群众，询问大家对儿童死亡率、贫困率、幸福水平等指标的看法。[7]

数据显示，人们对经济发展普遍持悲观态度。在调查问卷给定的四个选项当中，只有 9% 的人勾选了“我认为我们的生活水平比前几代人好得多”这一符合客观事实的选项。对此汉斯 · 罗斯林调侃道，人们的正确率还不如猴子，因为猴子看不懂问题，只会随机选择答案，这可比人们基于认知偏差而选择答案靠谱多了。

令人担忧的是，对于这份问卷，学者和政策制定者的正确率反而更低，其中只有 8% 的人认为我们的生活水平得到了极大改善。最令人气馁的是，记者的正确率只有 2%。汉斯 · 罗斯林认为，那些为大众发声的人反而最不了解实际情况。

其实不仅仅是经济发展，人们在劳动领域同样存在很多认知偏差，其中最广为流传的就是“劳动合成谬误”（lump of labor fallacy）。

劳动总量与增长

以 2012 年的不变美元为基准，美国的人均 GDP 在 1900 年为 6000 美元，在今天为 58000 美元，后者几乎是前者的 10 倍。[8] 中国、印度等在 20 世纪 90 年代仍旧较为落后的国家如今正在迅速崛起，它们已经设法使数以亿计的人口脱离了贫困，就连世界银行等国际机构都没能在 20 世纪下半叶做到这一点，尽管它一直在积极行动，并花费了几十亿美元的资金。虽说 GDP 不能完全代表人们的生活水平和幸福水平，但其他大量数据与事实同样表明，我们的生活的确在变好。

生活质量变高只有一个原因，那就是劳动效率的提升——同样的劳动可以生产出更多有价值的商品与服务。劳动节约型科技进步是经济增长的唯一动力。就在 100 年前，社会中还有一半以上的人口在从事和农业相关的、苦不堪言的体力活，就算是剩下的那部分人，大多也在制造业的流水线上重复着程式化的工作。

如今，在发达经济体当中，只有不到 1% 的劳动力在从事农业生产，但他们的产出却足以养活全部人口，在制造业辛勤劳作的人口也只剩下 8%，[9] 农业和制造业的那些工作岗位已经被新的岗位所取代。在我看来，应该没有人想回到农场去从事艰苦的体力劳动，也没有人想回到流水线上连续好几个小时重复一个动作吧。

不过，就在科技进步减少了传统工作岗位的同时，某些人却对农业，甚至是制造业的某些岗位产生了一些“不切实际的幻想”，他们认为那些旧工作岗位实际上并没有被新岗位取代，就算真的被取代了，新岗位的情况也只会更糟，工资会更低。其实这种言论几乎找不到任何证据，尤其是在把时间尺度放大的情况下。实际情况是，100 年前的隧道和运河都是人力挖出来的，现在这些脏活累活大多由机器来完成。

这种不切实际的幻想最早可以追溯至卢德主义那一批人。1800 年前后，卢德运动爆发于英国诺丁汉的纺织厂，并逐渐向外蔓延开来。同一时间，第二次工业革命也渐渐萌芽。起初卢德运动只是一场工人运动，其目的是改善工人的工作环境与待遇，后来才被人们用来指代对自动化浪潮的抵抗。拿破仑战争后，劳动市场一片狼藉，工资普遍很低，食品和生活必需品的价格如过山车一般大起大落。织袜机、花边印制机、提花织机等生产机械被大量引入，这些机器在提高生产力的同时，也降低了对劳动力的需求。工人们的利益严重受损，他们要么被解雇，要么被迫接受降薪，继续从事其他低技能工作。为了保住自己的工作与生计，卢德主义者摧毁了大量新机器，他们认为这样就能让工业家停止投资新机器，继续使用旧机器。

大多数科技变革都是劳动节约型的。停车场的老板安装一台带有自动升降栏杆的刷卡机，他就可以用机器的成本省下售票员的劳动成本。创新不仅表现在机械化、机器人化方面，新思想也可以节省劳动成本，比如宜家的扁平化包装就可以让企业用更低的运输成本将家具运送至商场，顾客也不再需要额外的运输服务，他们自己就可以把家具带回家。挪威航空和北欧航空都是斯堪的纳维亚半岛上极为有名的航空公司，虽然挪威的人力成本位居欧洲之首，但挪威航空并没有像北欧航空那样在当地雇用员工，而是从泰国雇用飞行员，从西班牙、葡萄牙雇用乘务员，所以前者在人力成本方面拥有很大优势。其实这些航空公司不仅会利用劳动力的流动性和国际移民来削减成本，在企业运营方面它们同样会想尽办法精简人员，提升效率。2016 年，挪威航空实现了超高的效率，每位员工平均运送了 5055 名乘客，而北欧航空的员工平均每人只运送了 2745 名乘客。[10] 这种节约成本的方式肯定会影响到航空公司的服务质量，但同时票价也的确下降了，所以大部分乘客愿意接受这种代价。虽然严格来讲，挪威航空并没有引进机器人或自动化，但通过人员构成、运营模式的改进，它同样实现了劳动节约型的技术创新，并获得了大量收益。

很明显，技术创新会帮助企业降低价格，提高利润，赢取更多顾客，所以企业有足够的理由去积极创新。同样是卖家具，但宜家的成本更低，且不需要额外的运输服务，所以它的利润远超竞争对手；同样是在奥斯陆和里斯本之间运营航线，但挪威航空的成本比北欧航空低得多，所以它能够盈利；同样是卖衣服，但那些引进了机器生产的纺织厂能够以更低的成本制造布匹和针织品，所以它们的利润更高。

此外，这些盈利企业也在不断地提高自己的市场支配力，因为它们的价格更低，顾客更多。如果市场处于完全竞争状态，那么技术创新带来的收益会完全传递到消费者身上——既然宜家能够将家具包装扁平化，那其他企业也可以（当然前提是过了 15 年的专利保护期），激烈的竞争最终会导致价格下降，利润归零。

没能跟上科技进步与创新步伐的企业就会被甩在后面，这就是熊彼特提出的创造性破坏理论。不过正如前文所述，这一过程也会产生很多输家，尤其是在转型期。在那些破产公司，或那些一边创新一边裁员的公司中，员工们要么失去工作，要么继续待在公司从事低技能的工作，拿着更加微薄的薪水。创新的企业家成为赢家，普通工人成为失败者，双方的差距是如此之大，以至于直到今天仍旧有很多人支持卢德主义，尤其是在经济转型、企业家通过创新赚取丰厚利润的时候。机器人和自动化带来的最直接的后果，就是工人越来越穷，企业越来越富。

该理论的关键就在于，在充满竞争的市场中，伴随着劳动节约型技术的出现，商品价格会下降。18 世纪的纺织品便是如此，奥斯陆与里斯本之间的航班机票、扁平化包装的家具亦如此。只要有一家公司利用劳动节约型技术降低了生产成本，其他公司很快就会纷纷效仿。如今，创新公司只能在有限的时间内赚取超额利润，实现市场份额的快速增长。

竞争对手也采用新技术之后，所有企业都会降低生产成本，积极争夺客户，最终导致价格下降。市场竞争足够激烈的情况下，创新的收益会传递到消费者身上，一个名义收入没有变化的员工，现在可以以更低的价格买到相同的产品，所以他们的实际收入增加了，这就是卢德主义存在问题的地方。只要市场竞争足够激烈，劳动节约型科技就能降低生产成本与销售价格，提高劳动力的购买力。经过了上百年的科技进步，美国家庭如今在食物方面的开销还不到收入的 13%，而在 1901 年，这一比例高达 43%。[11]

可是另一方面，科技进步也会导致大量劳动力失业。乔治·奥威尔认为，跟社会主义相比，资本主义经济会产生很多“领取失业救济金的人”。[12] 可事实并非如此。虽然经济衰退的确会引起失业率上升，尤其是在 20 世纪 30 年代经济大萧条期间，但是在资本主义经济体系当中，没有任何证据可以表明科技进步会导致失业率永久性上升。这就引出了我们前面提到的“劳动合成谬误”——很多人误以为工作岗位的总数固定不变，是一个预先确定好的数字。没错，被自动栏杆和自动售票机取代工作之后，原先的停车场收费员就再无法从事这份工作，但这并不意味着他们不能从事其他工作，更不意味着他们只有把别人从工作岗位上挤下去才能找到一份新工作。

在科技变革面前，并非所有的劳动力都会遭受同等的冲击，也并非所有赢家都能收获同样的财富。某些地区、某些技能、某些年龄的劳动力会受到更大的影响，尤其是在他们无法通过再培训、搬迁等方式适应历史潮流的时候。比如在阿巴拉契亚山脉，大多数煤矿工人都必须搬去他乡，学习新的技能，否则几乎找不到任何出路；再比如在农业综合企业逐渐取代旧农业模式的情况下，一位 55 岁的牧民很难再找到一份和放牧相关的工作。科技创新颠覆了普通劳动力的工作方式，这些人必须付出极高的代价才能跟上时代的步伐。

最终，劳动力市场中有多少愿意工作的人，就会有多少工作岗位。虽然失业必然存在，但这是劳动力供需匹配过程存在瑕疵所导致的，经济衰退时，供需错位的程度会更为严重。不过从长远来看，最重要的是身体健康的人是否能够找到工作，而这又取决于他们愿意接受的工资水平。对于高薪主管的配偶来说，与其去赚取 11 美元的时薪，还不如留在家里照看孩子，这种情况不是失业，而是处于不活跃状态。正如前文所述，失业与不活跃最大的区别就在于，对于同一工资水平，失业者愿意接受，只是尚未找到工作；而不活跃者不愿意接受，所以他们没有去寻找工作。

所以说，因科技进步而失业的那些工人，他们最大的问题不在于找不到工作，也不在于失业救济金，他们真正的问题在于市场中虽然存在一些新的工作机会，但这些工作的工资却比之前还要低。如今，矿场大部分工作都由机械完成，[13] 虽然科技创新增加了矿场的产量，但它也减少了员工的数量。留在矿场操作机械的员工可能会涨薪，而那些被解雇的人在寻找新工作时，薪资可能会下滑。转职成为优步司机或保安之后，一个熟练矿工的工资可能会跌到只比最低工资高一点点的水平。就算他们找到了一个有技术含量的、发展前景较好的新职业，他们也不得不从最底层干起，一步一步地把工资提上去。

工作岗位的总数并不固定，科技进步也不会导致大规模失业。倘若“劳动合成谬误”变成了事实，那今天的失业率至少也会超过99%。前面我们提到，几代人之前，几乎所有人都在从事农业生产，今天农业工作者的比例还不到总人口的1%。从长远来看，因科技进步而失业的劳动力会重新活跃在新出现的工作岗位上。虽然这一过程会导致年龄较大、成长受限的劳动力就业困难，但这实际上是科技创新和创造性破坏的必然结果，我们能做的就是对这些群体多一些关怀。

持续不断的创新和全新岗位的出现，其实都是人类社会所特有的现象，也是人类与其他物种最大的区别所在。不过，马尔萨斯主义的拥趸认为劳动力其实就是动物，随着资源的逐渐枯竭，劳动力最终会因贫困而死亡。然而正如亨利·乔治在批评马尔萨斯主义时所说的那样：“动物和人类之间是有区别的。鹰和人都吃鸡，但鹰越多，鸡就越少；而人越多，鸡也越多。”[14] 就像人类的食物总量并不固定，工作岗位的总量也不固定。想要工作的人越多，生产成果也就越多。

一个坚信工作岗位总量固定不变的人，会得出这样一种谬论：职场女性数量的增加会导致失业率遽然上涨。现实情况是，经济景气的时候，参与到工作生产中的女性越来越多，但失业率并没有因此而上升，欧洲部分国家降低退休年龄的政策也没有引起失业率下降。尽管50岁并不算老，但按照法律规定，只要达到了这一年龄门槛，教师、银行出纳、邮政人员就必须退休，以便腾出更多就业机会。然而失业率并没有因此而下降，反而是被迫将工作意愿转为不活跃状态的劳动力越来越多。

很多民粹主义者认为移民夺走了大量工作机会，其实这也是“劳动合成谬误”的一种表现形式。国民阵线是法国著名的极端民族主义组织，曾以“之所以有 200 万人失业，是因为社会多出了 200 万移民”为宣传口号。按照这个逻辑，随着职场女性数量的增加，国民阵线的现任领导人玛丽娜·勒庞应该会得出这样一种结论：“之所以有 200 万人失业，是因为社会多出了 200 万职场女性。”这足以说明工作总量固定不变这一想法有多么荒谬。

20 世纪下半叶，大多数西方经济体的职场女性数量都翻了一番（在美国，女性参与工作的比例已经从 1962 年的 43% 增长至 2019 年的 76%[15]）。而在此期间，失业率一直在 5%~10% 之间来回浮动。这是因为，既然工作的人变多了，那挣取薪资的人也就变多了，而这些薪资最终会变成消费的一部分。反过来这也会提高市场对商品与服务的需求，进而提高市场对劳动力的需求。除工作人数外，个人的工作效率也是一个关键因素。2000 年，当时的法国总理利昂内尔·若斯潘推出了 35 小时工作制，但这一举措并没有促使企业雇用更多员工，失业率也没有因此而下降。

工作岗位的总量从来都没有固定过。从历史上来看，社会主要工作已经从食物生产转移到其他领域：比如可以解放农业和制造业劳动力的知识产出行业、机器设计行业，以及人工智能行业、程序设计行业，甚至是优步司机、保安、导游。虽然新科技的确取代了部分人的工作，但它也实实在在地提高了全体劳动力的实际收入。就算某些劳动力的名义收入下降了，但与此同时商品成本与价格也下降了，总的来说，人们的购买力还是上升了。科技进步给每个人都带来了好处。

需要提醒大家的是，只有在市场竞争足够激烈的情况下，这种理论才会成立，这就是本书的核心内容——利润悖论。企业掌控市场支配力之后，劳动节约型科技创新仍旧会降低企业的生产成本，但不会降低它们的售价。由于新入场的企业会抢占市场份额，降低市场价格，所以先入场的企业会想方设法阻止它们的到来。另外，盛行于整个经济体系的市场支配力最终会降低工资水平，从而降低劳动力的购买力。

例如在欧洲，处于竞争关系的挪威航空、易捷航空、瑞安航空实现了劳动节约型科技进步，所以旅行费用也比之前低了很多。然而在美国，同样的创新并没有导致价格的同步下降。《华盛顿邮报》的一项调查发现，美国同类航班的价格是欧洲的两倍。[16] 虽然这背后有很多因素在作祟，但最重要的原因还是四家大型航空公司占据了美国70% 以上的航空市场份额，竞争程度比欧洲低得多，而这在很大程度上是因为近些年来美国市场监管的缺位。由于场内企业的百般阻挠，新企业很难入场竞争，所以市场价格一直居高不下。这种情况下，劳动节约型科技进步只会带来更高的利润，而不是更低的价格。

随着价格的提高，科技进步的收益将越来越多地流向企业，而在完全竞争的环境下，企业只能暂时获得领先优势，从长远来看竞争会将利润抹平，这就是一种有利于竞争的资本主义。尽管掌握新科技的企业会暂时领先市场，赚取超额利润，但不久之后竞争对手们也会采用同样的技术，从而冲淡先行企业的利润。由此可见，卢德主义者的所作所为可以看作对掌控市场支配力的企业的反对，以及对改善工人待遇的诉求。如今，Z 世代的年轻人也会把不愿使用移动设备和社交媒体的人称为卢德主义者，其实这并不准确，他们只看到了卢德主义者破坏机器的行为，却忽略了他们对提高工资、改善工作环境的迫切需求。而卢德主义者的工作待遇之所以遭受了巨大冲击，恰恰就是因为某些创新企业因科技进步而掌控了市场支配力。

如果把拒绝接受新科技这个特点去掉，那么前文中的埃琳其实就是当今时代的卢德主义者，虽然她已经晋身为高级技术顾问，但在日渐强大的市场支配力面前，她的薪资水平却一直停滞不前。那些不断进行科技创新的企业已经成功建起了宽广的护城河，整个经济体系的薪资水平都被这种力量拉低了。像埃琳一样的劳动者肯定不想去摧毁当今时代的纺织机，逆转科技进步的潮流，但他们绝对有充足的理由要求我们的社会修复被市场支配力统治的经济体系，提高乔、贝蒂、俄亥俄州锈带地区工人的工资待遇。在经济转型的过程中，由于转换职业的难度太大，老年劳动力承担了过多的成本。[17]

职业的挑选是一种长期的抉择，大部分工作经验都是在工作岗位上、晋职道路上掌握的。想要成为一个专业技能过硬、职业素养较高、对本职工作有较深认同感的人，最起码需要10~15年的时间，这还不包括在学校学习的那段日子。所以说，经济转型的难点并不在于转换工作，而在于转换职业。

卡车货运公司的秘书和医疗保险公司的秘书需要掌握的业务能力极为类似。当新技术出现、卡车运输业不再提供相关岗位时，这个秘书可以很轻松地跳槽到医疗保险公司。真正的难题在于职业的转换，比如从行政人员转为一名专业护士。新职业不仅意味着全新的培训过程，更意味着你要从该行业的最底层开始做起，一步一步回到之前的薪资水平。然而行业底层充满了各种不确定性，被迫改行的那些新人很容易就会被淘汰掉，然后继续去尝试另一个职业，这一过程会进一步降低他们的薪资水平。[18]科技进步速度越快，这些人遭受的打击就越大。正如我们前面所说，这些人往往是上了年纪的员工。

尽管经济转型的成本很高，尽管科技进步在短期内有可能产生严重的负面影响，但只要我们把目光放长远一些，就会发现科技创新和经济贸易能够给我们带来巨大的收益，而这些收益几乎全部来自不断发展的劳动分工过程。

持续发展的劳动分工、专业化、创新

早在12000年前，更新世末期，狩猎采集型社会就已经出现了家庭内部的分工，有些人专门负责打猎，有些人专门负责哺育后代。这种早期分工模式并不是人类独有的，其他物种也存在类似现象，只不过跟动物相比，人类在抚养后代方面付出了更多时间和精力。

第一批智人学会直立行走之后，他们的腰部逐渐变得越来越紧实，同时由于智力的进化，他们的大脑与头部也逐渐变得越来越大。从某种程度上而言，所有人类都是“早产儿”，因大多数哺乳动物出生不久就会走路，而由于腰部脆弱、头部过大，人类通常在出生一年之后才能学会走路。我们可以据此推断，9个月的孕期，再加上12个月学习走路的时间，人类完整的孕期应该是21个月才对。早产12个月，就意味着父母需要对后代进行额外的照看，为了生存，家庭成员之间不得不进行分工合作。如果不分工，那父母双方都必须各自拿出一半时间照看孩子，拿出另一半时间打猎觅食，专业化分工可以让所有人受益。

比如，父亲可以通过9个小时的觅食活动为家庭提供充足的食物，而母亲只需要8小时；父亲需要7小时才能完成抚养后代的工作，而母亲只需要4小时。如果两个人都花费一半的时间觅食，花费一半的时间照看后代，那么父亲一共需要工作8小时，母亲一共需要工作6小时，二人共需工作14小时。倘若父亲只专注于觅食工作，母亲只专注于哺育工作，那么在食物总量和抚养质量不变的情况下，父亲工作9小时，母亲工作4小时，双方一共只工作13小时，整个家庭的效率提高了一个小时。这是因为在本例中，父亲在打猎觅食方面拥有比较优势，而母亲在抚养后代方面拥有比较优势。

关于比较优势和劳动分工，我们要注意以下两点：首先，即便母亲在觅食和哺育方面都做得比父亲好（母亲拥有绝对优势），但本例中她只从事效率更高的工作，即抚养后代。其次，从整体来看，家庭效率的确提高了，但这不一定意味着每一位家庭成员的生活都得到了改善。调整之后，父亲多工作了一个小时，而母亲少工作了两个小时，这种情况下只有母亲享受到了好处。当然，父亲也可以少打一会儿猎，空缺出来的这部分食物资源可以让母亲照看完孩子之后去补上。我们的重点在于，尽管劳动分工和工作专业化可以在整体上提高效率，但这一过程不一定能让所有人受益。

从长远来看，劳动分工还能给这个家庭带来更大的影响。现在整个家庭多出了一个小时的时间，他们可以利用这一小时从事其他活动，以提高生活质量，比如积累更多食物，给孩子更多关爱，或者提高个人技能，学习新的知识，甚至饲养动物，制作工具——这本质上就是一种资本投资。

这种资本投资反过来也会提升未来的生产力，减少觅食时间。此外，工作专业化也会提升大家的知识储备与工作能力，毕竟实践出真知。父亲专注于觅食打猎，母亲专注于抚养后代，长此以往，每个人都可以在更短的时间内完成更多工作，这就是科技进步的意义所在。在劳动分工和工作专业化的过程中，通过经验积累（来自劳动本身）和资本投资（比如工具）这两种方式，生产力可以得到极大提高。

劳动分工从家庭内部扩散到群体之后，人们就进入了以物易物的经济时代。之后劳动力会走出定居点，聚集到某些特定地点来交换物品，这就是市场的雏形。从史前时代的这些发展过程中我们可以清楚地看到，劳动分工、专业化、科技进步并非资本主义独有的现象。即便是在共产主义的苏联，贸易与交换也是在劳动分工、专业化、科技进步之后才产生的。这些现象甚至不是人类所独有的，很多动物中也存在着合作行为，只不过方式和人类不太一样。比如蜂群内部的合作是出了名的，鸟类为了节省体力也会默契地组成V字队形。工作专业化是一种普遍存在的现象，它可以优化资源的分配。人类的分工其实就是彼此合作，共同努力，而这需要对未来保持信念。

没错，信念是前提，因为随着时间的推移，劳动分工会涉及贸易问题。即便是以物易物，货物的生产与投资也是在交易之前完成的。早在机器被设计出来、药物被发明出来之前，公司就已经开始雇用科学家进行研究，而当时公司并不清楚到底有多少顾客会购买自己的产品。最重要的是，投资充满了不确定性。劳动分工不仅意味着工作的专业化，也意味着我们必须将风险控制在可接受的范围之内，只有这样公司才能对商品的成功上市保持信心，劳动力才能坚信自己现在从事专业化工作是为了在未来得到应有的回报。

任何被交易的物品都蕴含着大量劳动力的心血。由于工作岗位的专业化程度实在太高，我们甚至无法知道一件商品到底包含了多少人的贡献。一辆汽车有数以千计的硬件，其中大部分都产自不同的公司，也就是产自不同劳动力的手中。此外，汽车的生产还会涉及几百万行的代码，我们也不知道都有哪些程序员为这些算法付出了自己的时间和精力。其中有些算法是第三方授权使用的标准算法，这些算法背后的程序员甚至和汽车制造商一点关系都没有。

我们完全没有办法得知都有哪些人为一辆汽车的各个零件付出了自己的时间与汗水。就连理发或按摩这种看似单人完成的服务，实际上也涉及了其他人的劳动，这些劳动也很难一一列举出来。比如，谁建造了理发店所在的商场？谁生产了椅子和剪刀？每一件事物都涉及无数人的付出。同汽车的生产一样，在付出这些劳动的人中，很多都和理发店没有直接关系。

只有在专业化商品、专业化服务的市场足够大时，专业化分工才会给劳动者带来好处。正如亚当·斯密所说，劳动分工会受到“市场广度”的影响。[19]只有当专业化工作可以赚取足够薪资、在专业教育和专业工具上面所花费的投资可以带来足够回报时，专业化分工才能持久地发展下去；只有当经济体系正常运转、商品与服务的需求充足时，专业化分工才能广泛地传播开来；只有在法律和执法机构能够确保货物及时交付的情况下，货运公司才能正常运转。制度可以建立信任。那些工厂在投建基础设施时必须时刻关注通货膨胀的走向，以便尽可能准确地计算出投资回报率。另一方面，中央银行也会提供制度保障，将市场的总风险降至最低。

这个庞大的专业化体系非常有意义，它可以让我们以尽可能低的成本生产出价值极高的商品与服务。除非是出于闲情雅趣，否则没人会在自家院子里盖一个小菜园来实现食物的自给自足，因为这样一点都不划算。你必须为此付出大量的时间，你用这些时间去工作所赚来的薪水，足够你在超市或农贸市场买到好几倍的蔬菜。如今农产品的价格比住房价格低得多，现代人在食品方面的支出比例也比前几代人低得多，前面在介绍恩格尔系数时我们就提到过这一问题。总而言之，制成品的价格比以前便宜了很多。20 世纪 80 年代我第一次去滑雪的时候，租一个星期的滑雪设备和买一个星期的滑雪通行证一样贵，现在前者的价格只有后者的 1/3～1/2。

很多人认为，既然更多的经济生产可以由更少的劳动力来完成，那劳动力生产的价值所占的比例也会随之下降。如今，不到 10% 的劳动力生产出了全部的农产品和制成品，而 100 年前这一比例超过了

90%。这么看来，劳动力产出占总产出的比例似乎的确会下降，然而事实并非如此。

通过第 3 章提到的卡尔多程式化事实我们可以发现，劳动收入大约占经济总价值的 2/3。虽然由于市场支配力的不断增强，这一比例一直在下降，但它仍旧是一个很大的数字，这足以说明在科技进步面前，劳动岗位的总量并不固定，那些被科技取代的劳动力完全可以从事其他生产活动。

其实深究起来，所有价值都可以归属于劳动。换句话说，剩下那 1/3 的资本产出最早也是来自劳动生产。比如今天有台机器被当作资本卖掉了，但实际上这台机器是去年由劳动和资本共同制造的。由此可见，资本份额其实也是对劳动的一种衡量，只不过这些劳动最后被转化为了能够提高工人劳作效率的机器和建筑。

这就是亚当·斯密在 200 多年前得出的结论："劳动是第一价格，是原始的购买货币。世间一切财富，最初都由劳动购买，非由金银。"[20] 不过，科技变革所带来的收益有时并不会流向当时的劳动力手中，资本的所有者（资本来自过去的劳动）可以通过资本投资来得到大量回报。

健康的经济体系中有一股力量可以控制适当的资本投资回报，这股力量就是市场的自由进出。

竞争对手的入场自由

对企业来说，城堡周边的护城河可以帮助它们建立、保持市场支配力；而对竞争对手来说，入场自由可以帮助它们跨越护城河，攻入城堡。如果一家企业赚取了超额利润，那么其他任何一家拥有一定资本和技术的企业都会想要进入这个市场，跟场内的企业分一杯羹。在进化生物学中，食物获取困难等环境压力，以及来自其他对手（比如掠食它们的动物，或来自同一物种的其他动物）的竞争压力，会导致只有最适合的物种才能生存下去。同样，在经济学中，入场自由可以确保价格最低化以及劳动收入份额最大化。此外，入场自由也可以确保资本投资得到适当的补偿，而不是过量的补偿。

为了明白入场自由是一股多么强大的力量，我们可以看看 Bongo 公司的例子。2000 年初，互联网经济发展势头正猛的时候，大学毕业不久、在科技行业与广告行业干过几年的布鲁诺·斯帕斯（Bruno Spaas）与马克·维尔哈根（Mark Verhagen）想到了一个很好的创业点子——他们想为大家提供一种以创意周末活动和精品短途旅行为卖点的礼品服务，这可比旅游公司提供的那些千篇一律的旅游套餐好玩多了。

这些创意活动主要包括漂流探险、热气球旅行，以及位于英国白垩悬崖（chalk cliffs）之上的特色旅店，而且所有服务都可以在官网上实时查看预约状态。在当时，也就是 20 多年前，智能手机尚未问世，热气球和实时更新都是很新奇的玩意，消费者完全可以根据网站的预约人数和开放时间来安排自己的出行计划。此外，他们的服务操作简单，方便快捷，价格透明，没有任何隐性消费，活动种类与旅行地点都很丰富。无论是供应商还是消费者都对这种新兴服务青睐有加，网站流量几乎像火箭一样直线蹿升。虽然一切都很美好，可是最终销量却十分有限。这是因为当时的旅游市场已经接近饱和状态，虽然他们在广告营销方面投以重金，可当时的消费者并不习惯使用信用卡进行在线支付这种消费模式，他们更喜欢直接给酒店打电话预约。尽管互联网为大家提供了很有价值的信息，成为酒店管理者管理预订信息的得力工具，但它并没有给 Bongo 带来什么订单。

经过一年多的投资、各种实验性创意、优惠活动之后，创始人和投资方一直都没有实现盈利，所以他们打算在即将到来的圣诞节再尝试点新东西。他们想，大家会不会喜欢把假期当作生日礼物？会不会想为亲朋好友预约明年夏天的热气球飞行或周末美食大餐？起初，这些礼物仅仅是由计算机打印出来的一串兑换码，送给别人的时候一点吸引力都没有。几年之后，兑换码逐渐演变成了 Bongo 这种礼品模式。Bongo 是一个包装精美的小盒子，里面有很多张色彩亮丽的照片，每张照片代表一种不同的娱乐活动，整个设计一眼看上去就是一个相当诱人的礼物。你可以一边浏览照片，一边思考自己是应该去乘坐热气球，吃一顿浪漫的晚餐，还是应该去某个景致独特的地方过个周末，不管你的爱好如何，其中总能有一款选项令你满意。一经问世，这种礼品就获得了巨大成功，尤其是在圣诞节前的那几天，Bongo 的服务简直供不应求。此外，很多旅行社也会分发这些时尚的小盒子，后来超市和报刊亭也加入了进来。在人们逐渐把它当作“最后一刻的礼物”之后，很多商店甚至会求着和 Bongo 公司合作，以便得到更多货源。Bongo 盒子很快就成为风靡一时的礼物。

Bongo 本质上其实就是一种礼品卡，这算不上什么创新，但它成功地将礼品和假日、活动的概念结合在了一起，在那些美丽的图片面前，很少有人能够抵挡住诱惑。我送给我侄子一次蹦极的机会，绝对要比我送给他一张 50 欧元的购物券要酷得多。不过仅凭人们对这项服务的喜爱程度，还不足以让 Bongo 收获如此巨大的成功。事实上，还有两个意料之外的因素帮助 Bongo 实现了前所未有的盈利，第一个就是，人们一般会在年底购买 Bongo 礼品，但那些收到礼品的侄子侄女通常会在第二年的 8 月份才有时间去体验蹦极等活动。所以平均来说，购买礼品与兑换礼品之间存在 9 个月的缓冲期。顾客购买服务时，Bongo 公司会立即收到付款，但那些活动的供应商（比如蹦极场地的经营者）则会在 9 个月之后才能收到付款，这 9 个月期间的现金全部由 Bongo 公司代管。这不仅解决了公司在经营业务、改善服务过程中有可能遇到的现金流问题，同时也使得公司可以将年收入的 3/4 作为资本，这些钱无论是存进银行，还是放到市场中进行投资，都能让公司获得不菲的收益。

第二个意料之外的因素，就是有一小部分的 Bongo 礼品券从未被人兑换过。其实很少有人会拒绝酒店住宿或周末美食大餐，在被拒绝的那些礼品中，大部分都是蹦极等活动，只有不到一半的人兑换了这类礼品。虽说蹦极的确是一项很酷的、激动人心的礼物，尤其是对于送礼者来说，但真要跳下去的话，没点胆量可不行。再加上有些小孩患有恐高症，有些妈妈不太信任叔叔送的这份礼物，很多兑换券被白白浪费掉了。为了减少这种情况，Bongo 提供了大量不同的冒险活动，其中很多都没蹦极那么吓人，可冒险类礼品券的兑换率还是明显低于其他种类。假如兑换率是 95%，那么对于一张 100 欧元的礼品券，Bongo 公司实际上只花费了 95 欧元的成本，这 5% 的“意外之财”就是一种纯利润。

凭借着 9 个月的现金收益，以及礼品券未兑换而产生的“意外之财”，Bongo 公司实际上已经变成了一家以金融业务为主的旅行社。一面是庞大的市场需求，一面是不菲的金融收益，Bongo 公司很快便异军突起。起初 Bongo 的业务只涉及比利时、荷兰、卢森堡等几个国家，不过很快就拓展到了另外 9 个欧洲国家。到了 2007 年，公司总收入已经超过了 1.5 亿欧元。

随着 Bongo 名气的扩大，很多投资者和企业家也盯上了这一行业，Bongo 那超乎寻常的利润就像公牛面前的红布一样，吸引着竞争者的到来。尽管 Bongo 在礼品的名称和设计上有一些知识版权，但它们无法为这种礼品形式申请专利。起初竞争还不激烈的时候，Bongo 还可以勉强支撑，但随着竞争对手的增加，某些企业开始强势入场，蚕食掉了一部分利润。2007 年夏天，在某家私募股权基金的支持下，一家法国公司试图收购 Bongo，因为它觉得自己有很多方法（比如继续降低礼品券的兑换率）去进一步提高 Bongo 的利润率。2007 年底，收购完成，布鲁诺和马克卖掉了 Bongo 公司。

这次收购来得可真是时候。之所以这么说，是因为没过多久，雷曼兄弟便宣告破产，经济危机便席卷全球，如果再晚几个月，投资方根本没有这么充裕的资金来收购 Bongo。更重要的是，由于竞争对手开始入场，仅仅几年之后，Bongo（后来更名为 Smart Box）便开始面临极大的竞争压力。尽管它仍旧是第一梯队的礼品公司，但竞争对手的数量实在是太多了，有些对手几乎完全控制了某个国家的市场，其背后的拥有者往往是拥有强大零售网络的大型旅游公司。为了留住客户，Smart Box 不得不开始降价销售。最终，其价格比蹦极公司的成本还要低，之前因礼品未能兑换而获得的“意外之财”也由此消失殆尽。

Bongo 公司的故事完全可以看作是熊彼特创造性破坏理论的经典案例。创新孕育出了某种全新的、利润过高的商业模式，并淘汰掉了陈旧的、传统的商业模式。不过竞争者的进入会导致价格战，进而抹平那些超额利润。入场自由可以约束资本的回报率，也可以将利润维持在刚好可以吸引竞争者进入、不会影响到投资意愿的水平之上。最终受益的是广大消费者和劳动者，因为大家可以以尽可能低的价格购买到商品与服务。正如我们在第 2 章中所讨论的那样，如果整个经济体系的价格都比较低，同时资本投资的回报也比较合理，那么大家的工资水平就会上涨，劳动收入份额也会随之上升。

科技进步会导致劳动分工程度和专业化程度的提高，但由此解放出来的劳动力不一定会把时间继续花费在商品与服务的生产上，他们也可以将这些时间用来休闲娱乐。接下来我们就来看看科技进步对工作时间造成的影响。

劳动就是为了更好地休闲吗？

大多数人都听过这样一个故事：在非洲某个阳光明媚的沙滩上，一个渔夫坐在棕榈树下，正在烤着早上钓到的鱼。这时一个西方人走了过来，跟渔夫聊了聊人生。西方人问渔夫为什么下午不打鱼了，如果下午接着打鱼，渔夫就可以把它们卖掉攒下一些钱。有了这笔钱，渔夫就可以再买一条船，雇用员工，卖出更多的鱼。长此以往，他就可以发展出一支属于自己的船队，雇人替自己打鱼，这样自己就可以躺着赚钱了。听完这些话，渔夫反问西方人，自己挣这么多钱有什么用。西方人告诉他说，他可以从此不再打鱼，找一个美丽的海滩，坐在棕榈树之下好好休息。渔夫难以置信地看着他说："我为什么要等到退休之后再跑到沙滩上，靠在棕榈树下休息，我现在不就已经做到了吗？"

很多人都认为，之前社会没这么发达的时候，人们的日子要好过得多。反观现代社会，随着科技的进步、国际贸易的增加、经济总量的增长，大家已经逐渐变成了在玩具转轮上奔跑的仓鼠，拼命奔跑只是为了能够保持在原地。很多人被迫加班，很多专业人士超负荷工作却得不到应有的回报，尤其是在职业生涯早期。麦肯锡的顾问、律师事务所的律师、华尔街和伦敦金融城的经纪人以及医生，他们的工作时间都是出了名的长，他们天未亮就到了公司，晚上很晚才能回家，一日三餐都是在办公桌上解决的。虽然他们的工资往往都很高，但他们每周要工作 80 多个小时，所以把工资换算成时薪的话，其实比快餐店服务员的薪资水平也高不了多少。

如今，很多工作普通、收入不高的人也常常要超负荷工作，尤其是那些打零工的人，为了维持生计，他们通常会透支身体，没日没夜地工作。想想那些优步司机吧，不管是半夜、周末，还是节假日，只要你有打车需求，就能用优步迅速找到一辆车。说到这里，我想起一位开优步车的高中数学老师，当时是夏日炎炎的 7 月，他告诉我说，数学教师是一项很美好的事业，他喜欢看到孩子们学习数学时眼里流露出来的光芒。可是很快他就话锋一转，跟我抱怨说美国暑期数学培训班的收入实在太低了，他用优步载客都比这赚得多。

虽然工作时间变长的人的确有很多，可工作时间变短的人其实比前者更多。人们在讨论工作时长这一话题时，很容易忽略其他工作时长的人，把注意力全放在工作时间极长的职业上，就像我刚才那样。实际上，不仅各行各业在工作时长方面存在差异，不同年龄、不同性别、不同收入的人群之间也存在巨大差异。尽管某些极端情况的确存在，尽管个别群体的工作时长的确很夸张，可这并不能代表经济体系的整体情况。

跟几十年前、几百年前的情况相比，现在世界各地的劳动力的工作时长明显减少了。最近有研究发现，自第二次工业革命以来，劳动力的工作时长每年都会下降 0.3%，具体来说，就是每周少工作 7 分钟。虽然 7 分钟看似无关痛痒，但长期积累下去，效果会很惊人。在美国，每周平均工作时长已经从 1830 年的 70 小时下降到了 2015 年的 40 小时，这意味着相比 200 年前我们现在的工作时长几乎下降了一半。[21]

1930年，约翰·梅纳德·凯恩斯（John Maynard Keynes）在论文中给出了自己对未来的预测：到2000年的时候，人们每周只需要工作15个小时。[22]虽然这个数字和现实完全不符，虽然他对工作时长的下降速度过于乐观，可有一点他没有搞错，那就是我们的工作时长的确下降了。假如工作时长可以一直保持过去150年的下降速度，那么最起码得等到2200年以后，工作时长才会下降到每周15小时的水平。[23]当然，这一预测的前提是生产力的增速不会出现下滑，大家以闲暇时光换取更多收入的意愿也没有改变。

回顾历史我们就会发现，经济体系其实还是出现了很多变化的。在大多数劳动力受雇于农场或工厂的年代，工作时间很长，人们每周都要起早贪黑地工作六七天；如今，大多数服务性岗位的工作时长不会超过每周40小时的水平。由于生活更富裕了，大多数人的工作时长都变短了。从恩格尔系数来看，我们在食品和其他必需品方面的花费占收入的比例也下降了，我们可以用多出来的钱去购买更多商品与服务。

需要注意的是，工资变高并不意味着我们一定会减少工作时间。矛盾之处在于：一方面，同休闲相比，工作变得更诱人了，工作1小时比之前挣得更多了（即替代效应）；而另一方面，拥有了足够的消费能力之后，我们更愿意在娱乐休闲方面花费更多时间（即收入效应）。数据表明，随着时间的推移，劳动生产效率越来越高，大家的工资也越来越高，家庭花费在休闲娱乐方面的时间也更多了，同工作相比，人们更愿意去观看体育赛事，去户外活动，去看电影或旅游。我们的空闲时间变多了，娱乐活动也更便宜了。对于挪威人来说，所有东西都很贵，尤其是酒。对他们来说，与其在家做饭喝酒，还不如去“Suden”——这个词可以大致理解为“南行”，即乘坐廉价的挪威航空，从首都奥斯陆飞到西班牙的马略卡岛度个短假。

对于休闲娱乐，亚里士多德曾说过这样一段话："人们普遍认为，幸福程度取决于闲暇时光的长短。人们之所以忙忙碌碌，其实就是为了有机会好好休息，人们之所以发动战争，其实就是为了争取一个安静祥和的生活环境。"[24] 这么看来，劳动的目的其实就是休闲娱乐。纵观整个历史，人类的工作和技术进步似乎正好实现了这一点。

接下来我们就来聊一聊新时代的"零工经济"。在打零工的过程中，工作和闲暇似乎成了同一件事。

零工经济

就像机器人和其他劳动节约型科技一样，零工经济也会威胁到很多人的工作岗位。出租车司机的工作机会本来就很少了，如今在科技的帮助下，任何一位有私家车、智能手机以及几个小时空闲时间的人都可以从这些司机的手中把工作抢走，使得他们的岗位变得更加岌岌可危。尤提奇奥斯就是这些"工作窃贼"中的一员。

刚开始工作的时候，尤提奇奥斯只是一名普通教师，2002 年退休的时候，他已经成为一名校长。走完整个职业生涯之后，他不得不离开了自己的工作岗位，尽管他还想继续工作，却找不到任何机会。他投了大量简历，可很少有公司回复他。在投简历的这些工作中，他最喜欢的是代课教师，他认为自己之所以没有被雇用，主要是因为年纪太大了，尽管并没有任何一位雇主跟他明确提过这一点。

尤提奇奥斯几近绝望，以至于他现在愿意接受任何一份工作，只要合法就行。其实他自己心里也明白为什么没有人愿意雇用他——既然你只能工作几年，健康状况也比年轻人差得多，那他们为什么要花钱雇你呢？另外，自己的要求其实也比较高——尤提奇奥斯希望每工作三四个月就能休息一个月，以便腾出时间去旅行。事实上，的确有几家公司向他发出了邀请，他也断断续续地干过几份工作，比如Papa Gino’s餐厅曾为他提供了一份货车司机的工作，条件是他必须刮掉所有胡子，可成年之后尤提奇奥斯就一直蓄着胡须，他不愿意在这个年纪改变自己的仪容习惯。此外，他还在必胜客当过几天送餐员，可是在休息了一个月之后，他发现自己的工作已经被别人抢走了，必胜客也没有再给他安排其他职位。

尤提奇奥斯开始思考，自己是不是可以当一名优步司机呢？刚开始冒出这个念头的时候，他还担心自己会抢了出租车司机的生意，可是经过一段时间之后他开始明白，自己别无选择。2015年10月，已经79岁的尤提奇奥斯成了一名优步司机，而且他很快便喜欢上了这份工作。这份工作不存在迟不迟到的概念，也没有主管天天盯着他，他也不用操心收钱的事。他喜欢和乘客保持安全距离，也喜欢和乘客聊聊天。这份工作唯一的问题，就是上厕所很不方便，因为波士顿没什么地方可以停车。他非常喜欢这份工作，以至于他愿意每天工作10小时、每周工作7天。优步给他配了一张信用卡，这张卡会自动通过他的账户支付油费，所以他挣的钱已经扣除了全部成本。当然，汽车的维护、修理、折旧还是要自己来承担。他的目标是每天接送20名乘客，这样他每天就能有大约150美元的收入，每月就能拿到4500多美元。

尤提奇奥斯早就步入了婚姻的殿堂，六个子女也早已成家立业。在退休金和积蓄的支撑下，他的小日子完全可以过得有声有色。他之所以一大把年纪还在努力工作，是因为他想为乌干达的一家孤儿院奉献爱心：

坎帕拉是乌干达的首都。2002年，在拜访位于坎帕拉的某家慈善机构时，我还顺道去了70公里之外、位于米蒂亚纳小镇上的孤儿院，当时那位院长就给我留下了深刻的印象。后来我又了解到，这位院长私下里收养了很多孤儿和弱势儿童，并尽己所能地为他们提供食物和基础教育。然而他所做的这些善事，全都依托于每月仅仅200美元的退休金。看着这些营养不良的孩童，院长无奈地跟我说："我还能怎么办呢？我一共就这么多钱。"[25]

尤提奇奥斯年轻时千里迢迢地从希腊克里特岛来到了美国，他自己也是一名孤儿，深知弱势儿童的不易。小时候最困难的那段时期，他得到了很多爱心人士的帮助，所以他想回馈社会，为乌干达孤儿院的孩子们尽一份爱心。自那次非洲之行后，他一直都在努力工作，向朋友们筹借旅费，以便能够每隔三四个月就去乌干达看看那些孩子。利用每月攒下的500美元，他给孤儿院的孩子们带去了豆子、大米、面粉、糖、油、肥皂、盐、碎花生等物资，以改善他们的膳食。他之所以一大把年纪还在努力工作，就是为了赚出去乌干达的旅费，并尽量满足孤儿院那些孩子的各种成长需求：

以前有段时间我怎么都找不到工作，现在我不仅成了一名优步司机，甚至干得还挺开心。这份工作灵活性很强，我完全可以每隔几个月就去非洲待上一段时间。上班时间、下班时间都是我自己说了算，我可以自由自在地在波士顿赚到我需要的金额。我的生活有了奔头，我的所作所为也能让我的身心得到慰藉，每天我都有充足的动力从床上爬起来去工作，尽管收车之前我要开十多个小时，可我并不觉得疲惫。一想到那些孩子的笑脸，我身上就充满了干劲，我恨不得每天都能跑遍大街小巷，恨不得让每一位乘客都能坐上我的车。我很喜欢这份工作，我从没觉得累。我遇到的乘客也很友善，跟他们聊聊天能让我的生活更加充实。孤儿院一共有130个孩子，这130个孩子就是我努力活下去的理由。

尤提奇奥斯是一位快乐的优步司机，他可以在生活之余灵活安排自己的工作，并根据实际需要调整工作时长。对于尤提奇奥斯来说，这种零工是一种完美的存在，“零工”意味着他随时都可以最大化自己的工作时长。

可是对于其他人来说，情况并没有这般美好，比如那些出于各种原因成为优步专职司机的人。就像出租车司机一样，这也是一份全职工作。工作一段时间之后，很多人会购买一辆属于自己的新车，然后为了还上贷款而夜以继日地载客。换句话说，他们被牢牢地捆绑在了这份职业上。其实这就是优步向新手司机予以大量补贴的原因——公司希望这些司机能够永远和优步绑在一起。绑定之后，优步就会尽可能地压低工资，再加上购车贷款和各种维修费用，优步专职司机根本赚不到什么钱。在网约车这个行业中，优步的薪资政策被人们称为“最低工资加2”，因为公司开出的薪资只比最低工资标准高2美元。虽说司机的收入都是按里程来计算的，但平均下来每小时的收入大概就是这么多。

当然，除薪资过低之外，这些主导市场的企业巨头还会给市场带来更多其他危害。正如我们在第3章中所看到的那样，劳动力就业机会过少时，优步这种企业巨头就可以利用劳动力市场的垄断力量来压低工资水平，剥削压榨劳动力，甚至拒绝向他们提供劳动力应有的权利和福利。尽管我们本应想尽一切办法去阻止这种现象的发生，可现实却有些残酷，因为打零工收入过低的主要原因，其实和低技能劳动力收入过低的主要原因是一样的——优步之所以能够将薪资压到“最低工资加 2”的水平，是因为这些劳动力在其他地方也只能挣到这么多。

在纽约，受雇于出租车公司的司机的收入水平其实跟“最低工资加 2”差不多。在大多数城市中，出租车执照勋章（taxi medallion）由出租公司所持有，这些公司会有偿雇用司机，并允许司机保留载客收入，不过油费也要自己支付。当然，出租车公司的老板都是精明的商人，他们支付的工资只够司机勉强维持工作开销。假若某位司机想要购买一个属于自己的出租车执照勋章，那他就得承担下 100 万美元的巨额贷款。即便贷款已经偿还完毕，他们到手的收入也差不多只有“最低工资加 2”的水平。的确，竞争激烈的劳动力市场必然会导致这种残酷的事实，低技能劳动力只能拿到较低的工资。不过，就算网约车需求上涨，劳动力市场竞争不再如此激烈，司机的收入仍然会维持在“最低工资加 2”的水平，多出来的钱会全部变成网约车公司的利润。传统出租车公司的情况正好相反，面对来自网约车公司的激烈竞争，它们会损失大量收益。2014 年，出租车执照勋章的价格还高达 100 万美元，而现在，它的价格已经跌到了 14 万美元以下。[26]

对于乘客来说，优步真有这么好用吗？答案是肯定的。在郊区等人口密度较低的地方，网约车的覆盖率的确超过了传统出租车。[27] 此外，某些技术上的改进也能给乘客带来更优质的乘车体验，比如电子支付可以免去现金交易的烦琐，GPS 可以帮助司机选择最佳路线，车主和乘客所注册的个人信息可以让双方都变得更加安全，打分评级系统可以激励车主提供更优质的服务体验，等等。可问题在于，传统出租车公司其实也完全有能力引进这些新技术。

从某种程度上来说，优步之所以取得了巨大成功，是因为很多地区的竞争对手的表现实在太糟糕了，无论它们是没有补贴的私营出租车公司，还是公共交通公司。出租车执照勋章制度不仅导致贷款能力较弱的司机难以从事这份工作，也导致行业的运营效率极其低下。最终大部分执照勋章都掌控在少数公司手里，整个市场变得高度垄断，而优步的出现彻底颠覆了这种毫无竞争力的运转方式。尽管某些已经拥有执照的司机在接受新科技时存在一定障碍，但大多数人还是想办法克服了困难。网约车不仅能够在人口密度较低的地区提供更好的用车体验，还能够通过市场竞争实现更低的价格。如此一来，公司的客户越来越多，消费者的体验也越来越好。

很显然，优步的所作所为并不是为了提高尤提奇奥斯这类人的就业灵活性，也不是为了改善你我的乘车体验，它真正的目的是赚钱。所以说，它的这种颠覆式创新也暗藏着很多危险，比如它会利用技术优势在城堡周边修建一条巴菲特口中的“宽广的护城河”。乘客与司机的配对过程会产生一种网络外部性，这意味着在网约车这个行业中，企业规模越大价值越高，率先进入市场、实现快速增长的企业会逐渐成为行业内的巨无霸。就像在线拍卖领域的易贝或在线零售领域的亚马逊一样，在规模经济效应下，只有一家或几家企业能够生存下来。

由于市场缺乏竞争，这些企业巨头不仅将员工的薪资压低到“最低工资加 2”的水平，还凭借在价格方面的话语权一边将竞争对手拒之门外，一边赚取丰厚的利润。现在的网约车公司都没有实现盈利，这是因为为了建立市场网络，它们耗费了大量的资金去补贴司机，尤其是在中国和印度。不过，只要能够成为最终的赢家，它们就可以掌控市场支配力，让价格慢慢涨上去。这就是那些投资者愿意在这些公司的股票上持续烧钱的原因——虽然现在没有盈利，但他们坚信，将来的利润之高绝对能够令人咋舌。

作为消费者，我们能做的实在有限。有些人组织大家去抵制零工经济，呼吁企业遵守道德标准，这的确有点用，因为企业不希望声誉受损。在这些运动的努力下，耐克等公司的监管变得更加严格，选择合作伙伴时也变得更为谨慎，以避免卷入雇用童工等舆论当中。不过从经济的角度来看，那些行动主义人士，尤其是那些以个人行动去抵制优步和 Deliveroo（一家英国在线食品配送公司）的人，其实会损害到底层劳动力的利益。十几岁那年第一次去印度旅行的时候，我深刻地意识到了这一点。从加尔各答火车站走出来的时候，一个人力车夫试图向我招揽生意。我觉得让一个吃不饱饭的车夫在炎炎烈日之下，汗流浃背地把我这个衣食无忧的西方富人送到目的地很不人道，所以我拒绝了他。还好当时有个略懂英语的小店主，在他的翻译下，这位车夫跟我说，如果他赚不到足够的车费，他就无法养活他年幼的孩子。所以最终我还是坐上了这辆人力车，并留下了丰厚的小费，可是当时还有 20 多名车夫在排队载客，面对这些人我实在有些爱莫能助。

之所以会有很多人去当优步司机或去 Deliveroo 当配送员，是因为对于他们来说这已经是最好的工作机会了。工资过低并不总是企业剥削员工的信号，有时它也意味着某些劳动力没有别的选择。如果我们依靠个人行动去抵制这些服务，那我们实际上就是在降低对他们的工作的需求，最终会导致他们的收入进一步下降。此外，很多时候我们并不知道这些服务隐藏在供应链的哪一个环节，这种情况下我们又该如何抵制这些服务呢？比如我在餐厅点了一条鱼，但这个品种的鱼刚好卖光了，这时后厨可能会从合作伙伴那里紧急调配一些鱼过来，而负责运送这些鱼的可能就是优步司机或 Deliveroo 配送员。不知不觉地，我就已经参与到零工经济当中了。

在目前的经济体系当中，商品与服务的供应链已经密密麻麻地交织在了一起，离开了那一小部分低收入人士的劳动，我们就无法顺利生存下去。如果我们认为低收入劳动，比如零工经济有违道德，那么我们买到的所有商品其实都不“道德”，因为它们都包含了某些低收入人士的劳动。真正的问题在于，零工经济的收入之所以如此之低，是因为其他所有低技能工作的收入都很低，这又涉及了利润悖论。由于市场支配力已经盛行于整个经济体系，整体收入水平都出现了下滑趋势，所有工资都很低，埃琳的收入其实跟优步司机也差不多。

就算行动主义人士的所作所为没有真的帮到低收入人士，我们也不能因此就真的对零工经济中的低收入现象放任不管。游说地方或国家的政客对优步进行监管，或督促有关部门去遏制市场支配力，都有希望改变现状。我们需要研究一下优步、自动驾驶等乘车服务是否有益于经济的健康发展。不过，尽管低技能工作的收入停滞不前，但很多人似乎非常喜欢零工经济的岗位。乘车服务的数据调查显示，大多数司机每周工作不到 10 个小时，只有 19% 的人是专职司机。[28] 显然，对于大多数劳动者来说，较高的灵活性让零工工作变得十分诱人，很多人都可以通过零工工作来补贴收入，而且工作时间和工作时长完全可以由自己来安排。只要在优步上下单，几秒内就会有司机接单。事实上，很多劳动力都表示，自己愿意牺牲一部分收入来换取较高的灵活性。尽管开网约车的收入可能比麦当劳的工资还低，但有不少人更中意前者，因为他们喜欢这种自由自在的感觉。

由此可见，零工经济有很多好处，它绝不是工资过低的罪魁祸首。尽管零工经济的收入的确很低，但市面上还有很多收入跟它一样低的工作，人们之所以更愿意打零工，是因为它高度的灵活性，这种灵活性让某些原本找不到工作的人重新回到了劳动岗位上。之所以技能较低、程式化较强的工作收入很低，是因为前文中提到的“水落船低”效应。由于市场支配力广泛存在于整个经济体系当中，企业对劳动力的需求下降了，工资也就跟着下降了。

现在我们已经明白，零工经济并不会威胁到人们的工作岗位。下一章中，我们会看到工作岗位在未来的发展方向。

第 9 章

工作岗位的发展趋势

我本人绝对算得上是谷歌翻译的忠实用户，我不仅会用它来查单词，也会用它去翻译句子，甚至整页整页的文稿。虽然研究人员都用英语交流，但在申请基金时，国外某些科研基金会要求我们使用两种不同的语言，即英语和基金机构所使用的语言。与其让人帮我翻译，或自己翻译，我更喜欢将英文文本复制到谷歌翻译里面，这样很快就能得到一个译文。大多数情况下，我都是将英文翻译成西班牙文。

15 年前我刚开始使用谷歌翻译的时候，翻译出来的文本有很多错误，尤其是在一词多义的时候。比如“minister”这个词，它既可以指基督教的牧师，也可以指政府的内阁成员，翻译程序很难选择出正确的意思，翻译出来的句子结构也很奇怪。不过 2016 年底的时候，我发现谷歌翻译的质量突然提升了一大截，这种感觉就像从 19 世纪有轨电车时代直接迈进了高铁时代一样——速度变快了、精准度变高了，舒适度也提升了，各个方面都比之前好了太多太多。

最初，谷歌采用的是统计机器翻译模式，这种模式会在单词或短语之间建立映射关系。对于某种语言来说，其中大部分单词都能在另一种语言中找到与之对应的表述方式，但很多单词的对应关系都不唯一（比如 minister），所以谷歌会利用统计数据来决定采用哪种语义。为了让翻译更加精准，编程人员会根据人类翻译的文本建立庞大的数据库。更为复杂的是，如果你想把某个文本翻译成非英文语言，谷歌还会采用双重翻译的方式。比如你想把法语翻译成德语，谷歌就会先把法语翻译成英语，然后再把英语翻译成德语。以前无聊的时候，我经常会用谷歌翻译去翻译“谷歌翻译的文字”，比如先把一个短语从英文翻译成西班牙文，然后再翻译回英文，很多情况下翻译结果都让人大跌眼镜。

如今我们很难再见到这些翻译错误了，因为 2016 年 11 月的时候，谷歌改用了神经机器翻译。这类人工智能可以学习人类的翻译模式，从而不断提高自己的翻译质量。翻译时它会从整个句子着手，甚至还会参考上下文的语境，而不是像以前一样一个单词一个单词地翻译。如此一来，在一篇讨论政府内阁成员的文章中，谷歌就不再会把“minister”一词误译为“牧师”。此外，根据语言学家诺姆·乔姆斯基（Noam Chomsky）的早期研究结果，语言学家一致认为语言在大脑中呈模块化存在，谷歌据此总结出了不同语言之间的共性，并将其应用到了翻译程序之中。总而言之，大脑这种模块化处理方式导致各个语言其实也有不少共通的地方，而这些共通之处又可以追溯至不同语言的共同起源。

就像蒸汽机、电力、计算机在前几次工业革命中的地位一样，人工智能必然会成为下一波浪潮的通用技术。目前来说，人类已经进入了机器学习时代，计算机算法不再来自预先设计好的逻辑编码，而是来自样本学习。虽然现在我们还无法明确人工智能和机器学习翻译会给经济体系带来多大冲击，但根据最近的研究数据我们可以知道，易贝自主研发的统计机器翻译系统已经给买卖双方带来了极大便利，出口交易也因此上升了 17.5%，由语言带来的搜索障碍也出现了大幅下降。由此可见，集装箱货运降低了贸易成本，而翻译软件降低了沟通成本，不同语言的潜在贸易伙伴正在逐渐走到一起。[1]

虽然算法和机器有时会出错，但我们不得不承认它们整体上的出色表现，以及它们对决策质量和生活质量的改善。在工作领域当中，算法不仅可以提高效率，在某些情况下它也可以纠正隐藏在人类决策过程当中的固有偏见。

最近一项针对哥伦比亚大学的研究表明，在挑选程序员的简历时，算法的表现明显优于人类。[2] 为了方便比较和排名，该算法会将每份简历转换成可以量化的信息，然后利用之前的招聘数据，就可以算出谁最符合招聘要求，谁能进入面试阶段，谁最有可能接受 offer（录取通知）。相对而言，人类掌握的信息就少得多。

结果表明，同人类招聘官相比，算法挑选出来的人更有可能通过面试，发出 offer 之后，这些人也更愿意接受这份工作，每一个测试组的结果都是如此。在面试者信息十分有限（比如只有几页简历）、很难做决策的情况下，人类招聘官与算法之间的差距会更大。

研究人员发现，算法甚至还可以降低招聘过程中的偏见程度。比如算法招聘了更多毕业于非名牌大学的人，这些人缺少人脉，工作经验也有限，但软技能（比如同情心）很强。面对这类应聘者，人类招聘官很难抛下成见，因为他们无法像算法一样完全掌握数据库中的每一份信息，招聘经验也远远比不上算法那丰富的案例库，他们只能通过个人观点来做出抉择。

比如说，平均来看，毕业于麻省理工学院的程序员的确比毕业于南达科他大学的程序员更出色，但麻省理工学院最优秀的毕业生并不会申请这份工作，而南达科他大学最优秀的毕业生则有可能会。面对这种情况，算法可以挑选出最合适的应聘者，人类却做不到，这是因为算法已经统计过数十万名应聘者的数据，而人类招聘官很可能并没有见过这两个学校的学生，也不清楚两所院校在人才方面的具体差距。

人工智能与企业

人工智能不仅可以提高效率，也可以在各个领域帮助企业建立市场支配力，挖掘、扩大、维持护城河，进一步巩固霸权地位（当然军事领域除外）。需要说明的是，为了描绘未来的场景，为了扮演好 21 世纪的诺斯特拉达穆斯[①]，我会给出大量个人观点，而不是已有的研究或数据，毕竟没有人可以真的穿越到未来去寻找证据。

与本书主题关联最紧密的问题是，人工智能会如何影响、滋生市场支配力。就像蒸汽、电力等早期科技革命一样，人工智能也会带来市场支配力，其具体过程恰恰是我们在第 2 章提到的那三种途径。

第一种途径就是来自供给的规模经济，一个世纪前的铁路垄断就是这样来的，如今人工智能领域也在发生着同样的事情。在大数据、人工智能、机器学习等新科技的帮助下，沃尔玛和 Zara 等传统零售商收获了巨大的成功。依托数据驱动的物流技术，沃尔玛能够及时感知市场需求变化，并迅速做出准确调整，比如在得知飓风即将登陆之后，沃尔玛可以立即向该地区的分店供应更多能量棒和瓶装水。此外，Zara 也会根据需求的变化，迅速调整设计、生产、运输等每一个环

① 诺斯特拉达穆斯（Nostradamus，1503—1566），法籍犹太裔预言家。有人认为世界上有不少历史事件都可以和他的预言对应上，也有学者认为他的预言过于模糊，大多“应验”都是生搬硬套。——译者注

节的策略。在物流运输、数据处理等领域投入了大量资金的企业，往往可以大幅降低成本，并利用这些优势为自己修建护城河。虽然这些科技创新为市场带来了更低的价格，但同时它们也为市场竖起了一道道壁垒。

第二种途径就是来自需求的规模经济，用户基数越大，规模收益越高。由于易贝、Tinder已经有了庞大的用户群，那么在网络外部性的作用下，它们的用户会越来越多。虽说报纸、股票市场等平台中早就出现了这种规模收益，但毫无疑问，新科技已经把这种现象拉到了一个全新的高度。毕竟建立一个在线平台要便宜得多、容易得多，也不会像实体平台一样受到场地限制。机器学习在这一过程中也扮演着重要角色，比如它可以无限优化约会市场的配对过程，这反过来也会进一步提升企业的市场支配力。约会平台越做越大，使用人数也越来越多，这也会进一步提升配对的精准度。所以说，规模越大，掌控市场支配力的企业就越有可能独霸一方。

第三种途径就是来自学习的规模经济，因为企业的竞争优势有时并不直接来自由需求或供给引发的规模效应，而是来自数据增长所引发的成本下降。优步、谷歌、丰田等公司正在研发的自动驾驶汽车都使用了机器学习算法，驾驶数据越丰富，算法性能就越强，产品就越便宜。自动驾驶最大的优势就在于可以解放驾驶者的注意力，尽管早期阶段的自动驾驶只能起到辅助作用，汽车无法彻底摆脱驾驶者独立行驶，但只要驾驶者行驶了足够长的时间，算法收集到了足够的驾驶数据，无人驾驶就会变成现实，汽车的运行成本也会随之大幅下降，这就是自动驾驶技术的真正意义。之后，即便在没有驾驶者的情况下，随着驾驶数据越来越丰富，自动驾驶的性能也会继续提升。那些率先进入自动驾驶领域的企业，可以先人一步去收集大量驾驶数据，进而获得先发优势，后进入者很难与其一争高下。

除需求、供给、学习过程所引发的规模经济之外，市场支配力也可以来自企业的经营策略，这些策略同样会受到科技的影响，比如算法合谋（algorithmic collusion）。企业公开合谋、统一售价固然是非法行为，但在隐性合谋，也就是没有任何明确协议的情况下，企业仍旧可以利用各种复杂策略让价格保持在高位，其中最著名的就是“以牙还牙”策略：我会率先设定一个高价，如果你也设定一样的价格，那我就维持高价；如果你的价格比我低，那我就把价格下调到跟你一样的水平。利用这种策略，企业之间可以在没有任何沟通的前提下实现合谋。如今，随着交易变得越来越迅捷，企业在算法的帮助下可以更容易地利用合谋维持高价。比如说，算法可以将价格维持在一个绝对的平衡线上，任何企业都没有动机去主动降价打破这种平衡，因为竞争对手会立即做出反应，这样做不会得到任何好处。[3]

类似的现象也会发生在价格歧视上面，因为企业从顾客身上收集到的数据越详细，价格歧视就越容易实现。虽然理论上来说我们还不清楚价格歧视程度加深到底是好是坏（好的一面在于，价格歧视程度越深，食品对于穷人来说就越便宜[4]），但在大多数情况下，掌控数据以后企业的利润必然会进一步提升。如今，大多数企业都会利用浏览器中的 cookies 实现更精准的价格歧视，以至于就连操作系统都会影响用户收到的报价——Mac 用户与 Windows 用户会看到不同的价格。此外，用户第一次浏览机票和第二次浏览机票时所看到的价格也会有所差异。

由此可见，掌握新科技的企业可以获得更为强大的市场支配力。既然如此，工作岗位又会受到哪些冲击呢？让我们来看看华西里·列昂惕夫（Wassily Leontief，20 世纪最有影响力的经济学家之一）是怎么说的。

人类就像马一样？

1973年12月，凭借“投入产出矩阵理论”（基于1941年他对不同生产部门网络连接的分析），华西里·列昂惕夫荣获了诺贝尔经济学奖。据说在发表获奖感言时，台下前排一位物理学奖得主对另一位物理学奖得主悄悄说过这样一句话：“太不可思议了，求出一个逆矩阵居然都能拿诺贝尔奖。”

虽然很多人都对我讲过这个故事，可我并没有找到确切的消息来源。不过，就算物理学家们真的对华西里·列昂惕夫的工作不屑一顾，这也无法掩盖他的理论对现实世界所产生的巨大影响，比如谢尔盖·布林和拉里·佩奇在设计网页排序算法时就用到了类似的迭代方法（这种用来衡量网页相关性的算法又被称为PageRank，和拉里·佩奇的名字很像，不知道他是不是有意为之）。[5] 这套算法认为，一个页面的重要性不仅取决于有多少页面链接到了这个页面，还取决于那些链接的页面是否足够重要。假设现在有一个页面被其他1000个无关紧要的页面所链接，还有一个页面被其他100个新闻、媒体等机构的网页所链接，那么前者的排名就会比后者低很多，尽管前者链接的页面数量遥遥领先。换句话说，这不仅仅关系到你有多少位朋友，还关系到你的朋友是不是足够受欢迎。

谢尔盖·布林与拉里·佩奇设计的这个算法非常实用，它可以十分有效地判断信息的价值。当然，这个算法只是谷歌发展过程中很小的一步，我们关注的重点在于，它建立于华西里·列昂惕夫的理论之上，二者在衡量输入与输出之间的连接到底有多重要时都用到了矩阵代数的知识。

汽车厂商的客户不仅包括你我，也包括物流公司、警察局等公司或机构。有些产品被用作中间投入，有些产品则直接被当作最终产出。反过来看，为了制造汽车，汽车厂商自己也需要很多中间投入。

如此一来，全球各地的公司之间便形成了一个异常复杂的生产网络，这些公司既是中间投入的使用者，又是最终产品和中间投入的生产者。随着专业化程度和劳动分工程度的提升，以及全球化的推进，这张投入–产出网络的复杂程度又上了一个台阶，而华西里·列昂惕夫的理论便是用来衡量这种复杂性的。利用矩阵的特征值和特征向量，华西里·列昂惕夫求出了投入–产出矩阵的逆矩阵，成功地将这张复杂的网络简化为一个只需要考虑连接关系就能统计出来的排名。

这套理论的精辟之处在于，无论哪项投入发生了何种变化，我们都可以根据该理论评估出这种变化会带来什么样的影响，比如我们可以据此推算出当市场对内燃机的需求下降、对电力发动机的需求上升时，石油钻探工人对橡胶靴的需求会产生何种变化。无论你是在研究岗位专业化的演变过程、经济冲击对繁荣社会与萧条社会的影响，还是在分析政策干预的效果，这套理论都能发挥出重要作用。

如果把各位导师和学生组成一张科学知识的生产网络，我们就会发现华西里·列昂惕夫是一个排名十分靠前的关键人物。他不仅自己拿到了诺贝尔奖，还是其他四位获奖者的博士生导师。[6]

华西里·列昂惕夫是最早一批使用计算机技术的学者。1949 年的时候，他开始利用自己的理论去分析美国经济，并使用计算机来计算大型线性方程组和各种逆矩阵。尽管笔算也能算出来，但这种方式实在耗时太长，出错的概率也比计算机高很多。在余下的职业生涯中，他积极倡导各位经济学家利用数据分析和定量分析去研究经济问题。

体验过新科技的强大之后，华西里·列昂惕夫变得有些悲观。在美国国家工程院的某次研讨会上，已经迈入生命最后阶段的列昂惕夫说了这样一段话："虽然人类是最重要的生产要素，但我们的角色在未来肯定会被新科技所取代，就像马匹在农业生产中的重要性逐渐下降，最终被拖拉机彻底取代一样。"[7] 其实在这之前，人们就常常使用马匹来预言人类劳动力的末路，尤其是在大众媒体上。华西里·列昂惕夫以高级知识分子的身份总结出这段话以后，人们对这个预言更是变得坚信不疑。不过，就像当今大多数专业的经济学家一样，我并不同意这个末世一般的悲观结论。

首先我要承认，马匹的例子没有任何错误。平均来说，1915 年，每 100 位美国居民大约拥有 20 匹马；到了 1964 年，每 100 位美国居民大约只拥有 0.78 匹马，创下了历史最低水平。尽管近些年来人均马匹数量又开始缓慢增加，但与 100 年前相比仍然是一个很低的数字。从世界范围来看，我们掌握的数据比较有限，最早只能追溯至 1961 年，当时这个数字是 2.02，而 2018 年这个数字已经下滑至 0.76。[8]

人类的未来当然不可能像马一样，毕竟人类可以适应新环境、学习新技能。就算银行出纳员的岗位消失了，他们也可以转换到保安或零售经理等岗位上，尽管这需要一定的时间来重新调整自己。这种适应性为人类创造了很多全新的工作机会。此外，人类还具有非凡的创造性，我们可以发明很多新的商品与服务。

既然如此，人类的未来到底会变成什么样子？第 8 章在讨论休闲娱乐时，我们已经了解到人类每周的工作时长比过去少了很多，这似乎间接支持了华西里·列昂惕夫的论点，然而事实并非如此。工作时长之所以减少，是因为我们为了提高生活质量，主动放弃了一些劳动时间。与其像 100 年前的祖辈一样周六还要去工作，我们更愿意拿这些时间用来观赏足球比赛、在海滩上野餐，或进行体育运动。所以说，人类并不会因科技进步而走向末日，反而会因此提高自己的生活质量。大多数人都不用再在枯燥的流水线上一遍又一遍地拧螺丝，省下来的这些时间完全可以坐在沙发上看电视，或去电影院放松。虽然提高工作时长可以带来更多薪水，但我们目前的收入水平已经足以支持较为舒适的日常生活，所以我们更愿意牺牲一些工作时间去休闲娱乐，以免挣了很多钱却没时间去花。我觉得华西里·列昂惕夫当初肯定没有想到这些。

其实不仅是工作时长减少了，就连参与工作的人也减少了。前面我们曾提到过，自 20 世纪 90 年代中期以来，劳动参与率一直在下降，无论是在男性群体中还是在女性群体中，实际参与到工作当中的适龄人员都变少了。虽然社会在女性就业方面取得了巨大进步，但过去 20 年中有工作或正在寻找工作的人口占全部劳动年龄人口的比例一直在稳步下降。[9]

这么一看，华西里·列昂惕夫的说法似乎也有点道理。不过需要注意的是，劳动人口比例下降是工资下降导致的，尤其是在工资低于中位数的群体当中。而我认为，工资中位数的下降与市场支配力的上升有很大关系。如果市场的竞争程度足够激烈，利润归零，那么工资水平就会回升，那些被迫待在家里的低收入者就会重新回到工作岗位上。

完全竞争市场可以彻底让华西里·列昂惕夫的“马匹理论”失效，因为在这样的市场中，资本所有权不会导致巨额利润，技术进步不仅会提高产出，也会提高工资。在利润已经足够弥补当初的资本投资之后，科技创新所产生的收益将全部归劳动力所有。

如此一来，劳动力当然愿意减少工作时间，在周末走进剧院。只要工资能反映生产力，科技进步就不会导致全人类失业。只有在奴隶制度下马匹理论才会成立，因为此时工资并未反映生产力。事实上，只要劳动可以得到适当的报酬，产出市场呈现百花齐放的状态，劳动力就可以享受到科技进步带来的全部收益。在完全竞争的市场中，劳动力才是技术的拥有者。就算从字面上来看，企业掌控着资本和知识产权，资本所有者也无法持续获取超额利润。竞争会降低价格，进而增加人们的实际收入。由此可见，任何形式的科技进步最终都会提高人们的工资水平。

产出市场的激烈竞争，以及由此带来的薪酬增长，都能确保群众在科技进步的洪流中继续活跃在劳动力市场之上。马匹的情况之所以不同，是因为它们每天都在吃着同样分量的口粮。需要注意的是，如果现在有两种类型的马，一种是用来耕地的驮马，一种是用来博彩娱乐的赛马，那么情形就会有所变化。科技进步会导致人类对赛马的需求上升，对驮马的需求下降。前面我们说 20 世纪 60 年代以后人均马匹数量出现了回升，现在看来这些多出来的马肯定是用于娱乐而非农业。

人类的情况也是如此。在科技变革的过程当中，高技能劳动力能够比低技能劳动力提升更多的生产力，二者的工资差距也会越来越大。长此以往，低技能劳动力就会逐渐退出劳动力市场，只有那些没有家庭储蓄，也得不到政府支持的人会忍受极低的工资继续工作，因为他们毫无退路。这些人无法享受更多的闲暇时光。

科技进步明显有利于高技能劳动力

虽然只要市场竞争足够激烈，马匹理论就不会成立，科技变革就不会给就业带来威胁，但是低技能劳动力的薪资会出现下滑。总的来看，人类有很多工作可以做，我们不用担心科技变革带来的冲击。就算音乐会的引座员和保洁员等工作都被机器人取代了，人类也会继续发明新的活动和服务，创造出全新的劳动岗位。

所以说，大家没必要担心工作岗位会被科技夺走。人们之所以会产生这种恐惧，部分是因为未来的不确定性。大多数人的工作在 100 年前根本不存在，所以我们也无从得知 100 年后人们会从事什么样的工作。从历史上来看，工作岗位的总量绝非固定不变，新科技必然会源源不断地带来新的工作岗位，这种规律没有理由会在今天突然消失，我们也完全无法预测未来会出现什么样的新职业和新岗位。不过我们也不能过于乐观，即便未来的工作机会十分充足，我们也很有可能会面临一个严峻的问题，那就是很多工作的薪资会变得非常低。科技变革会给低技能劳动力带来负面影响，同时也会给那些超级明星带来极大的利益，最终会对整个社会造成巨大损害。目前来看，我们尚不清楚这种科技变革的力量到底有多强大，也不知道它在未来会是怎样一种形式。我们可以确定的是，它在未来必然会对经济的健康发展带来根本性的挑战。

未来社会很可能会面临这样一种困境：少数天才的工作越来越重要，剩下的那些劳动力只能从事一些没有太大价值的、薪资极低的杂活。此外，由于超级明星数量越来越少，能够以一己之力养活整个家庭的人也会越来越少，原先那些因工资较低而选择待在家里的人将被迫回到劳动市场中。

与此同时，市场支配力的盛行还会让事情变得更糟。市场支配力不仅压低了所有人的工资，提高了企业巨头的利润，还扩大了超级明星和普通人之间的收入差距，以及高学历与低学历者之间的收入差距。如果把这种有利于高技能劳动力、会进一步增加收入不平等程度的科技变革趋势比作某种化学反应，那市场支配力无疑就是加快反应速率的催化剂。

总而言之，科技变革本就有利于超级明星的发展，市场支配力更是加剧了这种趋势。只有从根本上解决问题，我们才能缓解这种收益一边倒的现象。不过在此之前，我们必须继续深入了解一下工作岗位的方方面面，看看如何才能获取制定政策所必需的相关数据。

第 10 章

探寻事实与真相

只有弄清了各种事实和真相，我们才能顺利解决市场支配力给劳动力市场带来的各种问题；只有搜集到了足够准确的数据，我们才能明白劳动力市场的运作规律，衡量出市场支配力的大小，从而准确评估各种政策的影响，做出最明智的决策。出人意料的是，即便当今时代的数据资料已经严重过剩，研究人员和政策制定者仍旧很难获取最关键的统计数据。本章中我们不仅会清楚地看到哪些经济数据会出现延迟，也会了解到该如何去克服这些障碍，我们为什么需要这些数据，这些客观事实为何能够帮助我们制定政策。

我们以失业率为例。在美国这个总人口高达 3.3 亿的国家里，失业率不仅会影响到股市每个月的走向，也能决定一个家庭是否有资格领取失业救济金。如此重要的一项数据，居然是依靠对 6 万个家庭进行电话调查得出来的。

尽管为了随机抽取的家庭能够充分代表各民族、各地区、各城市、各乡村的人口，统计局已经做出了极为细致的调整，但这项数据仍旧没有那么精准，几个月、几年之后还可能会被大幅修改。

失业率到底是5.9%还是6.1%，看起来好像无关紧要，但实际上这会影响到数十亿美元的政府支出。这是因为在经济不景气的时候，如果失业率超过了6%，失业福利总时长就会自动从26周延长到99周。倘若最初统计出来的失业率低于6%，几个月后经过修订又高于6%，就会有数以百万计的失业者在此期间没有领到应得的失业福利。更加令人困扰的是，电话调查一个多月后失业数据才会被统计出来，所以事实上每一个有资格领取福利的家庭都无法及时拿到补助。

电话调查得到的统计数据很不精准。正如我们所看到的那样，近些年来，关于个人投票意向的民意调查正变得越来越不可靠，最明显的就是最近两次的美国总统选举民意调查。通常来说，这些调查结果来自1000多个电话号码的随机抽样。人们不禁要问：美国大约有1.55亿的居民参与投票，区区1000个人怎么可能代表所有人的投票意向？其实从统计学的角度来看，这样做并没有什么问题。随机抽选出1000个人进行提问（比如问他们是否愿意进行投票，如果是，他们会把票投给两位候选人中的哪一位），的确能得到相当精准的结果，最终误差只有 ±3%。

电话调查的真正问题在于，随着时代的发展，抽样选民已经很难代表美国全部人口的意向。这是因为，一方面，相较于固定电话用户，移动电话用户的数量正变得越来越多，对潜在选民进行随机抽样正变得越来越难；另一方面，电话回复率已经从20世纪70年代的80%跌到如今的8%。[1]

那些营销电话总是在最不适宜的时间打进来，很多人都已经不胜其烦。还好现在我们可以屏蔽掉那些号码，甚至还可以主动登记，将自己的号码排除在电话调查的名单之外。由此可见，那些愿意接听调查电话的人越来越无法代表美国全部人口。随着调查途径逐渐从电话走向网络，这一问题变得越来越明显。

在当前这个数字时代，我们可以以更精确的方式来收集数据。比如，我们可以建立一个网站，然后让每一位雇主把自己所有员工的信息登记上去。如此一来，我们不仅可以实时更新数据，还可以完整获取 1.59 亿在职人员的信息，我们再也不用抽取 6 万人的样本，也不用反复对数据进行修订。

如今，谷歌街景已经可以在短时间内生成全国任何一个公共区域的模拟地图；沃尔玛已经可以实时追踪数十亿产品的存储位置，第一时间了解到商店的供货情况；亚马逊已经清楚地知道我在周日那天喜欢吃哪个牌子的麦片，而我们的政府却还在使用石器时代的方式去收集数据。工作不仅是大多数人最重要的日常活动，同时其产出也占了国内生产总值的 2/3，可我们收集工作信息的方式却堪比鸽子交流的方式，那些先进的无线通信设备就好像摆设一样。

如果把统计收集工作交给谷歌这样的公司，用不了 6 个月就会诞生一套可以投入使用的系统，美国联邦税务局、美国人口调查局、研究学者们就可以实时获取就业数据。尽管这一过程会花费数百万美元的资金，但无论对公司来说还是对政府来说这都是小菜一碟。要知道，每月对 1000 名用户进行电话调查就要花费大约 100 万美元。

事实上，由于政府机构的正常运转离不开各种各样的数据，上面提到的大部分数据已经实现电子化了，某些数据甚至已经被重复收集了很多次。比如说，根据美国宪法的规定，人口调查局每隔十年就要收集一次人口、经济数据，以便分配美国各州在众议院的席位，并根据调查情况将资金分配给各州、各企业、各城市，从而更加合理地改善基础设施、教育、卫生、安全等公共服务。此外，联邦税务局和社会保障管理总署也会定期收集公民和公司的年收入、缴税、社保缴纳等信息。

然而美国公民、记者、公司、研究人员都无法获得这些数据。不过如果你以为全球各国都是如此，那你可就错了。现在我们就把目光转移到斯堪的纳维亚半岛上。

挪威：一个数据公开透明的国家

1814 年，挪威从丹麦独立了出来。① 短短几十年之后，挪威当局便开始对该国的经济活动和人口情况进行数据统计，并将结果由统计局公示出来。[2]

自这些数据诞生的那一天起，全体公民就享有自由查阅的权利。只要你想，你就可以去核实邻居的总收入。尽管你无法知道具体的收入来源，但你一定能够查到纳税之后的收入总额。每年 10 月份，各媒体都会争先恐后地发布挪威富豪排行榜，并将政治家和公众人物的收入公布出来。虽然在以前，你只能去图书馆或地方当局获取这些数据，但自从有了互联网之后，这些数据已经变得触手可及。不过，为了防止信息被滥用，你在调查某人的信息时，系统会将你的身份通知被调查者，搜索次数因此下降了很多。

在斯堪的纳维亚半岛的国家当中，数据透明是一种极为普遍的现象。目前我们尚不清楚这是因为新教教规的影响，还是因为那里的人生活低调，不喜欢炫耀财富。我们可以确定的是，当今时代有不少和劳动岗位、社会政策相关的研究结论都来自斯堪的纳维亚半岛国家的统计数据。我们可以自由地获取每位公民的工资、奖金、工作时长、

① 事实上，当时挪威只是被丹麦割让给了瑞典。直到 1905 年瑞典–挪威联合王国解散，挪威才独立成为君主国。——译者注

假期、社保缴纳、失业状况、税收等信息。

如此一来，研究人员就可以很方便地统计出公司内部、公司之间的不平等程度，或者平均失业时长。尽管挪威是一个人口只有 530 万的小国，而美国是一个人口高达 3.3 亿、经济体量居世界第一的国家，但就劳动岗位和国家政策效果等信息而言，我们对挪威的了解程度比对美国的了解程度要高得多。

与此同时，我们也不能对隐私权问题掉以轻心，数据收集和信息透明都不能成为侵犯隐私的借口。很多科技公司正在为了争夺市场支配力而过度收集个人数据，这不仅是市场支配力的重大隐患之一，也是反垄断的主要目标之一，第 11 章我们还会详细讨论这一话题。

科技公司会为了推销早餐麦片而利用 Siri（苹果语音助手）来监测用户信息，政府也会为了统计个人收入而收集信息，但二者之间有着本质的区别。因为每个人都有纳税义务，所以收入情况不单单涉及个人隐私，政府也有必要了解相关情况。不过，以美国为代表的大多数发达经济体都对公民隐私权保持着一种“精神分裂”的态度——一方面，政府允许科技公司和通信公司随意收集、出售极为私密的个人信息；另一方面，政府自己却不可以使用公民的纳税信息，哪怕这些信息已经经过匿名处理。

其实收入透明在美国也不是一件稀罕事，比如威斯康星州的居民就可以查阅其他人的收入信息，只不过和挪威一样，人们在查阅别人的信息时，自己的身份信息也会被透露给被调查者。此外，美国国会于 1861 年首次对国民征税时，每个人的姓名和收入都会被公之于众，不过这种制度很快就被取消了。1924 年的时候，美国再次尝试公开收入信息，结果没多久就遭到了富人的集体抵制，因为这样一来他们的巨额收入来源便再无藏身之地。

收入透明可以给社会带来巨大的好处。首先，它提高了欺诈和逃税的难度。收入透明以后，那些高收入人士在逃税避税时就得掂量掂量后果，想想自己在面对公众质疑时该如何回答。另外，收入透明也提高了经济效率，因为收入透明之后，人们就可以得知与自己类似的职位的收入水平，进而可以把握住跳槽时机，寻找一份更好的工作。最后，公开薪资数据还可以缩小不同群体（比如不同年龄、不同性别、不同种族）之间的收入差距，进而减少歧视现象，让收入变得更加平等。

1924 年收入透明法案出台时，内布拉斯加州的共和党参议员罗伯特·豪厄尔曾说过这样一句话："收入保密是社会对腐败的最大支持。"[3] 此外有研究发现，收入透明还可以增加政府税收，因为人们多上报了 3% 的收入。[4]

个人收入透明可以提高经济效率，减少不平等程度；而公司账目透明可以让市场竞争变得更为激烈。令人难以置信的是，在美国，几乎所有公司的账目都处于未公开状态。对于供应商来说，公司账目是一个十分关键的数据信息，如果供应商需要将几百万美元的货物运送给某位客户遍布全国的各个分店，且客户拥有 2 个月的付款期限，那供应商便可以借助客户账目来审查客户的偿付能力，毕竟账目是最有说服力的信息。很可惜的是，美国一共有 600 多万家公司，其中只有 5000 多家上市公司需要披露账目信息，其他私有企业就连最基本的信息都无法被查到。假如你是供应商，在把货物运至全国各地然后交给素不相识的客户之前，你最好多祈祷几遍。

由此可见，我们需要在个人隐私与信息透明之间重新找到一个平衡点。我们生活在一个十分魔幻的时代：一方面，智能手机上随随便便一个 App 就能在未经我同意的情况下随意收集、使用、售卖我最私密的个人信息，比如我的居住地点、健康状况、药物使用情况；而另一方面，一个普通的小企业却无法去核实某位潜在客户的财务健康状况。信息不透明，市场竞争就会受到限制；灌满泥浆，护城河就会变得更加难以逾越。

丹麦：我们不能只看数据

信息不透明，我们能够获取的数据就会十分有限，市场竞争就会受到严重限制，研究人员在分析市场支配力与劳动力市场的关系时也很难得到精准的结论。不过话又说回来，虽然详尽的数据是得出精准结论的首要条件，但我们也不能只盯着数据看。很多情况下，即便掌握了完美的数据，我们也会得出错误的结论。比如说，数据显示，使用阿片类药物的人往往拥有更富裕的背景，而吸食霹雳可卡因的人往往来自贫困地区和贫困家庭。难道说，为了发家致富，我应该尽量去使用阿片类药物？

当然不是这样的。尽管财富水平和阿片类药物使用情况呈正相关关系，但我们并不能据此推断出因果关系——到底是财富水平较高导致了阿片类药物的使用，还是使用阿片类药物导致了财富的增长？更麻烦的是，二者之间可能根本就没有任何因果关系。比如一项长达10 年的调查显示，“美国从挪威进口的原油数量”与“因火车相撞而死亡的司机人数”高度相关（相关系数高达 0.95），但二者明显是风马牛不相及的事情。[5]

有的时候，两件事之间的相关性并非来自纯粹的巧合，而是来自某种共同的因素，比如“冰激凌的销量”与“泳池溺水事件的数量”之间的相关性。更多的人购买冰激凌，其实并不会导致更多的人溺水，但二者的确有一个共同的起因，即天气变暖。

经济研究最重要的原则，就是一定要区分出来到底哪些是原因，哪些是结果，并将原因与结果准确对应起来，这一点在制定政策时尤为重要。如果我们坚信使用阿片类药物可以发家致富，那我们就应当向穷人开出更多阿片类药物。所以说，在推行某种政策之前，我们一定要研究清楚才行。为此，科学家们想出了各种各样的办法，但所有办法都需要某种形式的间接观察。这就好比你正在面对布满蒸汽的镜子刮胡子或化妆：因为蒸汽的存在，你无法准确看清你想看到的东西。很多情况下你是依照推测而行事，而不是依照实际看到的画面行事。

其实所有科学工作都是这样的。比如我们无法掌握宇宙膨胀的直接证据，但我们可以测量恒星的光谱，然后根据多普勒效应（恒星的速度、距离发生变化时，光谱也会随之变化）间接地推测出结论。虽然精确测量是得出结论的前提，但其实精确测量也有一个很重要的前提，那就是我们首先要建立起一个世界如何运转的理论。用乔治·桑塔耶拿（George Santayana）的话来说就是："理论可以帮助无知的我们去探寻事实与真相。"[6]随着研究工作的不断展开，我们会得到很多新理论、新技巧，从而更准确地去推断那些无法直接观察到的事实。

因此，经济学家在分析数据的时候必须结合某种理论和实验。就像生物学家会改变某一组小鼠的基因（即实验组），然后将其与另外一组基因没有改变的小鼠（即对照组）做比较一样，经济学家也会做出很多类似的实验，只不过实验组和对照组的区别不是体现在基因上，而是体现在其他方面。如此一来，经济学家们就可以用科学理论去解释政策发生变化时人们做出的反应。

越来越多的科学家开始利用实验方法去研究劳动力市场的某些特殊现象。不过，同其他科学实验较为不同的是，经济实验常常会给社会带来很多意料之外的副作用，下面我们就用发生在丹麦的一场大型实验来说明这一问题。20 世纪 90 年代初，丹麦发生了极为严重的经济衰退，失业率一度高达 10%。为了改变现状，丹麦的政策制定者们开始对当地的劳动力市场进行大刀阔斧的改革。在丹麦这样一个崇尚职业道德、看不起搭便车行为、同理心盛行的国家，那些愿意工作的人当中居然有 10% 的人找不到工作，并因此承受着巨大的经济压力和社会压力，所有丹麦人都无法在心中接受这一事实。

1994 年，丹麦首相拉斯穆森将“弹性”（flexibility）与“安全”（security）两个词合在一起，提出了“弹性安全”（flexicurity）的概念。丹麦的政策制定者认为，失业率居高不下主要是因为劳动力市场缺乏一定的灵活性，为了降低失业率，政府应该倡导大家签订更加灵活的劳动合同，增加工作岗位的流动性。这一观点在社会中引起了极大争议。

实行弹性安全制度以后，企业不必再提供终身劳务合同，解雇员工时也不必再支付巨额赔偿金。这一政策主要是为了让企业可以在经济不景气的时候放心大胆地解雇表现不佳的员工，去寻找更适合的人选；招聘时也不用因为长期合同而束手束脚。

过于灵活的劳动力市场也会产生很多负面影响，比如失业人次会变多。为了解决这一问题，弹性安全制度还包括两项额外的措施。首先，该制度为劳动力打造了一个现代化社会保障体系，其中的失业保险福利可以为那些正在向其他岗位过渡的劳动力提供充足的资金支持。其次，为了提高劳动力市场的活力，该制度还会为失业者提供辅导和培训，不断提高大家的劳动技能，帮助他们找到新的工作，实现优质的终身教育。

弹性安全制度取得了前所未有的成功：丹麦已经成为世界上失业率最低的国家之一，哪怕经济发生衰退，失业率的上升也十分温和，而且回落速度非常快。即便是在2008年的全球经济危机期间，丹麦的失业率也始终维持在8%之下（2012年底，西班牙的失业率突破了26%）。[7]

其实不仅是失业率降低了，失业时长也因此大幅下降了。由于失业福利涵盖范围较广，劳动力失业时不会再像以前一样因收入问题而担惊受怕。初入职场的年轻人很容易就可以找到一份工作，那些不幸从行业顶层跌落下来的老年劳动力也不会因缺乏工作机会而发愁，哪怕他们已经快退休了。

虽然斯堪的纳维亚半岛的劳动力市场政策已经成为专家和官员眼中最值得称道的制度，但这些政策的制定者仍旧保持着低调谦虚的态度，他们认为纸面上的政策并非真理，只有实践才能告诉人们到底哪些政策最为有效。比如丹麦就进行过一场著名的社会实验——政府会为那些刚刚失业的人提供再就业指导，其结果不仅出人意料，而且发人深思。

2005年11月至2006年2月，丹麦南日德兰郡（位于大西洋海岸）和斯托海峡郡（位于东海岸，哥本哈根以南）那些失业不久的劳动力全部参加了这场实验，其中上半月（1—15日）出生的人被安排进了实验组，他们会接受政府组织的再就业指导，每隔一周或两周与指导人员见面会谈一次，整个过程都会被记录下来。

下半月（16日至该月最后一天）出生的人被安排进了对照组，他们只会受到少量的帮助，每三个月才能和指导人员会面一次。如果失业时长超过了一年，这些人还会接受额外的指导。由于每个人的生日完全随机，这项实验的分组方式相当合理，我们可以十分清楚地看到政府政策到底会产生哪些效果。

实验数据表明，再就业指导可以给失业人员带来极大的正面影响：求职者找工作的速度加快了30%，平均失业时长从14周减少至11周，足足减少了3周。[8]尽管再就业指导的成本很高，但其经济效益也十分可观，毕竟劳动力多赚了3周的工资，政府也省下了大量失业补助。要知道丹麦的福利水平相当高，失业补助大约为最后一份工作的薪资的70%。这样算来，劳动力赚取的薪资和政府省下的补助加在一起大约为该劳动力5周的工资（1.7×3）。此外，劳动力的失业时长也会大幅缩短，这种安全感很难用金钱来衡量。由此可见，这项政策的确能够起到非常积极的作用。

可是，果真如此吗？实际上，实验的成功掩盖了另一个事实，那就是那些在下半月出生、没有得到再就业指导的失业人员，正在面临极大的竞争压力。假设短时间内工作岗位的总量固定不变，没有任何一个岗位被科技浪潮所淹没（可以参考“劳动合成谬误”那部分的内容），那么每有一名接受过再就业指导的劳动力成功就业，就会有另一名没有受过再就业指导的人失去了一个工作机会。这就好比在自行车比赛中，有一半的人骑电动车比赛，另一半的人骑自行车比赛，前者获胜的概率自然要远远大于后者。整个比赛是一场零和博弈，一方的收益必然意味着另一方的损失。

从实验的结果来看，那些没能得到额外再就业指导的人的确更难找到工作。虽然实验的确带来了一些积极影响，比如实验过程中各企业提供了更多的工作岗位，但是如果我们把政策的成本也算进去，那整体实验结果实际上更有可能是中性的，甚至是负面的。[9]其实不只是丹麦，法国也做过一项旨在帮助长期失业者重返职场的社会实验，这项实验也得到了类似的结果。[10]

虽然科学实验很少会出现这种“副作用”，但它在经济实验中却极为常见。所有经济活动的核心都在于“平衡”二字。下雨之后，地铁出口的雨伞需求就会激增，卖伞小贩可以趁机提高售价，对那些赶着面试的人甚至可以卖得更贵一些。价格的调整可以保证市场的供需平衡。

政策制定者或研究人员进行的社会实验（比如向市民免费发放雨伞），会影响到某些人的行为，进而影响到平衡结果——比如价格变化幅度、雨伞销量等等（由于售价和销量双双下降，雨伞厂商也有可能会采取某些行动去干扰实验的正常进行）。

在丹麦这场社会实验当中，政府政策改变了劳动力市场原有的平衡结果，导致某些失业者能够以更快的速度找到一份新工作。市场的平衡结果其实就像连通器两侧的水面，其中一侧代表接受了额外再就业指导的失业者，另一侧代表没有接受额外再就业指导的失业者，水位高度则代表重返职场的速度。实验开始之前，连通器两侧水位一样高；实验开始之后，一侧水位变高，另一侧水位自然就会降低。

丹麦这场实验表明，尽管数据很重要，但在此基础之上，我们还得总结出一个科学性的理论。比如说，我们看到了政府政策可以给失业者带来哪些影响，但同时我们也要明白某个劳动力的行为会受到其他劳动力的影响。最终的平衡结果不仅会改变价格和工资，同时也会改变其他数据指标，比如找到工作的概率。

幸存者偏差

通常来说，只有在认真了解了数据的收集方式、排除了数据的偏差性之后，我们才能够合理地使用数据。为了理解这一点，我们可以看看乔丹·艾伦伯格（Jordan Ellenberg）在他的数学著作《魔鬼数学》（*How Not to Be Wrong*）中所描述的例子。[11] 亚伯拉罕·瓦尔德（Abraham Wald）是一位著名的犹太数学家，在卡尔·门格尔（Karl

Menger）的指导下于奥地利取得了博士学位。顺便说一下，数学家卡尔·门格尔是经济学家卡尔·门格尔的儿子，后者不仅是奥地利经济学派的创始人，也是弗里德里希·哈耶克在课堂之外的“学术导师”。1938 年纳粹入侵奥地利之后，亚伯拉罕·瓦尔德设法逃到了美国，并在芝加哥大学的考尔斯基金会（后来该基金会迁到了耶鲁大学）展开了自己的学术工作。二战期间，亚伯拉罕·瓦尔德利用自己的统计学知识解决了很多战争难题。当时，为了降低轰炸机被击落的概率，美国海军分析中心的工程师们认真分析了于敌方领土成功执行任务并顺利返航的飞机，收集了大量的弹孔分布数据。研究后他们发现，弹孔主要集中在机翼和机尾之上。他们认为，保护受损最严重的部位可以降低飞机被击落的概率，所以他们提议为这些部位额外加装一些钢板。可是由于飞行重量的限制，飞机上能加装的钢板数量十分有限。

所有工程师都没想到的是，亚伯拉罕·瓦尔德不仅反对这一提议，甚至还建议大家在没有几个弹孔的机腹上加装钢板。工程师们马上就急了，他们大声地质疑亚伯拉罕·瓦尔德，问他是不是想让更多的飞行员死于敌方的炮火之下。不过，亚伯拉罕·瓦尔德解释了几句之后，工程师们全都沉默了。他首先让大家认真思考一下，这些弹孔分布到底是不是理想的数据，然后他告诉大家，最理想的数据隐藏在多佛与加莱之间的海底，因为那里才是被击落的飞机的葬身之地，只有分析被击落飞机上面的弹孔数据，我们才能得出正确结论。

他说，很遗憾他们目前所掌握的弹孔数据全部来自幸存飞机，而非来自那些被击落的飞机，这些数据已经经过了高度的筛选。通过这些数据我们可以得知，机翼和机尾的损坏其实并不致命，这种情况下飞行员仍旧有足够的时间将轰炸机开回基地。最致命的损坏其实隐藏在机腹之上，正是这里的弹孔导致那些被击落的飞行员永远地留在了大海之中。

在经济学中，幸存者偏差（又称为选择性偏差）是一种极为常见的现象。亚马逊或沃尔玛进入某个市场之后，当地的个体零售店或许就会倒闭。为了分析某个企业是否具有市场支配力，我们不仅要了解场内幸存企业，还要了解那些破产的公司，以及那些在亚马逊强大压力面前不敢进入市场的公司。实际情况是，我们手中的数据很少会涉及后两者，所以我们需要借鉴亚伯拉罕·瓦尔德对弹孔数据的分析，去寻找市场当中“没能飞回来的那些飞机”，即那些自始至终都没有得到入场机会的企业。

类似的数据在劳动力市场中还有很多，比如高管们的能力和水平明显存在巨大差距，能够晋升为 CEO 的高管可以说是屈指可数。所以说，高管市场的幸存者可能完全不同于那些没能取得成功的人。同样，大公司的 CEO 和初创公司的 CEO 肯定也有很大差别。

由此可见，我们观察到的大多数数据都会受到幸存者偏差的影响：场内正在激烈竞争的企业，必然和被迫放弃市场、因破产离开市场的企业有着完全不同的特征。只有找出数据中的偏差并及时纠正，我们才能制定出正确的政策。如果我们只观察到了部分数据，那我们可以根据经济理论推断出为什么会这样，进而推断出缺失的数据，重构数据的完整性，就像亚伯拉罕·瓦尔德所做的那样——根据合理的假设，他推断出了那些没能顺利返航的轰炸机，并及时更正了工程师们的提议，提高了飞行员的生存概率。

忒修斯之船

亚伯拉罕·瓦尔德的故事告诉我们，分析数据之前一定要仔细了解数据的收集方式。其实大多数情况下表面数据都和真实情况相去甚远，比如下面这个和就业数据相关的例子。在美国，劳工部每个月都会发布就业形势报告。尽管政治家们一门心思想要创造更多就业机会，但现实情况实在过于复杂。在详细展开之前，我们先来看看希腊神话和忒修斯之船。

忒修斯是希腊神话中的雅典国王，曾驾驶着自己的船只参加过一场著名的战役。从克里特岛返回雅典之后，这艘船被保存在了雅典港口，以供后人瞻仰。随着时间的流逝，船体上的木板逐渐老化，木匠们不断地用新木板去换掉旧木板。长此以往，木匠们最终换掉了所有的木板，船体上再也没有任何一片旧木板。见到此情此景，赫拉克利特和柏拉图等哲学家提出了两个耐人寻味的问题："完全由新木板构成的船，是否还是原来的忒修斯之船？假如它仍旧是忒修斯之船，那么我们把所有的旧木板收集起来，进行防腐处理以后再把它们拼成原先的样子，那这艘旧船还算不算是忒修斯之船？"

尽管我们关注的重点并不在于这个和同一性相关的哲学问题，但就业市场上的确存在着类似的现象。一家公司就像一艘船，一个员工就像船上的一块木板。员工具有很强的流动性，旧员工不断离职，新员工不断入职，不久之后，所有老员工都会被替换掉，可公司仍旧是那个公司。比如说，这些年来可口可乐公司一直在销售同样的可乐（可以确定的是，1929 年可卡因成分被彻底去除之后，可口可乐这款产品没有产生过变化），但当年的员工早已各奔东西。

我们身体中的细胞也是如此。细胞寿命有限，死亡后会被新细胞所取代。皮肤表皮细胞只能存活两三周，红细胞也只有一年多的寿命，只有神经元等细胞自始至终不会被替换掉。总的算下来，人体有 50 万亿 ~75 万亿的细胞会出现多次替换，但我们并不会因此就认为某个人不再是他自己。

类似的现象也发生在工作岗位上。从失业到就业、从就业到失业，每时每刻都有人从一个岗位跳槽到另一个岗位，大量人员流动正是劳动力市场最大的特点之一。不过，这种流动性经常被人误解，甚至被当作某种伪命题的论据。

2020 年 2 月，就业形势报告指出，当时市场中新增了 273000 个就业机会，有 4611000 人失去了自己的工作，有 4884000 人找到了新的工作。[12] 之所以就业数据中会出现这样的天文数字，是因为企业会随时根据经营状况进行扩张或收缩。此外，出于家庭搬迁、工作机遇等原因，工人们也在不断地跳槽到新的岗位。

即便工作岗位的流动如洪流一般汹涌，失业率等表面指标也很难荡起几圈涟漪，大部分数据都不会有太多变化。由此看来，就业市场就像一个高压锅，每时每刻都有原子相撞，每时每刻都有新分子形成、旧分子被破坏，可温度自始至终都很稳定。

只有在高压锅爆炸的时候，也就是发生经济危机的时候，情况才会有所不同：大量岗位凭空消失，新机会寥寥无几。比如 2020 年 5 月初，新冠肺炎疫情肆虐全球的时候，美国失业率超过了 14%，短短两个月内有 3800 万人丢掉了自己的工作。平常的时候，这些骇人的数据会相互制衡，导致整体指标较为平稳；危急时刻，这些汹涌的暗流便会失去牵制，伴随着狂风巨浪席卷整个市场。

企业生产力提高时，市场上就会多出很多新的工作机会；企业经营不善时，很多岗位就会瞬间消失。员工为了更好的工作机会选择跳槽，企业就得招聘新员工补上职位空缺，员工跳槽越频繁，企业的招聘窗口就越大。

这样看来，尽管政府在努力创造就业机会，但实际上并没有太大作用，因为工作岗位的总量并没有变化。人们成功就业，往往是因为那里刚好有空缺，更糟的是，某些人的就业会将其他人挤下去，政府的努力就像正在喷发的火山上的雨滴。通过丹麦那场社会实验我们可以看到，政府政策不仅给实验组带来了正面影响，同时也给对照组带来了负面影响。就算这些政策可以改变个别群体的就业率，它也很难改变工作岗位的总数，以及人们失业或就业的平均速度。

需要注意的是，这和前面提到的“劳动合成谬误”不是一回事。机器人的广泛使用提高了生产力、降低了工人人数之后，被取代的那些岗位就会永久性消失。这些失业工人最终会转移到其他岗位上，比如汽车装配工有可能会跳槽到医疗保健行业。此外，劳动力市场的供给增加之后，新多出来的这些劳动力会利用工资购买更多商品与服务，从而提高商品市场的需求，进而创造出更多劳动岗位，20世纪下半叶大量女性涌入职场时就发生了类似的现象。科学技术或劳动力数量（即劳动力的需求或供给）发生变化时，工作总量并不固定，市场中会多出很多新的岗位。相反，劳动力的需求和供给全都不变的情况下，工作总量会保持固定不变，创造就业的种种努力只会是一种徒劳。

我们希望能够提高所有人的就业速度，降低所有人的失业速度。最理想的情况下，人们失业之后立刻就能找到一份新工作，而这意味着政府需要提供极为强大的就业保障。此外，失业速度下降还会提高每份工作的持续时间，让劳动岗位变得更加稳定。

可问题在于，工作稳定（每份工作的持续时间变长）和就业保障（每次失业的持续时间变短）彼此冲突。就业市场就像旋转木马，如果每转一圈的时间变长，那排队等待的时间也会变长，反之亦然。不过，不管排队时间变长了还是变短了，排队总人数和总时长都没有任何变化：等待时间短，排队频率会上升；等待时间长，排队频率会下降。

失业的情况亦如此。如果工作稳定性上去了，每份工作持续的时间更长了，那就业保障的力度就会下降，因为找工作的时间变长了。反过来说，如果工作稳定性下降了，就业保障就会得到提升。然而不管实际情况如何，失业总人数都没有改变，这是经济学中的一个基本定律：如果工作稳定和就业保障同时出现，那失业率（前面我们提到过，失业指的是一个人能够劳动、愿意劳动但暂时没有找到工作的情况，而失业率指的是失业人数占全部劳动人口的比例）必然会降为零。可事实并非如此，不管在哪个国家、哪个地区，失业率在长时间内都相当稳定，只有在经济出现衰退的时候失业率才会大幅上升（比如受新冠肺炎疫情的影响，2020 年春季美国新增了 3800 万失业人口）。

尽管偶尔会出现一些极端情况（比如西班牙那离谱的失业率），尽管失业率会随着经济的景气程度而起起落落，但总的来说，最近几十年的失业率并没有产生太大变化，大多数经济体的失业率都只会在 5%~10% 的范围内小幅波动。不过各国在工作稳定性和就业保障性方面却有着巨大的差距：盎格鲁-撒克逊国家（美国、英国、加拿大、澳大利亚、新西兰），以及斯堪的纳维亚半岛国家往往拥有全球最高的就业保障、全球最低的工作稳定性（这意味着这些国家的人失业周期很短，每份工作持续的时间也很短）；而地中海国家往往会处于另一个极端当中（这意味着这些国家的人失业周期很长，每份工作持续的时间也很长）。

美国和意大利是最有代表性的两个国家，它们之间的差异简直大到令人难以置信。美国失业时长的中位数大约为 9 个星期，即两个多月；而意大利失业时长的中位数将近一年。另一方面，平均来看，意大利每份工作可以持续 20 多年，而这一数字在美国只有 4 年左右。[13]

由此可见，虽然从表面上来看，各国的失业率大同小异，但如果把镜头拉近，各国之间的巨大差异就会显现出来。在欧洲南部那些国家当中，青年群体的失业率高得可怕，每个失业者平均要花费一年多的时间才能重返职场，刚刚毕业、初入社会的年轻人所面临的形势要更为严峻，他们需要奔波好多年才能找到第一份工作。由于找工作的难度实在太大，很多 50 岁以上的老年员工被解雇后只能选择提前退休。对于那些有工作的人来说，地中海式的工作稳定性非常令人向往，但对于那些失业的人（尤其是年轻人和老年人）来说，这种稳定性就是一种灾难。

总之，除非劳动力市场的供需结构发生了较大变化，否则新就业人数和新失业人数总会维持在同样的水平。法律和政策可以改变工作岗位的稳定性（如果提高工作稳定性，就业保障就会下降），却很难改变失业率。虽然各个媒体总是在吹嘘就业政策有多么多么好，但实际上失业总人数几乎不会有任何变化。就业其实更像乘出租车而不是拥有私家车，政客们一直在想办法为公民提供更多私家车，但人们需要的是出租车，而这正是公司给我们的。

创造更多就业机会不仅可以激发商业活力，也能提高创新水平。不幸的是，正如我们在金表神话中所看到的那样，市场支配力阻碍了创业、创新以及岗位流动性。劳动力市场就像一场抢椅子的游戏，在市场支配力的作用下，游戏节奏越来越慢，大家的动作越来越迟缓。即便是在盎格鲁-撒克逊国家、斯堪的纳维亚半岛那些极具活力的劳动力市场当中，情况也不容乐观，因为在护城河的保护之下，企业巨头正在贪婪地吮吸着市场中的新鲜血液。由此可见，为了改善就业形势，我们必须想办法遏制市场支配力。

现在我们已经掌握了足够多的事实，了解了足够多的真相，下面我们就来讨论一下政策的制定，看看怎样做才能遏制市场支配力，将城堡门前的护城河变成来去自如的平地。

第 11 章

反垄断的可能性

正如德隆·阿西莫格鲁（Daron Acemoglu）与詹姆斯·罗宾逊（James Robinson）在《国家为什么会失败》（*Why Nations Fail*）一书中所言，市场无法在一无所有的环境中正常运转。[1] 想要市场蓬勃发展，我们就必须设计一个良好的制度框架去保证商品的自由买卖，保证盗窃、财产侵犯等行为会受到严厉制裁，保证通胀水平维持在正常范围，保证政策的稳定性和合理性。

的确，市场的正常运转建立在法律法规之上，只有这样产权才能得到保护，侵权行为才能得到制裁。在公元前 3000 年至公元前 1200 年的青铜时代，自由贸易之所以能够逐渐在基克拉泽斯群岛和美索不达米亚地区流行开来，主要是因为青铜器和武器等新发明能够帮助各种族各部落有效地组织起军事力量，进而保证了货物交换和贸易收益的安全。由此可见，法律制度是市场繁荣的前提，市场一开始就不是完全自由的。如果市场没有任何限制，那所有东西都会被鸡鸣狗盗之辈偷走。

就像青铜时代一样，当代资本主义市场需要法律制度去保护财产权。只有这样，市场才能正常运转，亚当·斯密提到的那只“看不见的手”才能正常工作，经济发展才能得到保障，社会才能走向繁荣。个人追求自身利益的行为也会促进社会利益的提升。事实也的确如此：受法律管控的自由市场在短短100年的时间里就给社会带来了数不清的财富，帮助数十亿人摘下了贫困的帽子。

不过，一个能够保证法律法规和社会秩序的制度框架，还不足以让每一个市场都能运转良好。已经有无数案例可以说明，新技术的出现能够从根本上改变生产方式和最终产品，从而导致“看不见的手”失灵，就像100年前卓别林《摩登时代》的剧情一样。前面我们已经讨论过，网络外部性、规模经济、市场中的“免费商品”、消费者的认知偏差，都会导致市场无法正常运转。通常情况下，这些市场的利润只会被少数大公司瓜分，面对一条条深不见底的护城河，场外企业根本没有能力参与到竞争之中。

为了解决市场失灵的问题，我们不仅需要学习青铜时代，用制度去保护财产权，还需要用制度去规范、监管市场。有些人以为资本主义和自由市场根本不需要政府监管，其实这是一种误解。这就好比在没有法律制度和警察机构的环境下去保护大家的产权，最后只能沦为空谈。

能够体现监管必要性的例子有很多，比如2018年和2019年那两场震惊全球的坠机事件。短短6个月的时间里，居然有两架波音737 MAX客机于起飞之后的几分钟内坠毁，包括机组成员在内，飞机上没有任何一个人能够幸免于难。更令人生疑的是，两起事故都是因为飞机在上下急速颠簸时失去了控制。后来经调查发现，失控的起因是飞机的防失速系统出现了故障，以至于飞机会在未经飞行员允许的情况下自动降低机头，尤其是在飞行速度较低的时候。事实上，737 MAX 是一款非常新的机型，可就在投入使用的短短一年之后，印度尼西亚狮航 JT610 次航班就发生了骇人听闻的坠毁事件，并导致 189 人死亡。其实事故发生的前一天，另一机组成员（包括第三名飞行员在内）在同一架飞机上遇到了类似的失控事件，好在第三名飞行员及时诊断出了问题，并设法禁用了飞机的自动控制系统。第二架坠毁的飞机来自埃塞俄比亚航空 ET302 次航班，坠毁地点位于肯尼亚内罗毕，事故共造成 157 人死亡。自此之后，世界各地的航空局停飞了所有 737 MAX 型号的飞机。

后来调查人员发现，波音公司在 737 MAX 推出之前就知道它的控制系统有问题。这个型号的飞机一开始只配有一个设备用来探测数据，这意味着数据出错之后，没有其他设备可以对其进行纠正。然而为了公司和股东的利益，波音并没有如实向监管机构汇报这些问题，并想方设法让航空局相信了这款飞机的安全性。波音公司之所以不想安装第二个探测设备，不仅是因为安装费用和软件更新费用都很贵，还因为这样做会耽误飞机订单的交付。即便是在飞机第一次坠毁之后，波音公司仍在狡辩，说飞机坠毁和系统软件、探测设备没有任何关系。更令人愤怒的是，在狮航的航班坠毁之前，飞行员们根本不知道飞机上装有防失速系统。在坠机之后的某次内部会议上，飞行员们派出代表与波音公司交涉，督促波音立即采取有效措施，并停飞相关航班，可这一提议却遭到了波音高管们的一致反对。

这种情况下，监管机构就可以站在第三方的角度，客观评估那些客户难以触及的企业信息。这背后真正的问题在于，波音公司的经济效益和客户利益之间存在着根本性矛盾，及时披露飞机设计问题会导致订单延迟交付，从而带来巨大的经济成本。所以波音公司在人命和金钱之间进行了一场豪赌，不幸的是他们输了。可是，尽管波音公司的股价产生了较大波动，第二次坠机后的跌幅更是高达 11%，但由此产生的经济损失却非常之小。

主张市场自由的人认为监管没有必要，因为市场会自我调节，自动修复。如果波音公司一直罔顾人命，那它最终就会被市场所淘汰，毕竟公司的声誉会影响到它的价值。这种想法实在是过于天真了，乘客只是普通人，他们该如何去调查飞机这种无比复杂的商品的安全性？就算乘客们可以通过私人安全调查机构购买到飞机的安全报告，这些报告的可信度也要打上一个问号，毕竟调查机构也要赚钱。想想经济危机期间，那些金融评级机构的所作所为吧。

无论是航空业，还是其他什么行业，企业自我监管都是一种不切实际的想法，因为没有人能够抵制住金钱的诱惑。精密机器具有难以想象的复杂度，开发设计过程中也会有很多不透明的信息，就算企业公开的数据全部真实有效，我们也不能保证它们没有因为利益而隐去一些事实。倘若这两起事故没有发生，那么制造带有安全隐患的飞机就可以给波音公司带来巨大的回报，并使其在股市上大赚一笔。可现实就像我们看到的那样，哪怕失事概率很低，只要它成为现实，就会有大量家庭永远失去自己的亲人，波音公司也会面临破产的风险。可从赌徒的角度来看，丰厚的收益已经超过了坠机的损失，其结果就是大量乘客暴露于安全隐患之中。

由此可见，不管是什么行业，只要企业给大众带来的安全隐患超过了应有的程度，我们就有必要实施市场监管。假如美国没有设立食品药品监督管理局，那么就会有大量群众因食物中毒而死亡，就会有大量病患因药物严重的副作用而离世。

新冠肺炎疫情到来之后，社会对监管的需求变得空前迫切。为了最大限度地保证大家的生命安全，为了尽可能地减少经济的长期损失，我们不得不减缓人员流动，保持社交距离，暂时停止一部分贸易和市场。显然，没有哪个市场能够合理地为一种正在蔓延的病毒定价。毕竟餐馆老板无法评估应当为传播病毒的顾客确定一个什么样的成本价，因为他们还会继续传播病毒，感染没有来餐馆吃饭的人。正如经济学家所说，快速传播的病毒就像外部性的缩影，只有通过政府干预或监管，才能得到控制。

市场监管不仅能够确保大众的安全和健康，也能有效遏制企业的市场支配力。第 2 章中我们以易贝为例，分析了平台一家独大导致市场无法在保证所有人最佳利益的情况下正常运转。由此可见，市场过于自由，以至于竞争程度严重下降时，反垄断机构就有必要去利用监管等手段恢复市场的竞争活力。

历史上的垄断行为

“垄断”的英文是“monopoly”，源于古希腊语中的 monopōlion 一词，由 mónos（意为“单独”或“单一”）和 poleîn（意为“售卖”或“卖家”）组合而成。16 世纪中期，这个词流传到了拉丁语系中，含义为“独家销售权”。严格来讲，社会中并不存在纯粹的垄断行为，因为所有商品或服务都存在质量或高或低的替代品。即便是康卡斯特——前文提到的美国有线电视供应商，在很多市场都拥有无可匹敌的垄断势力——也不得不面临来自卫星电视的竞争压力。

从历史上看，市场监管不仅没有遏制垄断势力，反而创造了更多的垄断企业。事实上，大多数垄断行为都建立在法律特权之上，这些垄断企业之所以能够获得商品或服务的独家销售权，要么是因为王室贵族的青睐，要么是因为企业提供了某些特殊服务而得到了补偿。通常来说，获得垄断许可的企业需要按照规定的价格和各种条款去售卖商品，比如烟酒行业。这些企业不会面临任何竞争压力，能够以较高的价格出售商品，并获取丰厚利润。不过这些企业无法独享利润，因为它们必须按时向王室进贡特供商品，或支付一笔不菲的特权使用费。如此一来，企业和王室的收入增加了，但消费者和社会的收入却减少了：消费者支付了过高的价格，能够买得起商品的顾客也越来越少，整个社会蒙受了巨大损失。

1623 年，英国颁布的《垄断法规》（The Statute of Monopolies）向那些勇于创新的企业赋予了垄断权力，打开了专利制度的大门。比如在国家的授权之下，荷兰和英国的东印度公司可以独家经营来自殖民地的香料贸易。一开始，这种垄断特权的确可以激励企业去挖掘世界各地的新商机，可是市场逐渐建立起来之后，东印度公司便开始凭借垄断特权肆意挥舞手中的皮鞭，将竞争者全部拦在了市场之外。这导致了各种抗议和起义。

1773 年发生的“波士顿倾茶事件”就是其中的一起，这起事件不仅激怒了当时的英国政府，也成为美国独立战争的导火索之一。事件的主要起因是 1773 年颁布的《茶税法》，这部法案免除了英国东印度公司的税务，促使该公司垄断了美国殖民地地区的茶叶贸易。谁也没想到，人们对英国东印度公司的抵制，对市场支配力的反抗，居然会演变成美国独立战争。

通过这些历史案例我们可以看出，当时的垄断权力和市场支配力都来自法律特权，这种特权使得个别企业或集团能够独家销售商品或服务，成为市场中唯一的霸主。这种政府向企业提供垄断许可、企业向政府支付一定费用的现象，在经济学中又被称为“抽租”。最后的结果就是，消费者支付的价格要远大于商品的成本，而企业和王室可以收获巨额利润。在最极端的情况下，超额利润会全部流入王室手中。

就像以前一样，现在有很多垄断行为也获得了政府的许可，比如专利权就是一种合法的垄断手段，它允许新发明、新技术的拥有者在短期（通常是 15 年）之内独家生产、售卖自己的商品或服务。

其实专利权并非一种新兴事物，早在古希腊时期就已经出现了类似现象。[2] 和东印度公司的情形不同，当时国家机构向某些组织赋予暂时性的垄断特权，并不是为了抽租，也不是为了变相征税，其目的要比这高尚得多——为了确保巨额的前期投资得到适当的回报。一个好的想法有时很容易被人复制，那些抄袭者可以在没有任何前期投资的情况下与发明者展开竞争。

英国的垄断机构一边压榨美国殖民地的企业家和民众，一边向英国王室输送金银财宝，美国人心中早就对那些垄断行为积压了无尽的怒火，所以美国宪法只保留了寥寥数项有利于垄断特权的条文，专利权便是其中之一。开国元勋们甚至曾考虑将反垄断内容纳入宪法，很多律师认为，美国宪法第十四修正案中的“平等保护条款”已经鲜明地表现出了美国政府反对“垄断机构得到法律保护”的立场。还有很多人认为，美国的独立运动完全来自大家对“国家公然支持垄断势力”这种行为的抗争。

尽管美国的建国历程和反垄断斗争有着解不开的渊源，但实际上目前的专利制度已经彻底远离了初衷，以至于很多专家开始呼吁政府将其废除。[3] 当前专利制度所面临的最大问题之一，就在于它是一个一刀切的法律：发明一种可以治疗疟疾的疫苗，发明一项可以用于智能手机的无线技术，居然都可以获得 15 年的垄断权力，后者明明很快就会跟不上时代的发展，可相关技术却必须等到 15 年之后才能恢复到竞争状态。雪上加霜的是，移动设备中到处都是受专利保护的技术，只有像三星、苹果这样财力雄厚的公司才买得起它们的使用权，这也意味着只有这些企业巨头才有能力去生产那些流行的电子设备。

很多企业都会时不时地对自己的技术进行一些细微修改，从而延长专利的保护期限。越来越多的证据表明，企业巨头在自己的“知识产权矩阵”周围构建起专利丛林，利用专利法建立起深不可测的护城河。[4] 专利制度实际上已经不再是一种用来激励创新的、短暂的垄断保护，而是逐渐变成了企业巨头用来建立、维护市场支配力的一种有力工具，尤其是在通信等发展迅速、门槛较高的科技领域。虽然专利制度的本意是为了保护知识产权，但由于立法者并没有根据时代特点对其进行调整，它逐渐变成了一柄弊大于利的双刃剑。

数据表明，美国大多数企业都扭曲了专利法的美好意图，把它变成了自家护城河旁边的挖掘机。2018 年，美国共颁发了 339992 项专利，而 1980 年这一数字只有 66170。[5] 乍一看，社会似乎在科技创新方面取得了巨大进步，可是另一组数据却表明真相并非如此：2012 年美国共计发生了 4700 起专利诉讼案件，其中有 62% 的案件涉及“专利流氓”，而 2006 年这一比例仅为 19%。[6] “专利流氓”本质上是一种企业，虽然它们手中掌握大量专利，但它们并不会利用这些专利去生产商品。员工每天最大的任务就是去搜寻有可能侵犯到这些专利的公司或公民，然后靠打官司来赚钱。最荒谬的是，这些专利甚至都不是它们自己发明的。通常来说，受害者已经利用自己的发明创造赚到了一些钱，但还没来得及申请专利，他们的技术也并非真的抄袭自“专利流氓”的专利，二者只是有一些相似而已。

“专利流氓”最喜欢起诉科技公司，因为软件专利的定义通常比较广泛，很多陈旧的专利定义套在新技术上也没什么问题，这就给“专利流氓”带来了大量可乘之机，它们会想方设法地利用手中的旧专利和文字游戏去起诉别人的新技术。尽管这种行为完全合法，但它完全违背了专利法的初衷。“专利流氓”的“知识产权欺诈”之所以屡屡奏效，是因为专利诉讼的费用异常高昂，周期也长得可怕，与其让法律官司耽误自己的技术发展，这些受害者宁愿选择赔钱和解。“专利流氓”其实也不想让官司一直打下去，所以它们会找出受害者愿意接受的最高和解金，然后息事宁人。因此，90% 的专利诉讼都是在庭外和解的。

如果说竞争对手可以轻松复制新技术，那么为了保持创新活力，社会的确需要额外奖励那些在创新方面投入了巨额资金的人。可是，暂时性的垄断特权真的是最好的奖励方式吗？其实除了垄断特权之外，我们还有很多替代方案，比如金钱奖励。历史上最及时的科学发现之一就是在现金奖励制度下实现的。由于不涉及专利概念，这项发明一经问世便可以被所有人随意使用。

当时是 1707 年，4 艘英国皇家海军战舰沉没于锡利群岛附近，事故共造成 1400~2000 人死亡，这是海军历史上最严重的海难之一。虽然彼时的摆钟技术已经较为成熟，可它必须放在稳定的平台上才能准确计时，无法在颠簸的船上使用。问题在于，海员们必须知道准确时间，才能凭借恒星位置推算出经度位置。为了确保海运和国防的正常运转，英国议会于 1714 年设立了 2 万英镑（相当于今天的 300 万英镑[7]）的经度奖（Longitude Prize），以奖励能够设计出海上经度测量方法的人。听闻这个奖项之后，木匠约翰·哈里森（John Harrison）花费了一生的时间去研发 H4 航海表，并于 1773 年 80 岁高龄的时候拿到了这笔奖金。他的这项发明是如此重要，以至于核心技术直到今天仍旧被广泛应用于各种机械表之中。

虽说奖金制度本身也存在很多问题——比如政府很难鉴定一项

发明是否满足了既定目标，也很难将奖金数额控制在合理范围，从而引导创新企业进行适当的投资——但这些问题都无法掩盖它那巨大的优势：发明者不会独享科技成果，竞争对手可以免费使用新技术。在政府资金的保证下，创新优势可以得到充分利用。我们可以想象一下，假如世卫组织（WHO）和 FDA 用金钱而不是专利去奖励率先研制出新冠疫苗的制药公司，那么 2020 年 12 月我们就会有几十家，甚至几百家厂商同时生产疫苗。生产力提高的同时，价格也会变得更有竞争力，只需要很短的时间就可以给每个美国人都打上疫苗，世界范围的疫苗普及率也会迅速提升。然而现实情况是，专利制度带来的垄断力量给世界经济和人类健康带来了难以估量的损害。

很可惜，目前我们只有专利保护这一项制度。虽然这项制度的本意是激励创新，但就像我们在前面看到的那样，它有时也会起到相反的作用。特斯拉是世界闻名的电动汽车制造商，它在 2014 年做出了一项重要决定——开放硬件和软件的源代码，将旗下所有信息技术全部放到公有领域之中。这项决定所产生的后果非常耐人寻味。起初，投资者们都觉得特斯拉会开始走下坡路，因为其他厂商很快就会采用相同的技术。可事实上，技术公开对行业投资的影响是双向的：一方面，竞争对手的成本变低了，这有可能会增加行业投资；此外，随着进入市场门槛的降低，市场竞争可能会进一步降低制造成本。但另一方面，由于竞争者可以免费使用特斯拉的投资成果，这也可能会降低行业投资。[8] 研究表明，技术的公开不仅促进了整个行业的进步，同时也推动了特斯拉的发展，这是因为创新会带来很多溢出效应。我们以软件为例，由于创新周期较短、更新速度较快，在其他竞争对手对特斯拉的成果加以创新之后，特斯拉也会从这些创新中受益。

虽然公开技术可以带来很多好处，可我们的政府却依旧在用专利制度为企业提供某种垄断权力。更糟的是，企业尝到甜头以后便不肯撒手，为了将垄断权力长久地维持下去，它们又设法挖出了一条条难以逾越的护城河。

反垄断，一道相当棘手的难题

温德尔·伯格（Wendell Berge）是罗斯福总统手下一名负责反垄断的官员，他的这段话足以说明反垄断的困难程度："垄断手段种类繁多，防不胜防。不管我们如何加强监管，垄断势力都会偷偷地在某个角落生根发芽。直到某一天，某个行业彻底失去了竞争性，我们才发现原来世界上又多了一个能够称霸市场的经济寡头。"[9]

面对市场支配力，我们不仅没有万全之策，也没有现成的参考方案，无数专家学者研究了一辈子反垄断问题，也没能找到简单易行的办法。这些专家不仅包括竞争委员会的雇员、律师、法官，也包括任职于咨询公司、拥有丰富并购经验的咨询师，以及专门研究反垄断、产业组织的经济学家。乔纳森·贝克（Jonathan Baker）最近出版的《反垄断范式》（*The Antitrust Paradigm*）一书系统性地总结了这些年反垄断法的发展历程。[10] 虽然本书的主题并不是反垄断，但我必须要花一些篇幅在它上面，因为反垄断是解决市场支配力问题的关键所在，而市场支配力又是当今时代劳动力市场各种顽疾的病因。

想要解决市场支配力的问题，最简单直接的办法或许就是对企业巨头的巨额利润进行征税。虽然这笔额外的税收可以通过政府转移给那些饱受市场支配力迫害的消费者，但它并没有消除问题的根源，企业仍旧会收取过高的费用。如果苹果公司将 iPhone 的价格设定为 1200 美元，从而让利润达到 1000 亿美元，那么即使企业税率从 10%

上涨到 80%，苹果公司也不会降低 iPhone 的售价，因为它仍旧想赚取最高的利润。2014 年，欧盟委员会追踪到了苹果公司隐藏在爱尔兰的巨额利润，尽管这的确对财富的分配产生了重大影响，但苹果公司的市场支配力却没有因此而遭到削弱，iPhone 的价格也没有因此而出现下滑，因为欧盟并没有从根本上解决问题。

虽然对利润征税的确会影响到企业的投资行为和高管的表现，[11] 但大多数情况下这些影响只会体现在财富的分配方面。尽管很多人都认为，为了推动社会进步，我们有必要将企业的利润维持在较高水平，可事实并非如此。利润只是为了鼓励大家在创新方面进行投资，只要市场竞争足够激烈，超额利润必然会被压至最低水平。正如亚当·斯密所说："消费是所有生产活动的最终目标。虽然生产者的利益必须得到保障，但这种保障绝不能以损害消费者的利益为代价。"[12]

只有尽可能地压低价格水平，消费者才能获得最大利益，此时企业所有的利润会全部转移到消费者身上。由此可见，牺牲利润去降低价格，不仅不会给社会带来损失，反而可以让更多的人买得起各种商品与服务，这就是市场竞争的最大意义。价格达到最低水平之后，买家的数量会达到极值，消费者剩余也可以实现最大化。

市场竞争足够激烈时，企业赚不到什么利润，所以企业税率也会变得无关紧要。由于调节税率并不能从根本上遏制市场支配力，竞争委员会不得不去思索更复杂的方案来恢复市场竞争。

对于反垄断来说，媒体最关心的往往是"并购审查"。所谓并购审查，指的是两家公司发生并购、收购时通常会受到政府部门的审查。在美国，负责并购审查的机构是联邦贸易委员会（FTC）和司法部（DOJ）。

这两个部门都享有民事反垄断法的执法权力，司法部旗下的反垄断部门还额外拥有刑事犯罪的执法权。联邦贸易委员会由伍德罗·威尔逊总统创立于1914年，同年诞生的还有《克莱顿反托拉斯法》（Clayton Antitrust Act），总统希望能够利用这两样武器去压制垄断企业的滔天权力，减少不公正的竞争行为。《克莱顿反托拉斯法》并非完全独创，它实际上汲取了很多其他反垄断法的灵感，其中最著名的就是1890年的《谢尔曼反垄断法》。直到今天，后者仍旧是许多反垄断法的重要立法依据。

欧洲的情况有些不同，虽然每个欧盟国家都有独立的竞争管理机构，但统一管理整个欧洲市场的《欧盟竞争法》却是由欧盟委员会指导设立的。不过话说回来，尽管各大洲的反垄断形式多种多样，但大家的基本原则却没有什么差别。

例如，2018年，美国电话电报公司计划收购媒体公司时代华纳。这笔交易不仅需要得到美国司法部的批准，也必须得到这两家公司业务所涉及的其他各个国家的反垄断机构的批准。主法官不仅要思考美国司法部反垄断局局长给出的意见（代表美国消费者的利益），也要聆听美国电话电报公司律师的辩护（代表公司利益）。最终，除了驳回或批准之外，法官其实也有一些折中的判决方案，比如法官可以要求美国电话电报公司剥离或出售一部分在某些市场上占据绝对主导地位的业务（当时的确有人建议将DirectTV或特纳广播公司剥离出去，后者是CNN的母公司）。

法官必然会根据主观观点给出判决，律师们也必然会根据主观观点在法庭上针锋相对。由于利益出发点不同，大家看问题的角度也会因人而异。其实就算是在法庭外，政客和学者们也常常会展开激烈的辩论，并逐渐形成不同的学派。可是……

集思广益才是最好的“学派”

虽然只有个别思想家能够凭借思维逻辑和实验研究建立起某种理论，但是在追寻反垄断理论体系的过程中，人们很喜欢把复杂的知识简化为两种彼此对立的意识形态，把思想上的碰撞简化为布兰迪斯学派与芝加哥学派的学术斗争，把学派思想粗暴地和过分简化的左派、右派政治观点捆绑在一起。其实现实生活要复杂得多，这不仅是因为两个学派内部存在很多分歧，还因为很多学者和业内人士根本不认可其中任何一个学派。虽然下文的某些观点对事实过于简化，但本着求知和探讨的精神，我还是有必要给大家介绍一下这两个学派，以及人们对它们的普遍理解。

首先是布兰迪斯学派。该学派的思想建立在路易斯 · 布兰迪斯（Louis Brandeis）的观点之上，他们认为垄断和市场支配力在本质上就是一种不好的东西。[13] 在伍德罗 · 威尔逊总统的任期内，路易斯 · 布兰迪斯一路走到了美国最高法院大法官的位置上。根据路易斯 · 布兰迪斯的理解，垄断势力和企业巨头不仅会损害竞争对手、消费者、员工的利益，也会阻碍科技创新。

布兰迪斯学派的观点形成于 20 世纪初的摩登时代——一个市场支配力极为强盛的时代。当时大量财富集中在少数公司手中，已经严重影响了社会的正常发展。为了削弱那些巨头和托拉斯的市场支配力，西奥多 · 罗斯福总统在他的“公正施政”计划中提出了“3C”的核心理念，即 conservation（环境保护）、control of corporations（约束企业发展）、consumer protection（维护消费者权益）。其实他反对的并不是托拉斯，也不是工会组织，而是在这两个团体中萌生出来的市场支配力。他所做的一切努力，都是为了攻破强盗资本家的大门。

正是在罗斯福担任总统的这段时间里，路易斯 · 布兰迪斯逐渐在反垄断领域形成了一套比较成熟的观点。他认为就算大公司的经营效率更高，也不利于市场的健康发展，因为它们会逐渐掌控市场支配力。他还认为市场支配力和大公司导致了财富的过度集中，降低了企业的活力，损害了员工和供应商的利益，阻碍了科技的创新发展，于是他将这种现象形容为“大的诅咒”。另外他还认为大公司会利用手中的巨额现金控制政治走向，让政策法规完全朝着大公司利益的方向发展，进而导致更加强大的市场支配力。

二战后、1970 年前的那段时期，哈佛大学孕育出了很多著名的反垄断学者，所以当时布兰迪斯学派又被人们称为哈佛学派。爱德华·张伯伦（Edward Chamberlain）、爱德华·梅森（Edward Mason）、乔·贝恩（Joe Bain）等学者认为，财富高度集中、市场份额全部掌握在少数寡头手里都是显而易见的事实，正是它们导致了市场竞争程度的下滑。[14] 在他们的学术成果的影响下，哈佛大学及其结构方法论（structural approach）成为当时反垄断领域中的绝对权威。

大萧条之后的半个多世纪里，市场集中程度缓和了很多，市场支配力也下降了不少，但布兰迪斯学派的境遇却变糟了——在 20 世纪 80 年代的一场意识形态主导地位的斗争中，布兰迪斯学派败给了芝加哥学派。不过近些年来，越来越多的证据表明市场支配力和市场集中程度正在迅速回升，这也使得布兰迪斯学派逐渐恢复了一些往昔的光彩，最有代表性的事件就是法律学者莉娜·可汗（Lina Khan）所发表的那篇重磅文章，该文章不仅详细剖析了亚马逊的垄断地位，也一针见血地指出了这种垄断对供应商、竞争对手、员工、消费者所产生的种种负面影响。[15]

学界对布兰迪斯学派的批评主要集中在他们对竞争的过度拥护——为了促进竞争，布兰迪斯学派甚至建议大家主动去维持那些生产效率较低的企业的生命力。可是他们忘了，只有在竞争者生产力足够高的情况下，市场价格才会降低。如果其他对手的生产力远远低于企业巨头（比如零售业的亚马逊），那这些对手的努力根本激不起任何浪花，市场竞争程度也不会有任何改变。主动维持它们的生命只会浪费大量金钱。

20 世纪 70 年代末，凭借建立在经验、证据之上的“案例方法论”（litigation approach），芝加哥学派逐渐成为反垄断领域的领军势力。理查德·波斯纳（Richard Posner）、罗伯特·博克（Robert Bork）等律师，以及乔治·斯蒂格勒（George Stigler）、阿诺德·哈伯格（Arnold Harberger）、米尔顿·弗里德曼等经济学家，都与芝加哥大学有着密不可分的联系，他们坚信政府就应该让商业自由发展。如果有企业利用高售价获取了超额利润，那其他企业马上就会参与到竞争当中，抢走部分利润。而且用“哈伯格三角”（Harberger triangle）来衡量“无谓损失”的话，消费者也不会损失太多利益——就算企业能够赚到超额利润，这也只是一个财富再分配的问题，它并不影响社会经济效率。如果有必要的话，我们可以很容易地利用税收重新分配企业的利润。

其实芝加哥学派内部也有很多不同的声音，比如米尔顿·弗里德曼就写了大量的文章去分析美国医学会（AMA）给市场竞争带来的种种阻碍。根据他的观点，美国医学会是一个影响力极高的专业团体，让他们负责看守医生市场的大门，会导致新人数量过少，竞争过于匮乏，工资水平过高。第 3 章中我们曾讨论过许可证制度，并分析了新增医生数量过少会如何影响到整个医疗体系的正常运转。

对此美国医学会也给出了有力的反击，这些专家认为只有他们才有能力筛选出水平最高的医生，而且医疗是一个人命关天的行业，稍有差错就会导致不可挽回的损失，所以专家们必须主动站出来承担责任、规范市场。虽然他们说的这几点都很有道理，但这并不能洗清他们“一切都是为了赚钱”的嫌疑。最终事实就像我们所看到的那样，美国医学会打着“医疗效率”的幌子，利用手中的监管权力攫取了惊人的市场支配力。这或许就是米尔顿·弗里德曼强烈反对由美国医学会负责市场监管的原因。[16]

政府在其他市场中也尝试过行业自我监管的模式，可惜大多数自我监管组织都像美国医学会一样效率低下，就算没有影响到大家的健康，它们也会从别的方面损害消费者利益。美国房地产经纪人协会（NAR）与美国金融业监管局（FINRA）是其中最有代表性的两个组织，前者迫使购房者额外缴纳 6% 的房产代理费，这一比例远远高于其他国家的水平，后者对经纪公司和外汇市场的监管极为糟糕，给市场带来了低效率、高收费、信息不透明等各种负面影响。

如果把美国医学会这种自我监管组织模式推广到领导者和决策者群体当中，比如说推广到科技公司的高管群体当中，让谷歌、苹果、脸书的 CEO 去监管自己所在的行业，那么结果不难想象，市场竞争程度绝不可能得到提高，社会利益也绝对无法实现最大化。因为这些人非常清楚，利润越高，股东（通常高管自己也是股东之一）给他们的奖金就越高，而赚取利润的最佳方式就是创造、维护市场支配力。

1974 年，围绕着美国电话电报公司是否应当被拆解，法律界展开了一场旷日持久的辩论，这场辩论不仅导致了 1984 年小贝尔公司（Baby Bells）的诞生，也激化了芝加哥学派的内部分歧。虽然学派中的经济学家支持拆解，但学派中的法律学者却反对拆解，并根据哈伯格的理论给出了具体理由。哈伯格最大的贡献在于他创立了一套较为完整的理论框架，并收集了大量证据，证明市场支配力只会给社会福利带来很小的损失。[17] 可问题在于，他给出的证据全部来自市场竞争力较高、市场支配力较低、超级巨头十分罕见的时期，以至于他的理论在当前社会中很难成立。

二战后的半个多世纪里，芝加哥学派内部的某些著名学者逐渐改变了自己的观点，这进一步增大了学派的分裂程度。其实在一开始，米尔顿·弗里德曼与乔治·斯蒂格勒二人不仅支持政府干预市场，甚至还希望政府能够推行强有力的反垄断法案，以确保市场的竞争力。不过后来他们的态度有所动摇，因为他们意识到在利益的驱使下，反垄断机构很难发挥应有的作用。最终这两个人彻底改变了自己的想法，他们开始相信，同没有监管的情形相比，实施反垄断监管反而更不利于市场竞争。[18]

20 世纪 80 年代末的时候，芝加哥学派内部的战火已经蔓延到了校园和教室当中，空气中到处弥漫着硝烟的味道。最有戏剧性的是，乔治·斯蒂格勒与莱斯特·特尔泽（Lester Telser）二人对于市场支配力的看法简直是水火不容，但他们却不得不一起教授博士生的课程，以至于学生们将他们的课程戏称为“我讨厌政府课”和“我讨厌垄断课”。特尔泽认为，很多行业需要投资大量的固定成本，如果政府不加以监管，放任企业自由竞争，最终必然会导致市场畸形发展，铁路行业就是一个很好的例子。斯蒂格勒的观点则刚好相反，他极力反对政府干预市场的行为。最好笑的是，某次考试之前，学生们问特尔泽：“对于那些涉及市场支配力的问题，我们到底该从哪个角度去回答？”特尔泽回答说：“最好的办法就是在答题之前，先研究一下题目是哪位教授出的。”[19]

尽管美国电话电报公司最终还是被拆解成了不同的公司，但芝加哥学派法律学者一脉却并没有因此而没落，反而开始在内部斗争中占据上风。这一脉在政客圈子中混得最好的人，大概就是罗伯特·博克了，他曾被罗纳德·里根提名为最高法院大法官，可惜最后被参议院否决了。他曾在芝加哥大学学习过一段时期，后来又去了耶鲁大学法学院担任教授一职，并在那里成了原意主义（originalism）的忠实拥趸。原意主义者认为人们对宪法的理解，必须以宪法通过时的原文和时代背景为基础，绝不可擅自引申含义。

1978年，在自己的著作《反垄断悖论》（*The Antitrust Paradox*）出版成书之后，罗伯特·博克成了反垄断领域的代表性学者。他于书中提出了这样一种观点：反垄断的立法根本不是为了保护市场竞争，而是为了保障消费者的福祉。

罗伯特·博克理论的新颖之处在于，如果企业规模较大是因为它们效率较高，那么监管者就不该干预这一市场，更不该去干涉那些大型企业的经营。强行将这些大企业分解为一个个小公司，反而会导致效率下降，进而抬高市场价格，这是一个难以破解的悖论。如今，随着亚马逊等企业巨头的不断出现，这一观点似乎非常具有参考价值，毕竟亚马逊的企业规模正是来源于惊人的效率。

尽管罗伯特·博克的观点的确有可取之处，尤其当企业规模来自科技优势或网络外部性时，但他的理论还是过于简单化了。比如，在存在规模效应的情况下，企业仍旧会充分发挥自己的市场支配力，并将价格抬高到完全竞争的水平之上，此时监管部门必须主动进行干预。

令人担忧的是，自20世纪80年代以来，罗伯特·博克这种较为偏激的理念已经逐渐渗透到了法庭之上，并影响了一大批反垄断案件。首先，我们必须明确的是，大公司不仅效率较高，市场支配力同样很高，所以通常情况下我们最好对其采取监管措施，而不是将其拆解；其次，许多大公司的庞大规模并非来自技术优势，而是来自各种并购与收购。两家啤酒巨头之所以能够持有数以千计的啤酒品牌，在线约会服务公司 Match Group 之所以能够同时掌控 45 家全球约会品牌（包括 Tinder、Match.com、OkCupid），并不是因为技术优势，而是因为它们能给这些公司或品牌带来更高的市场价格。

在罗伯特·博克的影响下，企业合并的条件被放宽了，合并是否能够通过申请的唯一准则，就是看它们对消费者福利的影响，供应商或员工等群体的福利则根本不在考虑范围之内。耐人寻味的是，《谢尔曼反垄断法》（1890）、《联邦贸易委员会法》（1914）、《克莱顿反托拉斯法》（1914）等反垄断监管所依据的法律法规中，并没有出现过"消费者福利"这一概念。罗伯特·博克的理念流传开以后，美国司法部的总检察长们想要阻止企业的并购行为，就必须想办法证明这次合并不仅会导致企业规模过大，也会损害消费者利益。

这是一个十分苛刻的条件，毕竟在企业合并之前，没人能够精准地预测出这次合并会给市场环境带来怎样的影响，我们能做的只是根据大量假设去推测未来的各种结果，每个人得出来的结论可能都不一样。这种情况下，合并企业的律师可以很轻松地进行辩解，告诉大家企业合并之后成本也会降低，由此产生的协同效应会让消费者受益，因为价格会随着成本的下降而下降。

从法律诉讼的角度来看，反垄断的现实远没有这么理想化。德勤（Deloitte）的调研数据表明，并购企业的经济总价值，也就是协同效应的总价值，高达 1.6 万亿 ~1.9 万亿美元，约等于加拿大一年的 GDP。[20] 然而事实上，我们没有找到任何证据能够证明企业效率得到了提升，但我们有充足的证据可以证明 1980 年以后市场支配力正在急剧攀升，合并之后的企业的加价指数也在飞速上涨。[21] 最糟糕的是，法律部门对合并行为的审查正在变少。数据表明，针对合并行为的案件数量已经从年均15.7起（1970—1999年）下降至年均3起（2000—2014年）。[22] 在芝加哥学派的影响下，科学事实已经不再重要，为了让企业顺利并购，相关企业正在想尽办法利用各种模棱两可的数据预测来说服法官。

反垄断制度原本是为了监督市场、维持竞争，可当前反垄断制度的根本却建立在非竞争的原则之上。由于缺少一个明确的激励结构，各团体只会从自己的角度出发去分析利弊与得失。精致的利己主义者会刻意抬高估价，但一个竞争激烈的市场绝不会发生这种事，因为竞争对手们会将价格重新拉回到合理水平。哈耶克曾经说过，计划经济有一个巨大的缺陷，那就是价格会被人为地扭曲。由此看来，目前的反垄断制度更像是一场计划经济，企业的合并与价格似乎完全不受市场的约束。

由于缺乏竞争机制，当前的反垄断制度无法让企业准确地衡量成本和收益，这不禁让人想起了无线电与移动通信行业中频段许可证的拍卖。21世纪到来之前，这些许可证的分配和定价一直都十分随意，所有公司都觉得许可证不值什么钱。不过在政府开始拍卖频段之后，供应商们便被迫参与投标，整个行业也随之发生了翻天覆地的变化。频段拍卖不仅给政府和公民带来了巨大收益，也证明了竞争的价值。经过此次拍卖，政府官员们立即意识到了一个重要的问题：电信商之前对许可证的估值较低只是因为缺少竞争，当只有出价最高者才能获取频段的经营许可时，低估值的现象便不复存在了。其实长期以来经济学家们一直都认为，与放任那些只在乎自身利益的团体各说各话的情况相比，竞争可以带来更准确的估值。

尽管现在仍旧有很多人在讨论芝加哥学派与布兰迪斯学派的优劣，但事实上由于理论过度简化，它们早就过时了，很多业内人士和专家学者并不认可这两个学派中的任何一个。比如现在就有一个重要的团体正在批判芝加哥学派的观点，认为它们并不符合经济学原理。这些观点不仅引起了我们对市场支配力的重视，帮助我们更好地理解了博弈论在产业组织理论中所扮演的重要角色（竞争对手与客户之间的策略互动成为理解市场支配力来源的关键所在），同时也引发了 20 世纪 90 年代初期实证研究领域中的一场哥白尼式革命，这场革命彻底明确了在给定的市场概念当中，哪些属于市场支配力，哪些属于竞争行为。[23]

不过这些批判芝加哥学派的人其实也不认可布兰迪斯学派的观点，并逐渐形成了第三种观点。其中较为突出的一个例子就是耶鲁大学的瑟曼·阿诺德计划（Thurman Arnold Project）。20 世纪 30 年代末、40 年代初，瑟曼·阿诺德曾担任过富兰克林·罗斯福政府的助理检察长，可是他后来发起的一场反垄断运动却令罗斯福总统失望透顶，并被总统从司法部反垄断部门调去联邦上诉法院任职。

尽管芝加哥学派与布兰迪斯学派的争论一直持续至今，但大多数经济学家对垄断、市场支配力、低效率的看法却出奇的一致：他们不仅看到了市场竞争的优点，也承认市场失灵时政府监管的必要性，大家逐渐把目光放在了如何及时纠正低效率所引发的问题之上。真正的问题在于，即便监管不可或缺，它也有可能让情况变得更糟，因为它可能会产生意料之外的激励，导致企业可以利用监管的漏洞去掌控更强大的市场支配力（甚至有可能比没有监管的情况下还要强大）。更糟的是，政治方面的影响有时会导致法律法规朝着有利于被监管者的利益的方向发展，从而产生完全相反的作用。由此看来，仅仅依靠政治制度和监管制度，还不足以让市场恢复到积极竞争的状态。

市场支配力和政治影响力的恶性循环

尽管人们已经对市场支配力带来的负面影响达成了共识，但涉及具体监管措施时还是会存在很多不同意见，这些意见往往会被那些利益相关者过度解读，所以利益团体和游说者的语言通常都具有一定的误导性。那些反对监管的人总是喜欢将自己称为“亲企业的”，然后强调政府干预是一种反竞争行为，不利于经济发展。可是当市场真的失灵时，缺乏监管反而为市场支配力和各种反竞争行为提供了更大的生长空间。虽然那些人的观点被称为“亲企业的”，但实际上它们往往会导致不利于市场竞争的结果。

相反，那些“亲市场的”人认为，只要出现了市场失灵的情况，监管机构就应当立即采取措施，恢复市场的竞争性。其实芝加哥学派当初完全是“亲市场的”，而非“亲企业的”，后来随着发展才掺杂进了一部分“亲企业的”观点，这种观点错误地认为市场本身就是竞争性的，根本不需要任何形式的监管。此外，“亲企业的”人还固执地认为，凡是有利于商业的东西，都有利于整个经济。按照这个观点，企业所获取的利润最终必然会给社会带来更多的工作机会以及更高的工资水平。然而前文中我们早就看到，事实完全相反。这就是我们一直在说的利润悖论。

即便已经意识到了市场支配力的存在，那些“亲企业的”人仍旧反对政府干预市场，因为他们认为实施监管弊大于利，甚至有可能导致市场出现进一步的扭曲。可实际上，“亲企业的”人所提倡的企业自我监管反而更容易扭曲市场的正常发展。自我监管的前提是，企业会为了维护市场竞争而放弃一部分利益和利润，并主动采取某些符合竞争对手、消费者、员工等群体的利益的措施，但这明显违背了亚当·斯密“看不见的手”的核心原则，毕竟谁会相信谷歌和脸书这样的科技巨头会进行严格的自我监管，进而将价格和利润降到“亲市场的”水平上呢？这就像要求拥有北美大部分煤炭企业的科赫家族去主动减少二氧化碳的排放一样不切实际。

目前来看，那些企业巨头不仅没有为了减少市场支配力而进行自我监管，反而利用政治手段推行了更多有利于巩固自身地位的法规。尽管社会各个领域中都存在着利益团体操纵立法的现象，但涉及市场支配力时这种情况会变得尤为严重，因为它实际上已经形成了一个恶性循环。

政治影响力需要大量金钱作为支撑，而金钱恰恰是掌控市场支配力的企业最不缺少的东西。它们会利用金钱去游说立法机构，进一步巩固、提升自己的市场支配力，从而赚取更多的利润。这种恶性循环会源源不断地给掌控市场支配力的企业带来更多利润，而利润又会源源不断地给这些企业带来更多政治影响力和市场支配力，如此反复，没有尽头。

可悲的是，所有大型科技公司都在利用资金去游说立法机构，让立法朝着有利于自身利益的方向发展，没有企业愿意把这笔钱花费在消费者或劳动力身上。受市场支配力的影响，后者的收入一直停滞不前。

就算专家们已经就“如何实施监管才能减少市场支配力”这个问题达成了共识，那些掌控市场支配力的企业也会不断地利用资金去掌控更多的市场支配力，从而形成一个恶性循环，进而导致符合整个经济体系的利益的共识性措施无法顺利实施。

广泛存在于各行各业的市场支配力的确是一个令人头疼的难题。在给出具体建议之前，我会先花一些篇幅，讨论一下数据领域出现的各种问题与解决方案。第 9 章中我们曾提到过，人工智能和数据是市场支配力的理想温床，为了解决这一问题，我认为监管部门应当采取措施，引导大家共享数据。

数据是一种公共物品

自动驾驶汽车就是一个很好的例子。由于只有在数据规模达到万亿级别时，那些算法才能发挥出应有的作用，所以初期的数据收集工作和持续不断的学习过程都需要花费大量时间和金钱，这也为竞争对手创造了一个进入壁垒。所有业内人士都同意，获取竞争优势的关键在于数据，而不是软件。谷歌之所以愿意将部分 AI 代码公之于众，也是出于同一原因，他们相信对手即便掌握了代码也不会怎样，持有海量数据的一方才是真正的赢家。

著名学者、谷歌首席经济学家哈尔·范里安（Hal Varian）曾经说过，数据就像卡路里一样，“之前的问题是缺乏数据，现在的问题是数据过多”。[24] 其实我觉得真正的问题不是数据过多，而是数据资源的分布过于集中。谷歌等企业可以轻松获取海量数据，其他公司却只能望洋兴叹。就连五大科技巨头都在抱怨说，它们的竞争对手囤积数据的速度实在太快了，以至于后来者无论如何都很难赶上先行者的步伐。这是一个真正的赢家通吃的市场。

云计算也是一种数据收集方式，所以那些科技公司正在争先恐后地抢占云计算市场。所有数据都需要在网络当中进行传输，与其自己花费时间去购买服务器、建立数据网络，很多人宁愿花钱向亚马逊云计算、谷歌云端平台、微软 Azure 等云计算供应商租用数据服务。可问题在于，你的数据储存到云端之后，供应商便可以轻松访问你的数据信息。而且，由于你在整理数据方面已经花费了大量时间和精力，那些供应商可以不假思索地使用这些数据。

数据到底归谁所有？如果我点击了几下鼠标，识别出了图片中的大桥，那么作为数据的贡献者，我是不是应该享有这些数据的价值？这正是芝加哥大学法学院教授埃里克·波斯纳（Eric Posner）和微软经济学家格伦·韦尔（Glen Weyl）在《激进市场》（*Radical Markets*）一书中提出的问题，这本书帮助我们重新审视了自己在市场中所扮演的角色。[25] 作者认为，利用数据赚钱的企业理应向数据的贡献者支付报酬，因为"数据就是劳动"。可问题在于，贡献者的数量通常都以百万计，不管科技公司利用数据赚取了多少利益，平分到每个人身上都会变成很小的数字。据估计，单个用户每年贡献的数据的价值大约只有几美元，管理这笔钱是一件相当困难的事情。

我们还可以利用竞争去引导科技公司为生产数据的用户进行某种补偿。竞争足够激烈的情况下，社交媒体平台或许会退免某些费用，并向用户提供更多内容。虽然我们很喜欢谷歌和脸书的服务，但事实上这些公司更喜欢我们的数据，就像报纸和电视频道一样，社交网站可以把广告商和潜在顾客聚在一起。一方面，平台会提供各种服务来吸引用户；另一方面，它们也会向那些试图拓展顾客群体的公司兜售广告业务。不管在哪个行业，只要企业掌控了市场支配力，它就会收取更多钱，压榨消费者权益。谷歌和脸书也是这样，它们会同时向广告客户和用户收取较高费用，尽管用户的实际价格是零。

市场竞争足够激烈的情况下，为了防止用户流失到竞争对手那里，科技公司会想办法为用户提供更多内容（比如网飞与声田），以补偿用户在数据方面做出的贡献，只有这样"零价格"才是合理的。实际情况是，由于缺少竞争，这些公司现有的服务和内容的价值，根本配不上"零价格"和你生产的数据的价值。在市场支配力的帮助下，这些公司只需要提供很少的服务，就可以让你付出宝贵的东西，不管这些东西是金钱，还是用来生产数据的时间。

需要注意的是，在应用市场竞争足够激烈的情况下，监管机构无须进行干预——为了换取你的数据，为了把你留在平台之上，企业会自发地把价格设定在合理范围内，并提供充足的服务内容或金钱补偿。监管机构唯一需要干预的，就是保证平台内部与平台之间都有充足的竞争。当然，由于社交网络涉及巨大的规模经济，这些理念实际操作起来会非常困难。不过，的确存在一些行之有效的方案，能够在确保竞争的同时，又不破坏网络平台的规模收益，互操作方案（interoperability）便是其中之一。本章后面我还会详细讨论这一问题。

问题不仅是你创造出的数据的价值要远远高于企业提供的服务的价值，更重要的是，那些掌控大量数据的企业会利用这些数据去阻碍竞争对手的进入。AI 领域和机器学习领域的大数据是建立市场支配力的理想工具。一旦建成，该企业便很难再拥有势均力敌的对手。

我们该如何填平这条护城河呢？首先，从经济学的角度来说，数据是一种非竞争性物品。竞争性物品指的是食物一类的东西，一个人消费掉了一份食物之后，这份食物便不能再被其他人消费。而非竞争性物品指的是思想、数据或是在公园里散步，这些可以同时被大量的人所消费，新增一个消费者不需要任何额外成本。比如你发现了万有引力定律，那么你不仅掌握了相关知识，还可以将它传授给其他人。如果运气足够好的话，你还可以向别人收点钱。不过事实是，这些物理定律可以在互联网上和书中轻松找到，几句话就可以解释清楚，没有人愿意为这些定律买单。

事实上，虽然数据不受版权保护，[26] 但数据的持有者仍旧可以想办法保证数据的私密性，将其据为己有，这就是其价值所在。为了鼓励人们在创新方面进行投资，大多数现代社会都会设立专利制度，就像我们在前文中看到的那样，它会赋予创造者一种暂时性的排他权利，帮助其建立市场支配力。比如一家制药公司在发明新药后会获得15年的专利保护期，这种垄断权力可以让它以更高的价格销售该药品。药物的垄断利润是对前期巨大投资的一种补偿。尽管高额利润是一种低效行为，但它为药物的发明提供了必要的激励。专利到期之后，竞争对手纷纷入场，药物价格也会迅速下降。

如果说信息完全免费，没有人可以阻止其他人去复制，那么人工智能应用使用大数据就没有任何问题。可令人头疼的是，信息只有在公开之后才是免费的。倘若牛顿发现万有引力定律之后没有公之于众，当时的人们就不会知道世界上存在这么一条定律。如果其他人也发现了万有引力，并将其公开，那该定律肯定要更名改姓。由此可见，尽管数据本身是一种非竞争性物品，公开之后就可以随意使用，没有任何成本，但数据持有者通常会选择将其私藏，部分是因为收集工作需要耗费大量资金，主要原因是这样做可以避免其他公司利用同样的数据去训练自己的算法，然后成长为势均力敌的对手。谷歌公开算法的行为绝对不是出于利他目的，也并非一时昏头。只有在数据也被公开的那一天，谷歌的行为才真正算得上是造福大众，利国利民。

因此，我建议政府成立一项制度，强制那些利用大众的数据建立市场支配力的企业将经过匿名处理的数据公之于众。从激励创新的角度来看，这项制度也可以被看作是数据领域的“反专利”制度。就像前面所说的那样，专利制度的意义不仅在于保证企业的前期投资能够得到恰当回报，也在于保证专利到期之后市场能够迅速恢复至竞争状态。

专利制度与反专利制度都会向发明者提供临时性的奖励，所以二者的区别主要体现在专利到期之后发生的事情。传统的专利制度保护的是这样一种知识——自知识被发现发明的那一刻起，自相关商品第一次被出售的那一刻起，对手就可以免费获取同样的知识。专利制度就是为了保护发明者权益而存在的。专利过期之后，发明者就失去了这种保护。反专利制度的作用刚好相反，它不是为了保护那些本就无法被别人自由复制的数据信息，而是为了在规定期限之后，强制让信息持有者把自己的数据放进公有领域，从而让竞争对手可以随意获取。其实学术界早就实行了类似的制度：作者在发表论文之后必须将使用的软件和数据公之于众，以确保其他研究人员可以随时借鉴参考，或是利用已有结论推出新的理论。

以优步为例，尽管它在亚利桑那州坦佩市收集到无人驾驶汽车的数据之后，可以在一定期限内独家使用，但到期之后它必须公开这些数据，以便竞争对手参考、使用。同专利制度一样，反专利制度也会向收集数据的公司提供短暂的独家使用权，但不同之处在于，后者不会向某些容易被复制的知识赋予排他性，而是剥夺了很容易被永久私藏的数据的排他性。

初期的排他性可以确保企业在短时间内掌控市场支配力，收取更高的费用，用超额利润去弥补巨额的前期投资。过了一定期限之后，由于具有非竞争特性，所有人都可以免费使用这些数据信息。另外有很多证据证明，市场支配力广泛存在于各行各业，所以除科技行业之外，其他以数据为核心的行业同样可以采用类似的数据共享政策。

当然，就像专利制度一样，反专利制度也会导致大量意料之外的激励效应，甚至有可能引发更多的诉讼。最大的难点就在于如何防止企业篡改数据，使其失去价值，甚至误导他人得出错误结论。假设一项针对 273 个案例的数据表明，无人驾驶汽车右转时 100% 不会发生事故，左转时有 50% 的概率发生事故。现在有人把结果改成了左转不会发生事故，右转会发生大量事故，那么那些不明真相的公司在采用这些数据之后就会导致大量的交通事故。

就算企业没有篡改数据，它们也有可能会故意收集、公布一些对竞争对手来说没有什么价值的数据，或想办法减缓它们的学习速度。不过总的来看，就算这项制度会带来很多意料之外的激励效应，有数据也比没有强。而且和专利制度一样，反专利制度也会保证数据收集者可以获取短暂的市场支配力，从而弥补收集过程所花费的资金，所以这些企业实际上也有足够的动机去收集、发布高质量的数据。

就像历史上大多数科技创新一样，人工智能和机器学习无疑是一股强大的力量，它们必然会让人们的生活变得更为舒适，并逐步将大家从琐碎无聊的工作中解救出来。但同样，这些新技术也会自发地将数据这种新资源集中到少数人手中。真正的问题不在于数据过多，也不在于处理难度，而在于少数人持有大量数据，大多数人却一无所有。

对数据资源的不平等获取不仅导致了巨大的规模优势，更创造了行业的进入壁垒。那些掌控数据的科技巨头可以肆无忌惮地提高数据价格，面对城堡门前那深不见底的数据护城河，场外潜在的竞争者只能眼睁睁地看着，没有任何办法。尽管消费者可能尚未亲身感受到数据价格的上涨，但那些广告商的的确确正在向谷歌、脸书、Instagram支付更高的广告费用——如果运动鞋的广告费用涨上去了，那么它的零售价格迟早也会上涨，最终买单的还是普通消费者。

利用恰当的政策去管理数据，或许真的能够阻止市场支配力的不断增长，但这需要反垄断机构的积极配合。

重拾反垄断信心

由于市场支配力在过去40年当中的增长速度实在过快，现有的机构已经无法去遏制这股力量，也无法阻止护城河的不断扩建。虽然有很多专家学者都在认真研究反垄断的历史和机制，也总结出了当前各个机构所面临的困难和缺陷，但社会为了保障消费者福利而付出的种种努力，却并没有换来市场支配力的下降。从 20 世纪 80 年代起，反垄断的执法力度有所减弱，很多原本不应该通过的合并申请迎来了一路绿灯，没有受到任何阻拦。与此同时，伴随着颠覆性的科技变革，市场中诞生了很多效率极高、市场支配力极强的超级明星公司。

然而这些企业的所作所为没有违反任何法律法规，它们甚至利用金钱买通了政客，让法律成了维护护城河的武器。正如英剧《看守者》（*Minder*）中的阿瑟·戴利（Arthur Daley）所说："只有敲晕老太太、偷走她们的钱包才是犯罪，其他的都是生意。"[27] 尽管如此，立法机构和执法机构还是有存在的必要，至少它们能够让经济以更健康的形式发展下去。

我希望我们的社会能够采取有效措施去阻止这种趋势。只有重新思考当前所有反垄断政策的利弊，并认真总结经验，我们才能成功地遏制住越来越强大的市场支配力。对此我总结出了如下几点建议：

第一，竞争管理机构不仅要考虑市场支配力给消费者带来的影响，同时也要考虑它给其他利益相关者（员工、供应商、竞争对手）带来的收益与损失。

第二，我们不仅要关注市场支配力对企业的影响，同时也要关注它对整个经济体系造成的影响。就算亚马逊没有降低自己员工的工资（也就是说，它没有充分行使自己的垄断特权），员工的收入也会下降，因为掌控市场支配力的企业实在太多，以至于市场对劳动力的需求会出现下滑，进而压低整个经济体系的薪资水平，这就是前文中提到的水落船低效应。尽管将员工纳入董事会的确可以减少市场支配力的危害，但这种做法却不能阻止市场支配力对整个经济体系的薪资水平所造成的冲击。由此可见，想要彻底解决问题，我们不能仅仅依赖于企业的社会责任，而是要斩草除根，直接控制住市场支配力的膨胀趋势——这意味着我们要同时对所有企业出手。

第三，我们需要暂停当前所有的并购、收购活动。协同效应只存在于少数合并案例中，大多数情况下合并只会带来市场支配力这一种东西。目前，啤酒、社交媒体、殡葬等众多行业的大多数品牌都掌握在少数企业手里，消费者手中的选择权实际上只是一种错觉。

第四，我们需要正确对待科技变革对规模经济和大型企业带来的影响。我们既不能按照布兰迪斯学派的观点，刻意去挽救低效率公司的生存，也不能为了减少市场支配力就随意地拆解高效率的企业巨头，浪费规模经济的潜力。简言之，“互操作方案”属于一种折中的办法，它既可以确保高效企业之间的竞争，又可以确保规模经济和先进技术的效率优势。不过这一话题我们留到后面再详细分析。

总的来说，我的建议可以归纳为以下四点：

1. 思考问题时要分析所有利益相关者的得失。

2. 考虑所有企业对整个经济体系的影响，而不是只考虑单个公司所带来的直接影响。

3. 提高企业合并的难度。

4. 不要随意拆解大公司，而应对其实施恰当的监管。

为了实现这四个目标，我会提出一些具体的措施和方案。首先需要说明的是，尽管政府干预市场是为了得到一个“亲竞争的”市场，但通常来说那些“亲企业的”手段既不“亲市场”也不“亲竞争”。市场支配力主要有两种来源，一是来自企业合并，如啤酒业巨头百威英博；二是来自科技变革，如亚马逊（沃尔玛、Urban Outfitters

的情况亦如此，这些企业的超大规模都来自科技变革带来的有机增长——不断地在新地点开辟新业务或新网点）。相应地，我们的政策也要分成两种才行。在第二种情况下，我们制定的竞争政策必须既能遏制企业“利用创新攫取市场支配力”的能力，又能保证规模经济和科技创新所带来的收益。

大多数专家认为，即便是在当前这个日新月异、以科技创新为核心驱动力的经济体系当中，《谢尔曼反垄断法》《克莱顿反托拉斯法》《联邦贸易委员会法》《欧盟竞争法》等经典法律框架仍旧宝刀未老，大多数情况下反垄断事业并不需要新的法律法规。市场支配力不断上升并不是因为法律本身存在缺陷，而是因为法律的解读和执行出了问题。

证据表明，大量的兼并、收购行为，不仅没能够带来明显的协同效应、较低的成本与价格，反而导致了市场资源的过度集中。目前合并审核的举证责任落在了监管机构手中，只有找到了企业合并不利于市场发展的证据，监管机构才能拒绝合并申请。不过我认为，举证责任应当落在试图合并的企业身上。换句话说，企业必须找到证据，成功证明自己的合并能够给市场带来巨大收益，才能通过合并申请。

虽然举证责任的颠倒看起来只是一个很小的变化，但只要举证流程较为严格，合并行为能够影响到消费者之外的人，这种颠倒就一定能够给市场带来巨大的变化。在没有合并的情况下，一家公司想要发展壮大就必须去积极竞争，想办法在产出市场上与那些已经颇有建树的企业一争高下，这对广大消费者来说是有利的。可是在合并之风盛行的情况下，企业只会为争夺市场主导权而竞争，并不会为了争夺消费者而竞争，这对消费者来说没有任何好处。

当然，举证责任倒置并不意味着我们要否定一切合并行为，毕竟某些合并的确能产生协同效应、造福社会。如果前面这种错误认知算是一种“盲目否定”，那当代社会最大的问题就是“盲目肯定”——很多原本不该通过的合并申请，居然轻轻松松地就避开了审核。这些合并正在迅速拉升经济体系中的市场支配力，给社会带来了极大危害。

在当前这个发展速度极快的社会，对于想要在某个领域取得发展的企业来说，合并的确比从头开始便捷得多。可问题在于，市场支配力也会随着经济的快速发展而飞速提升。合并现象是如此普及，合并后的企业是如此强势，以至很多人已经想象不到一个充满竞争的世界到底会是什么样子。

WhatsApp、Instagram 和原来的脸书，已经合并成了全新的脸书。为了避免新脸书被监管机构拆解，马克·扎克伯格很“机智地”利用技术手段把这些 App 黏合在了一起，就算监管机构想要拆分也根本无从下手。不过这种黏合也会给用户带来一些麻烦，之前有消息说脸书要把 Facebook Messenger、Instagram Direct Message、WhatsApp 整合在一起的时候，就有很多人发出了抱怨。（虽然美国政府已经对脸书提起了诉讼，但我们并不清楚整合之后的 App 能否被拆解回去。）

大家抱怨的关键在于，不同的社交 App 拥有不同的使用价值。所有青少年都知道，WhatsApp 和 Instagram 都有极为强大的信息功能，你既可以直白地表达一些观点，也可以含蓄地暗示一些事情。此外，这些不同的使用价值还体现在功能和隐私等方面，比如某些 App 更适合谈情说爱，某些 App 更适合讨论家庭作业。因此，我尚未成年的女儿们对 Instagram DM 与 WhatsApp 即将合并的消息感到十分吃惊（她们并不关心 Facebook Messenger 是否被合并，因为她们觉得 Facebook Messenger 是上一辈人才会用的东西）。扎克伯格和脸书的员工们当然知道不同 App 拥有不同使用价值，他们之所以冒着被用户批评的风险去把各个 App 整合到一起，只是因为这样做可以确保合并之后的 App 无法被反垄断机构所拆解。不得不说，这一策略的确很有效。

举证责任倒置可以让监管机构先发制人，而不是等企业合并之后再想办法减少损失。如此一来，企业便很难再有足够的空间去使出一些类似“黏合 App”的小伎俩，监管机构也有了充足时间去预防危害或损失。

除举证责任倒置之外，我们还必须确保只有在通过审批的情况下，企业之间才可以合并。目前在美国，只有规模超过 9000 万美元的合并才需要向上申报，等待审查，芝加哥大学托马斯 · 沃尔曼（Thomas Wollmann）教授将其称为“隐形合并”（stealth consolidation）——市场支配力就像隐形战斗机一样，完全可以当着监管机构的面飞来飞去、随意攀升。托马斯 · 沃尔曼的研究表明，宽松的审查政策会导致合并企业的数量急剧增加。[28]

企业的合并方式可以分为两类，一种是横向的（发生在竞争对手之间），一种是纵向的（发生在价值链上下游的公司之间）。第 5 章中我们提到过，亚马逊收购了 Kiva 机器人，使之在亚马逊的物流体系中占据了重要位置，并成功遏制了这一技术的竞争与创新。自收购完成之后，Kiva 机器人就再也没有卖给过其他客户。尽管纵向合并毁灭了竞争，滋生了市场支配力，但目前来说我们并没有什么很好的办法去解决这一问题。只有在反垄断机构的资源足够丰富、可以雇用专家逐一剖析案例的情况下，我们才有希望战胜错综复杂的纵向合并难题。

在分析科技变革对市场支配力造成的影响之前，我先跟大家分享一下我对科技公司的一个观察：尽管科技公司的创新可以给消费者带来很多好处，但它们也会利用并购等手段巩固自身的霸主地位，脸书就是一个很好的例子。另外，谷歌的母公司 Alphabet 也是一家超级明星公司，它的规模不仅来自有机增长（就算没有收购其他公司，Alphabet 也能凭借自己的科技创新逐步发展壮大），也来自大量的兼并与收购，这些吞并过程为 Alphabet 带来了无可匹敌的市场支配力。在过去的 18 年里，Alphabet 平均每个月都会收购一家新公司。[29]

面对亚马逊这种通过有机增长，而不是通过并购收购发展起来的科技巨头，市场监管的难度会更大，强制拆解并非万能的灵丹妙药，它只适用于少数情况，大多数情况下并不合适。我们到底该如何遏制诞生于科技变革的市场支配力？

1999 年的微软反垄断案给出了一个完美的答案。当时，监管机构不仅根据 1890—1914 年的反垄断法对这家数字时代的标杆企业进行了判决，还利用法律条文影响到了价格之外的很多因素。根据罗伯特·博克的观点，价格是衡量市场支配力大小的唯一指标，可在当年那场浏览器大战当中，IE 浏览器并没有收取任何费用。购买 Windows 操作系统之后，IE 会随系统免费附赠，以至于竞争对手旗下的网景浏览器（Netscape）只能被排挤在外。分析完案例之后，监管机构并没有把掌控市场支配力的微软和 IE 拆解成两家公司，而是强制要求微软解除 IE 与 Windows 的捆绑，让网景浏览器也能安装在 Windows 系统之上，形成竞争之势。这就是广义上的互操作方案，它可以完美地解决因规模经济而产生的自然科技垄断。

狭义的"互操作"指的是不同系统之间协同工作的能力，通常用于信息技术领域，比如在 ASCII 代码中储存字母和数字。开源标准和标准化协议都是不同系统采用相同文件格式的案例。

可是，为了维护市场支配力，很多科技巨头正在利用自己的技术优势去阻止互操作性，比如苹果公司就有充足的动机去生产一种只适用于苹果设备的充电器。这种行为会增加市场需求，进而提高售价。尽管苹果公司一直在努力游说政府，但为了避免充电器种类过多浪费资源，监管机构最终还是要求苹果公司必须符合通用标准，让其他厂商的充电器也能在苹果设备上使用。

在本书中我将采用互操作的广义定义，并将其作为促进市场竞争的手段。我在美国所使用的标准通信套餐的话费之所以高达欧洲的两倍，并不是因为美国市场更大（如今，任何一个欧盟国家的通信套餐都适用于整个欧盟），也不是因为美国的服务更好，而是因为美国的竞争更少。在美国，我甚至不能用蓝牙将手机网络分享给笔记本电脑，除非我每个月额外支付 30 美元；而在欧洲，通信套餐会自动将这种功能囊括在内（用蓝牙分享网络的方式称为“系连”）。

其实美国的通信技术和欧洲的没有什么不同，欧洲移动通信市场的竞争之所以更为激烈，是因为它与美国在监管和互操作性方面存在较大差异。电信行业的市场支配力来自信号塔和其他基础网络设施的巨额投资，在美国，规模较小的竞争者根本承担不起如此高昂的投资。同时，现有的通信巨头已经积累了大量忠实用户，基本封死了竞争对手的前进道路。

为了刺激市场竞争，欧盟的监管机构要求信号塔和网络基础设施的所有者必须允许其他运营商和自己使用同一种技术，使用费用由监管机构来确定，因为如果把定价权交给那些通信巨头，它们就一定会漫天要价。收回定价权之后，监管机构就可以分析企业巨头的真实成本，利用合理的价格去引导市场竞争。英国的铁路行业也存在类似的监管：身为一家国营企业，英国铁路网公司掌握着大量火车线路，私有铁路运营商只有向其缴纳费用之后才能参与到竞争当中。

广义的互操作性同样适用于亚马逊和易贝等网络平台。当然具体实施起来肯定会遇到很多困难，毕竟这些巨头的股东不会轻易同意其他企业与自己进行竞争，哪怕是微软也没有轻易接受 1999 年反垄断法的判决、同意网景与 IE 竞争。尽管网景公司早已不复存在，但 1999 年的判决仍旧促进了浏览器领域的竞争，现在你可以在任何一台机器上安装任何一款浏览器。微软的案例可以说明，在具有网络外部性的市场当中，广义上的互操作性可以在不拆解巨头企业的前提下积极引导市场竞争。

虽然在某些情况下拆解企业很有必要，但在企业因科技优势而形成了规模经济时，这通常并不是一个好办法。对于某些行业来说，整合反而比拆解更有用。例如最近的研究表明，如果优步和 Lyft（来福车）在纽约的业务能够整合到一个平台之上，就能有效缓解交通拥堵，充分发挥大平台优势，给顾客带来更优质服务。[30] 不过需要注意的是，即便整合平台对顾客有利，垄断企业也会充分利用手中的市场支配力，向顾客收取更多费用。因此，最好的办法就是将各个企业联合到一个大平台之上，让它们彼此竞争，充分发挥互操作性的优势。联合平台既可以保证汽车分布的密度，充分利用网络效应，又可以通过竞争保证价格的合理性，维护消费者权益。

禁止独占交易的方式和互操作方案有些类似，但又不完全相同。啤酒市场份额之所以如此集中，主要是因为分销网络被垄断势力操纵，市场竞争程度太低。尽管国家之间的情况各不相同，但大多数市场中的酒吧和餐馆都被迫签下了独占交易合同，只能售卖某一厂商旗下的啤酒品牌。在美国，由生产商、分销商、零售商组成的三级销售体系甚至受到了更多的约束，很多市场中的各种啤酒品牌都被同一个经销商承包，大多数独家销售合同都是永久性的。在这种环境下，市场支配力得到了极为广阔的成长空间。

这些独家合同也有助于解释为什么百威英博能够成为一家在许多市场拥有支配力的全球性主导厂商。啤酒分销行业原本并没有这么明显的网络效应，只不过独占交易将其放大了很多倍。如果反垄断机构有权撤销这些独家协议的话，那啤酒市场必然会迎来更为激烈的竞争。

市场支配力不仅会直接影响到消费者、员工、供应商的利益，还会间接影响到其他人的利益，这使得竞争管理机构的工作变得格外艰难。如今，市场支配力正在逐渐蔓延到经济体系的各个角落，水落船低效应也正在拉低所有人的工资，在工厂上班的工人薪资的降幅已经远远超过了公司雇员薪资的降幅。这种均衡效应难题无法在公司层面得到完美解决。

不过，我们还是有很多办法可以遏制住盛行于整个经济体系的市场支配力，下面我就围绕法规和制度给出一些建议。首先，我们需要赋予竞争管理机构更多的权力去执行现有的法律法规，用反垄断权力的集中去打击市场权力的集中。

目前监管体系最大的缺陷之一，就在于美国司法部、联邦贸易委员会及其旗下的消费者保护局、消费者金融保护局、证券交易委员会、美联储等机构之间的权力过于分散，尤其是在金融监管领域。手握大量现金的企业很容易就可以找个空子来钻，甚至可以利用权力的分散把这些机构搅成一锅粥。虽然听起来有点违背直觉，但监管机构之间的激烈竞争的确不利于市场竞争。为了解决市场权力过于集中的难题，我们需要一个权力更加集中的监管机构。

为了保证金融体系能够正常运转，为了控制通货膨胀，我建议政府专门成立一个和美联储类似的竞争管理机构，毕竟美联储是世界上最成功的经济管理体系之一。几乎所有发达经济体的中央银行都独立于政治体系（既包括行政部门，也包括立法部门）而存在，这是因为如果不独立的话，政治家们就会为了短期利益（比如在临近选举的时候）随意制造膨胀，从而给经济的长期发展带来巨大损害。

除此之外，反垄断机构还很容易受到政客和商业领袖的干涉。2019 年，德国西门子和法国阿尔斯通这两个行业巨头的合并申请给欧洲竞争管理机构带来了巨大的政治压力。好在当时欧盟竞争管理机构的负责人玛格丽特 · 维斯塔格（Margrethe Vestager）胆识过人，顶住了压力。

美国权贵们四处游说的主要目的之一就是创建、维护市场支配力，导致竞选资金和市场支配力之间形成了一种互惠互利的关系。掌控市场支配力的企业会利用超额利润来资助政治活动，以便进一步加强手中的权力，这就是前面提到的恶性循环。可悲的是，华盛顿已经变成了大公司的提款机。

市场支配力和政治政策之间的这种互惠关系，也是自由市场给民主体系带来的巨大威胁之一，20 世纪初 J.P. 摩根为扩大商业版图而肆意干涉政策法规就是一个很好的例子。在他的影响下，立法者在立法时不得不优先照顾摩根的利益，从而导致摩根进一步加强了自己公司的市场支配力。当然，这一切都发生在他遇到西奥多 · 罗斯福总统之前。此外，17 世纪的英国东印度公司也是因为政治影响力才建立起来的。当今时代，企业巨头仍然在给民主体系带来源源不断的威胁，为了维持、扩大霸主地位，它们肆无忌惮地游说政客，让数据保护、企业合并、网约车等领域的监管全部朝着有利于巨头的方向发展。

除此之外，公众认知也会影响到监管难度。几乎所有人都是谷歌、脸书、苹果的用户。虽然很多服务并不收费，但这仍然损害了客户权益，因为它们拿走了我们的数据，强迫我们观看了大量广告，可是很少有人意识到这一点，更没有人组织起来去反对企业巨头的胡作非为。1999 年的微软反垄断案也能很好地说明公众意识的欠缺。从父母车库里建立起商业帝国之后，比尔·盖茨不仅成了商业枭雄，也成了创新、进步、美国梦的代表。凭借着自己的光辉形象，他成功地在反垄断案中收获了大量群众支持，毕竟当时拥有个人计算机的人几乎都在使用 Windows 系统。

想要真正发挥作用，反垄断机构必须像中央银行一样独立于政治而存在。否则为了利益，政客们不仅会在选举前随意增加政府开支、提高通货膨胀，甚至会在拿到巨额竞选资金后“回报”企业，降低反垄断机构的权力。

市场支配力不仅会给企业巨头带来过高收益，也会给社会带来巨大成本。数据表明，通货膨胀所导致的福利成本为 GDP 的 1% 左右，[31] 而市场支配力所导致的福利成本却高达 GDP 的 7%，[32] 这是多么惊人的一个数字啊。另一方面，福利成本的增加与利润的上涨密不可分：20 世纪 80 年代初，利润只占商品附加值的 3%，到了 2019 年，这一比例已经猛涨至 15%，[33] 而在一个完全竞争市场当中，利润会无限接近于零。由此可见，遏制市场支配力对社会潜在的好处是巨大的。

虽然从某种意义上来说，联邦贸易委员会和司法部的确像美联储一样，独立于政治而存在，但各个利益团体对反垄断政策的干预程度似乎还是要比它们对货币政策的干预程度大。可能的原因有很多，比如人手有限，利益团体在反垄断立法方面的影响力根深蒂固，反垄断案件固有的复杂性，等等。如果人力资源匮乏，那竞争管理机构权力再集中都没有用。目前在联邦贸易委员会和司法部反垄断部门当中，制定竞争政策、保护消费者权益、研究反垄断知识的员工一共还不到

2000 人，[34] 负责裁决企业合并申请的人大多都不是专家。

相比之下，以控制通胀为首要任务的美联储大约有 23000 名员工，其中有不少人是专家、银行家、学者。[35]20 世纪 70 年代以来，反垄断领域的人力增长一直都没有跟上 GDP 增长的步伐，1990 年以后联邦反垄断机构的人手甚至还减少了。[36] 由此导致的结果就是，反垄断诉讼的数量也在减少，那些富得流油的超级明星公司可以雇用最聪明的律师去和竞争管理机构斗智斗勇，后者的工作正在变得越来越难做。

面对持续攀升的市场支配力，很多政客和权威人士会把责任推到反垄断机构身上，指责它们办事不力，我认为这些批判实在有些脱离现实：在人力资源有限、缺乏机构支持、执法权力过低的情况下，竞争管理机构能完成这么多工作已经很了不起了。

其实竞争管理机构也做出了很多成功案例，迫使合并企业将某些能够带来市场支配力的商品从业务中剥离了出去，比如百威英博与 SABMiller 合并时就不得不把贝罗尼（Peroni）这个畅销品牌卖给了别人，从而影响了它的售价。不过这一小插曲并没有真正影响到百威英博的垄断地位。

我相信当前的反垄断机构真的已经尽力了，不管最终成绩如何，我们都应当尊重它们的工作。现实情况之所以不尽如人意，并不是因为反垄断机构的员工懈怠，而是因为这个体制本身就有问题。那么，一个理想的反垄断体制到底应该是什么样子的呢？

理想的联邦竞争管理机构

理想情况下，竞争管理机构的权力应当十分集中，且独立于政治而存在，员工数量至少超过 30000 名，其中大部分都是专家，必要时能够得到前沿学术机构的大力支持。就像美联储一样，联邦竞争管理机构也会在全国各地设立办事处，即便没有接到合并申请或法律诉讼，工作人员也会恪守本职，对各地市场进行审查和监管。

由于合并申请只是少数情况，竞争管理机构的工作重点不会放在合并审查和执法上面，而是会放在监管和预防之上。面对来自大公司的顶尖律师团队的挑战，竞争管理机构再也不会因人手短缺而焦头烂额。面对掌握科技优势的超级明星公司，工作人员可以利用互操作的原理去引导市场竞争，从而减轻科技带来的网络效应。尽管平台之间的竞争难题有些棘手，但现有的反垄断法足以将其顺利解决。[37]

竞争管理机构还会设计一套合理的奖惩制度来处理合并申请，比如合并企业必须根据实际情况提供协同效应的具体价值与合并后的产品价格，如果合并企业给出的推测和事实相符，监管机构会予以适当的奖励；如果合并企业给出的推测和事实相悖，它们就必须接受巨额罚款。这样就可以有效避免合并企业偷奸耍滑，随意给出虚假信息。

将权力集中之后，在有余力的情况下，竞争管理机构还可以去监管其他各种和市场支配力密切相关的领域。尽管当前反垄断机构已经承担了一部分保护消费者权益的任务，但这还远远不够，未来我们需要实施更多的监管，严加控制利用消费者认知偏差大赚特赚的行为。新技术很容易欺骗那些粗心大意的消费者，比如很多企业会以低价作为诱饵，等消费者上钩之后再温水煮青蛙，逐渐涨价；再比如那些肆意收集用户数据的科技公司，尽管用户得到的服务的价值远远比不上数据的价值，但这些公司还是成功地为用户营造了一种假象，让用户误以为自己捡了个大便宜。

未来我们想要遏制市场支配力，必然逃不开数据与隐私这两个难题。比如德国竞争管理机构 Bundeskartellamt（直译为“联邦卡特尔办公室”）就表达过类似的观点，他们认为脸书正在滥用自己的权力，随意收集第三方网站的数据。[38] 其实早在 10 多年前，数据隐私就已经成为竞争管理领域最令人头疼的问题之一。当时为了与 MySpace（聚友网）竞争，脸书公开承诺绝不使用网站浏览信息数据，永远把用户隐私放在第一位。可是在 MySpace 退出市场、收购了 WhatsApp 与 Instagram 之后，脸书逐渐违背了自己的诺言。如今，脸书正在第三方网站上随意记录用户信息、搜集用户数据，消费者已经彻底失去了隐私。倘若 MySpace 没有退出市场，Instagram 没有被收购，那么面对来自这两家企业的竞争压力，脸书就很难做出这种侵害隐私的事情。[39] 在当前这个运转良好的资本主义制度中，源于庞大数据的市场支配力似乎已经成为最大的毒瘤之一。

专利和知识产权（IP）这两种垄断方式已经得到了政府的认可，为了促进创新，新的竞争管理机构当然不能彻底将其抛弃。不过，我们也不能全盘照搬，因为当前的专利制度和知识产权法过于简单，由此导致的问题比它们能够解决的问题还要多。我认为专利制度应该根据具体情况来执行，不同行业、不同类型的创新不能一概而论。垄断特权的代价实在太大，我们应当尽量用其他更为合理的方式去激励创新。

最后需要说明的是，市场支配力已经遍布金融市场和银行体系，不管金融市场有哪些固有难题，我们在监管时都要把市场竞争放在首要位置。就像金融市场和银行体系可以对整个经济体系产生宏观影响一样，非金融市场中的市场支配力也会给各行各业的工作岗位带来巨大冲击，所以我们可以借鉴前者的经验去解决后者引发的各种问题。比如我们已经了解到，竞争可以解决金融市场中“大而不能倒”的难题，也可以降低系统性风险。脸书一旦破产，Instagram 和 WhatsApp 这两座大厦就会随之倾塌，市场会瞬间失去大部分的社交网络平台，从而给网络通信和设备连接带来颠覆性的影响。如果这几个 App 当初没能被脸书公司整合到一起，那脸书的破产绝不会引发这么大的危害。

除了前面提到的这些内容，竞争管理机构还应当提高企业数据的透明程度和公开程度，这不仅可以让经济活动变得更加便捷，也有利于市场竞争。比如说我现在想要把货物运给某个客户，但货款两个月之后才能打到我的账上，所以我有必要去评估这笔交易的风险，以防客户赖账。主要的评估方式就是查看客户公司的负债和利润等财务信息，可是在美国，这些信息只有上市公司才会披露，小公司的信息根本查不到。讽刺的是，不管是信贷机构还是手机 App 背后的那些科技巨头，它们都可以通过手机完整掌握我的个人信息。人们似乎已经忘了，真正应该得到保护的是个人隐私，而不是企业数据。

此外，就像现有的机票价格数据库一样，竞争管理机构应当想办法让各个企业和机构尽可能地实时上传各种数据报告，然后公之于众，促进市场竞争。但可惜的是，在当前的金融业中，场外交易往往不会被记录在案，导致潜在的买家和卖家根本不知道价格是如何确定下来的。大型金融机构往往会利用这种不透明来扮演中间人的角色，并收取一定的手续费。由此可见，信息透明可以带来市场竞争，信息不透明则会导致市场支配力肆意生长。

当然，上面这些都是最理想的情况，只有在政客们通力合作的情况下，我们才能实现这一愿景。另外，就像气候变化一样，市场支配力也早就成为一个全球性难题，各国只有携手前进才能共渡难关，为此我们必须拿出和登月一样的决心，以及和曼哈顿计划一样的紧迫感。

结语

从整体上来看，现在这个时代无疑比以往任何一个时代都要好。随着科学技术的进步，生活正在变得更加舒适，贫困人口也在迅速减少，人们的健康状况也得到了极大改善。其实 20 世纪初也出现了类似的现象，当时如火如荼的第二次工业革命给人们带来了电力、电话、铁路等全新事物，社会迎来了前所未有的科技水平和财富水平。在 1910 年出版的《大幻觉》一书中，诺曼·安吉尔提到，因为这些进步来自贸易国际化、分工专业化、经济一体化，所以没有人会主动破坏这种历史进程，因为这样做不符合任何人的利益。可惜，短短 4 年之后，第一次世界大战就将他的理论撕了个粉碎。

就像 100 多年前一样，当今时代的科技进步也导致了收益分配的不平等。1980 年以后因科技进步而产生的收益几乎全部被少数人收入囊中，大多数人没有分到一丁点儿好处。我们可以很轻易地发现，这一切都是市场支配力导致的，它不仅给劳动岗位带来了巨大冲击，迫使工资水平停滞不前，加剧了收入不平等现象，也阻碍了社会流动，抑制了经济活力，甚至还影响到了人们的身体健康和社会福利。绝望的不仅是普通劳动力，同时也包括那些中小企业家，因为市场支配力只集中在少数企业巨头手里。面对来自这些巨头的挤压，中小企业家们要么只能勉强维持公司运转，要么被迫离开市场另谋生路。

市场支配力导致无人能够撼动企业巨头的霸主地位，这不仅让穷人的生活更加难以为继，也让中产阶级和小企业主的日子越过越难。资本主义社会正在由“亲市场的”变成“亲企业的”，这种转变让大部分家庭成了弱势的一方，很多年轻人的事业和生活比父母那一辈人还要差。

本书的核心观点在于，科技创新会自发地将财富聚集到少数人手中。比如率先采用新科技的企业可以迅速占领整个市场，并利用科技优势不断巩固自己的地位，限制竞争对手的进入。正如乔治·奥威尔所言，竞争的问题在于，只有少数人可以取得最终的胜利。

所以我们需要强有力的机构、相对独立的监管体系去保护市场竞争。很多人都有这样一种误解：自由市场会自然而然地形成积极竞争的局面。其实这话只对了一半，虽然大多数情况下自由市场的确运转得很好，但新科技问世时市场会失灵，大量财富会集中在少数企业手里。只有“亲市场的”资本主义才能让市场竞争健康发展，保证企业收益能够传递到员工身上，让每一个参与经济活动的人都能享受到进步的好处。

如今很多人把“利益相关者资本主义”（stakeholder capitalism）和企业责任当作治疗市场顽疾的灵丹妙药。不得不承认，企业如果真的关心员工利益，愿意想尽办法提高员工的生活质量，那么那些处于买方垄断地位的企业的确有能力做到这一点，德国的“工人代表模式”就是一个很好的例子。[1] 而且通常来说，提高员工待遇可以提高生产力，这也符合股东利益。

可事实上，企业责任通常是雷声大雨点小，因为根本没有一个CEO或董事长愿意主动减少手中的市场支配力，牺牲一部分利润去提高员工收入。这不仅会导致经济决策出现扭曲，也会拉低经济效率。此外，单个企业也绝对不会主动放弃市场支配力去成全其他企业，这样无疑是自寻死路。只有从全局出发，统筹兼顾，我们才能利用市场监管等手段去降低、消除市场支配力的负面影响。

最关键的是，企业监管不会产生任何作用，因为这本身就不是单个企业的问题：英国石油公司和壳牌公司怎么会有动力为了排污和环保而自我监管呢？它们只会一边利用广告狂轰滥炸，宣传它们为环保事业做出了多大贡献，一边继续提高石油销量，给地球带来更多的二氧化碳。由此可见，我们需要做的不是让企业自我监管，而是利用碳税、限额交易等行业之外的监管政策去控制污染物的排放。只要监管到位，那些以利润最大化为目标的企业就会乖乖遵守市场政策和监管要求，把能源的生产和污染的排放控制在合理范围之内。

尽管“利益相关者资本主义”的本意是为了削弱已经盛行于整个经济体系的市场支配力，并减少其负面影响，但它同样存在很多问题。各个企业的社会责任，本就应当是利用科技创新去实现利润的最大化，但与此同时，我们也不能让它们为了利润随意修建护城河。各个机构应当担起责任，积极促进市场竞争。当少数企业赚取超额利润时，监管机构应当主动引导竞争者的进入，只有这样，企业利润和商品价格才会逐渐下降到合理水平，社会才能迎来更多的创新和增长，带来更多的就业和更高的工资。

因此我认为，当今社会需要的并不是“利益相关者资本主义”，而是更强大、更独立的竞争管理机构。这些机构的任务不是保护竞争对手，也不是保护商业运转，而是保护竞争本身。它们应当努力遏制市场支配力，把权力交还给市场。尽管在大多数情况下，即便没有监管市场也可以正常运转，但一旦市场失灵，后果就会不堪设想，这时独立于政治而存在的、“亲竞争的”管理机构就可以发挥它们应有的作用，保证市场的健康发展。

我认为市场和机构可以双管齐下，共同保证社会的正常发展：一方面，我们要确保企业可以在市场中积极竞争；另一方面，监管机构要随时矫正那些不利于竞争的行为，保证竞争的公平性。我们既不能阻止企业盈利，也不能在经济不景气时动用大量资源去拯救濒临破产的企业。竞争管理机构这只“看得见的手”，可以确保市场这只“看不见的手”正常运转，让企业追寻自身利益最大化的同时，也能间接让整个社会的利益达到最大化。

可惜目前的这些机构没能达成它们的使命，随着科技的进步与经济的发展，恣意生长的市场支配力正在引起人们的不满。虽然有些不满来自人们的错误认知——比如很多人已经忘记，如今不算什么大病的肺炎 50 年前还在肆虐人间，当前的生活水平和富裕程度已经比当年提升了好多倍——但大多数不满都是真实存在的。这就是极端主义正在变得越来越多、法国爆发“黄马甲”运动、人们正在对政治机构和经济机构失去信心的原因。

随着新冠肺炎疫情的暴发，社会问题正在变得日益突出，不平等程度正在进一步加深，首当其冲的便是低技能劳动力、贫困人士、少数族裔、老年人、住在低质量社区的居民、残障人士，以及那些饱受病痛折磨的人，他们比其他人更容易失去工作、收入来源，甚至是生命。

当然，并非所有坏事都起源于市场支配力，我们也不能以新冠肺炎为由去肆意抨击企业巨头。但是，当一个数万亿美元的救助计划在“为不幸的人提供安全网”的幌子下，不成比例地帮助了大公司时，那么从长远来看，这些政策只会让事情变得更糟，毕竟这些资金大部分来自劳动力的纳税（或通货膨胀）。

2020 年 4 月，面对新冠肺炎疫情的冲击，美国股市反而迎来了自 1987 年以来表现最好的一个月，夏季的时候甚至又创下了历史新高，可这实际上并不是什么好消息。股市之所以反弹，并不是因为经济正在健康发展，而是因为上万亿美元的政府救助，这些救助既没有任何附加条件，也不需要企业偿还。资本主义的这种救市行为，让经济天平直接倒向了掌控市场支配力的企业巨头。在资本主义健康发展的那段时期，一家航空公司倒闭算不上什么坏事，因为这可以警醒那些投资者，让他们明白只有谨慎行事、找对目标、把握时机才能赚到钱，如若不然，公司就会经营不善甚至倒闭，从而给投资者带来巨额亏损。这才是一个健康发展的资本主义该有的现象，所有人都应当自负盈亏。

越来越多的人开始认为，那些企业巨头正在变得像银行一样“大而不能倒”，尤其是在新冠肺炎疫情、经济危机期间，因为它们的倒闭会让数十万人失去工作。此外，大企业破产还会带来其他连锁反应，导致破产会像病毒一样在小公司之间迅速传播。其实这些观点忽略了一个重要的事实，那就是这些企业之所以大而不能倒，是因为它们掌控了市场支配力。如果所有市场都能维持健康的竞争水平，那这些大而不倒的公司根本不会出现在市场当中。在正常的市场竞争中，所有企业都有可能失败；而现在，只有那些没能掌握市场支配力的小公司才会失败。

这种资源一边倒的资本主义不仅是企业巨头如此强大的起因，也是利润悖论的核心问题。如果市场长期存在大量赚取超额利润的企业巨头，那经济发展一定会出现问题。我们绝不能把股市的上涨看作经济健康发展的标志。如果在经济危机最为严重、小企业纷纷倒闭、申请失业救济金的人数创下历史新高的时候，股市还能异常反弹，那只能说明市场支配力正在以劳动力的权益为代价，强行支撑某些企业的日常运转。

市场支配力最可怕的一点在于，企业可以利用这种力量赚取巨额利润，然后花费巨额资金影响政治的走向和法律法规的制定，进一步巩固自己的霸权地位，不断破坏民主体系，形成一种恶性循环。在《屠场》（*The Jungle*）这本书当中，厄普顿·辛克莱（Upton Sinclair）不仅揭露了20世纪初芝加哥肉类加工行业当中那些残酷的剥削现象，还写下了这样的文字："这些企业不仅剥削了大量工人，还花钱买通了政府。为了巩固特权，它们可以随时随地烧杀淫掠，不断地用肮脏的双手将利益输送带挖得更宽、更深。"[2]

如此一来，市场支配力和政治影响力便成了一对"相辅相成"的搭档。不过从长远来看，以钱生钱的模式不可能永远维持下去。在德国的魏玛共和国时期，政府和企业巨头之间有着极为紧密的关系，市场中出现了很多工业卡特尔。仅仅几十年后，煤炭集团和钢铁集团就成为纳粹发动战争的重要倚仗。随着第二次世界大战的爆发，经济衰退和高通胀率给小企业和中产阶级带来了灭顶之灾。战后，在竞争管理机构的支持下，曾经处于经济边缘的"中小型企业一跃成了经济发展、民族振兴的核心引擎，打破了政客与大企业家之间的那种恶性循环。[3]

从历史上来看，某个地区的小小火花足以点燃其他地区的炸药——尽管1914年的美国没有像德国那样严重的政治问题，但为了恢复市场平衡，打击不平等现象，西奥多·罗斯福总统也推行了强有力的反垄断制度。但可惜的是，没过多久第一次世界大战就爆发了，随着全球经济的衰退，美国很快便迎来了著名的经济大萧条，人民生活瞬间变得水深火热。更惨的是，之后爆发的第二次世界大战又一次将美国拖入了全球冲突当中。

在 2017 年出版的《不平等社会》（*The Great Leveler*）一书当中，沃尔特·沙伊德尔（Walter Scheidel）从石器时代开始讲起，用战争、革命、国家覆灭、瘟疫等真实案例论证了一个值得深思的观点：不平等现象近乎坚不可摧，只有大规模的灾难才能降低社会不平等程度。[4]

如果真是这样的话，那当前正在疯狂传播的新冠肺炎病毒便有潜力引发一场能够抹平不平等现象的大灾难，可是现在的医疗技术和信息技术已经十分发达，理论中的大灾难并没有发生。流行病学家和科学家们正在积极引导大家保持社交距离、用口罩和手套阻止病毒的传播，成功避免了很多不必要的死亡。可问题在于，死亡人数下降的同时，不平等程度也上升了。

现在的不平等程度已经恢复到了第一次世界大战之前的水平，不满情绪正在人群当中迅速蔓延，只有采取异常严厉的措施，我们才有希望扭转局势。俗话说，前事不忘，后事之师，“无法以史为鉴的人，注定会重蹈覆辙”。[5] 值得一提的是，四位处于流亡状态的维也纳知识分子——弗里德里希·冯·哈耶克、卡尔·波普尔、约瑟夫·熊彼特、斯蒂芬·茨威格，之所以能够不忘初心，为战后的经济发展和社会秩序打下坚实基础，就是为了避免极权主义再一次危害人类社会。他们十分清楚秩序崩溃之后人间会变成怎样的炼狱，所以他们一生当中一直都在想办法让其他人不再遭受同样的苦难。

100 多年前的摩登时代，飞速发展的科学技术和紧密相连的全球经济滋养了极为强大的市场支配力，并把美国拉进了所谓的“镀金时代”，普通劳动力几乎无法从中得到任何收益。如今，我们的经济列车正在驶向另一个全新的“镀金时代”。虽然在20世纪上半叶，我们曾短暂地减缓了列车的速度，降低了不平等程度，但其代价却是两次惨绝人寰的世界大战，以及一次危害全球的经济大萧条。

如今，想要在不出现大灾难的前提下恢复经济秩序，唯一的办法就是朝着“亲市场的”方向努力改革，遏制企业巨头的垄断势力。为此，我们必须拿出和登月一样的决心，以及和曼哈顿计划一样的紧迫感，国与国之间齐心协力，重新拾起对反垄断事业的信任。

我们还要打破市场支配力和政治影响力之间的恶性循环，让金钱远离政治，让政治远离经济，尽量减少企业游说对政策的影响。如今的美国，政治献金已经彻底束缚住了政治家的手脚，企业家和政治家逐渐站在了同一条船上。大规模枪击、阿片类药物滥用等社会惨剧背后，全都有政治献金的影子。

这种恶性循环已经成为经济体系中最难以治愈的顽疾。无论是数据保护领域，还是环境保护领域，政治家们都变成了企业巨头手中的提线木偶，游说也变成了创造、维护市场支配力的作案工具。在市场支配力和政治影响力的交替作用下，科赫家族等利益团体可以肆无忌惮地反复巩固自己的霸主地位。就像东印度公司一样，腐败正在变成一种合法行为。

另外，这种恶性循环也严重威胁到了我们的民主体系。对此，美国最高法院前大法官路易斯·布兰迪斯曾说过这样一句话：“美国人要么选择民主，要么选择让财富集中在少数人手中，二者不可能同时存在。”[6]

我们很容易就会把问题怪罪到资本主义体制身上，毕竟财富的过度集中、分配的极端不平等本质上全都来自科技进步和市场发展。可是问题在于，不管资本主义的发展有多么自由，市场的运转都离不开政府监管，也离不开军队和警察，因为只有这样产权才能得到保护，贸易伙伴之间才能彼此信任，企业才能有勇气进行长期投资。很显然，目前政府的干预力度和监管力度没能达到预期水准，所以才导致市场竞争程度越来越低。现有的资本主义是“亲企业的”，为了捍卫民主制度，保证社会财富的公平分配，监管机构应当把它变成“亲竞争的”。现在立即行动还有希望改变现状，千万不要等到无力回天的时候再追悔莫及！

致谢

在本书的创作过程中，我有幸得到了亲朋好友的大力支持。WME 的 Jay Mandel 站在读者的角度，帮助我构建了创作的基本方向。普林斯顿大学出版社的每一个人都给予了我极大的支持。从第一次见面的那天起（大约是在 2017 年秋天，我刚刚开始创作的时候），编辑 Joe Jackson 就一直在热心地帮我解决各种问题，为本书的初稿提供了极其宝贵的意见，以及很多令人眼前一亮的想法。除编辑之外，Nic Albert、David Moldawer、Erin Hobey 也在本书的早期阶段给出了相当关键的建议。Westchester 出版服务公司的 John Donohue 贡献了非常出色的文字编辑工作。

另外我还要感谢伦敦大学学院、庞培法布拉大学的同事们，他们提供了良好的学术讨论氛围；感谢普林斯顿大学经济学院在 2017—2018 年学术访问期间对我的热情招待；感谢庞培法布拉大学的各位工作人员对我的周到关怀，没有他们，我的日常生活绝不会如此轻松愉悦，也绝不可能把宝贵的时间全部用于研究和写作。

我还要感谢全世界每一位学术工作者，本书的创作完全建立在他们的工作成果之上。科研是一项讲究合作的团队工作，如果没有那些顶尖学者夜以继日的付出和奉献，我连一小章一小节都写不出来。正是因为站在了巨人的肩膀上，我才能够一览经济研究领域的前沿成果。除了那些科研工作者外，我还要感谢 Ufuk Akcigit、Jose Azar、Jonathan Baker、Isaac Baley、Simcha Barkai、Tom Barkin、Susanto Basu、Richard Blundell、Markus Brunnermeier、James Bullard、Dean Corbae、Morris Davis、Ryan Decker、Maarten De Ridder、Matthias Doepke、David Dorn、Florian Ederer、Jordan Ellenberg、Emmanuel Farhi、John Fernald、Xavier Gabaix、Manuel García-Santana、Pinelopi Goldberg、Robert Hall、John Haltiwanger、Arshia Hashemi、Thomas Holmes、Henry Hyatt、Gregor Jarosch、Michael Kades、Greg Kaplan、Loukas Karabarbounis、Dmitry Kuvshinov、Jeremy Lise、Hanno Lustig、Alex Mas、Thierry Mayer、Branko Milanović、Thomas Philippon、Fabien Postel-Vinay、Jean-Marc Robin、Esteban Rossi-Hansberg、Pierre-Daniel Sarte、Edouard Schaal、Fiona Scott Morton、James Spletzer、Chad Syverson、Nicolas Trachter、James Traina、Tommaso Valletti、John Van Reenen、Gianluca Violante、Glen Weyl、Thomas Wollmann、Arlene Wong 等人的工作。Christian Gual 与 Ignasi Calvera 认真阅读了本书的初稿，对此我深表感谢。

我还要感谢这些年来和我一起完成了各种科研论文的作者们，早在我动笔之前，他们就已经率先打磨出了本书的核心思想。这些人分别是：Jan De Loecker、Hector Chade、Simon Mongey、Ilse Lindenlaub、Alireza Sepahsalari、Boyan Jovanovic、Philipp Kircher、Nezih Guner、Roberto Pinheiro、Kurt Schmidheiny、Christoph Hedtrich、Lawrence

Warren、Xi Weng、Chunyang Fu、Wenjian Li、Gabriel Unger、Lones Smith。

另外我还要感谢庞培法布拉大学研究团队的成员，他们耐心地同我一遍又一遍地讨论问题、分析数据，并在初稿阶段给出了很多切实可行的建议。这些人分别是：Korie Amberger、Renjie Bao、Elena Casanovas、Federica Daniele、Shubhdeep Deb、Patricia De Cea、Milena Djourelova、Julia Faltermeier、Ana Figueiredo、Ian Hsieh、Wei Hua、Akhil Lohia、Thomas Minten、Adria Morrón-Salmerón、Aseem Patel、Evangelia Spantidaki、Joanne Tan、Inês Xavier。

我还要感谢那些自愿接受采访的人，这些采访内容不仅极大地充实了本书的内容，也使得大家能够站在普通人的视角看看市场支配力对日常生活产生了多大影响。能够与他们相遇无疑是一种荣幸。需要说明的是，除南希、尤提奇奥斯之外，所有的名字都是化名。了解到尤提奇奥斯的故事之后，我把本书的部分版税捐给了乌干达的孤儿院。感兴趣的读者可以去这个网站奉献一份爱心：https://www.ugandanorphans.org/ 。

如果没有 Elena、Emma、Mireia 的帮助，我不可能顺利写完这本书。他们不仅耐心地参与了各项事宜的讨论，还事无巨细地给出了详细的反馈。她们无私的爱、无条件的支持与鼓励成了我灵感的重要源泉。谨以此书献给这几位可爱的人。

注释

引言

1. See www.TheProfitParadox.com, figure I.
2. See www.TheProfitParadox.com, figure II.
3. 该结论是 Cortes、Jaimovich、Nekarda、Siu 于 2015 年发现的。具体来说，有 31.2% 的工作都会涉及大量程式化的重复劳动。
4. See www.TheProfitParadox.com, figure I.
5. 图 1 向我们展示了整个经济体系中全体劳动力的平均生产率的演变过程，以及普通生产工人的平均工资的演变过程。如果我们把研究范围扩大至全体非管理层员工，那么工资水平甚至会更低（参见：www.TheProfitParadox.com, 图 III）。另外，如果我们着眼于全体劳动力的工资的中位数（包括管理层在内），就会发现随着时间的推移，这项数据同样停滞不前（参见：www.TheProfitParadox.com, 图 IV）。
6. See www.TheProfitParadox.com, figure V. See also Autor (2014).
7. See Rosen (1981).
8. See Bloom et al. (2019).

9. See Karabarbounis & Neiman (2014).

10. See www.TheProfitParadox.com, figure VI. See also Hyatt & Spletzer (2013).

11. 更换工作频率下降的数据可以参见 www.TheProfitParadox.com, 图 VII，我按照月份统计了人们换工作的频率。1994—2006 年的数据来自 Moscarini & Thomsson (2007)，1997—2013 年的数据来自 Bosler & Petrosky-Nadeau (2016)。商业活力下降的数据可以参考：www.TheProfitParadox.com, 图 VIII；Davis & Haltiwanger (2014)；Decker et al. (2014, 2020)。

12. See Kaplan & Schulhofer-Wohl (2017).

13. 对于那些人数在 1~4 人的小公司来说，它们每年的净就业增长率要比那些 500 人以上的大公司高 15.2% 左右。具体参见：Haltiwanger, Jarmin, & Miranda (2014)。

14. See www.TheProfitParadox.com, figure IX. See also Karahan, Pugsley, & Şahin (2019); Pugsley & Şahin (2019).

15. 高科技行业的创业率已经从 1980 年的 60% 跌落至 2011 年的 38%，具体参见：Haltiwanger, Hathaway, & Miranda (2014)。

16. 据估计，当时美国的失业率已经超过了 20%，具体参见：Coen (1973)。其实当时世界上大部分国家的失业率都跟美国差不多（比如以英国为代表的绝大多数的欧洲国家）。

17. 以贸易总额来衡量（即进出口份额与 GDP 的比值），具体参见：Klasing & Milionis (2014)。

18. 最初的纽约中央车站由科尼利尔斯·范德比尔特（Cornelius Vanderbilt）于 1871 年所建，通用汽车纽约办公楼由 Edward Durell Stone & Associates 事务所以及 Emery Roth & Sons 事务所于 1968 年所建。

19. See Zweig (1943).

20. See Angell (1910).

21. 为了不断地快速扩张，荷兰东印度公司发行了大量债券和股票，成为现代化跨国企业的雏形。

22. See Zweig (2015 [1941]).

第 1 章　管理护城河的艺术

1. See Buffett (2007), start minute 2:31.
2. 所谓“适当地补偿投资者所承担的风险和其他成本”，指的是综合考虑无风险市场资本回报率、通货膨胀、折旧、风险溢价之后的回报率。
3. See Schumpeter (1942).
4. See Pilon (2015).
5. See Orwell (1944).
6. See Orwell (1944).
7. 参见：Open Markets Institute (2019)。起搏器数据源自：https://concentrationcrisis.openmarketsinstitute.org/industry/pacemaker-manufacturing/。婴儿奶粉数据源自：https://concentrationcrisis.openmarketsinstitute.org/industry/baby-formula/。干猫粮数据源自：https://concentrationcrisis.openmarketsinstitute.org/industry/dry-cat-food/。蛋黄酱数据源自：https://concentrationcrisis.openmarketsinstitute.org/industry/mayonnaise/。社交网络数据源自：https://concentrationcrisis.openmarketsinstitute.org /industry/social-networking-sites/。航空公司数据源自：https://concentrationcrisis.openmarketsinstitute.org/industry/domestic-airlines/。家装市场数据源自：https://concentrationcrisis.openmarketsinstitute.org/industry/hardware-and-home-stores/。棺材市场数据源自：https://concentrationcrisis.openmarketsinstitute.org /industry/coffin-casket-manufacturing/。
8. See Hall (1988).
9. See De Loecker & Eeckhout (2018).
10. Personal conversation at ECB Forum on Central Banking, Sintra, Portugal, June 18–20, 2018.
11. 除此之外，市场份额的集中程度也在过去的 40 年当中不断上升，具体参见：Council of Economic Advisors (2016); Grullon, Larkin, & Michaely (2019); Gutierrez & Philippon (2017)。
12. 图 5 的利润率指的是上市公司的利润率，数据来自 De Loecker, Eeckhout,

& Unger (2020)。此外，国民经济核算发现，从 20 世纪 20 年代末开始，所有企业的利润都存在类似的增长方式，具体参见：www.TheProfit-Paradox.com, 图 X。

13. 来自图 6 具体数据的计算结果。
14. See "AB InBev," Wikipedia, accessed November 11, 2020, https://en.wikipedia.org/wiki/AB_InBev; and "Anheuser-Busch InBev's (AB InBev) Beer Market Share Worldwide in 2015, by Country," Statista, accessed November 11, 2020, https://www.statista.com/statistics/199024/ab-inbev-beer-market-share-by-country/.
15 See Alviarez, Head, & Mayer (2020).
16. See Lafontaine & Morton (2010).
17. See Cunningham, Ederer, & Ma (2021).
18. See Bogle (2018).
19. See Azar, Schmalz, & Tecu (2018).
20. See Anton et al. (2020) on how owners incentivize their managers when there is common ownership.
21. 之前的 10 家航空公司为：美国航空（American Airlines），环球航空（TWA），西部航空（America West），全美航空（US Airways），达美航空（Delta），西北航空（Northwest），联合航空（United），大陆航空（Continental），西南航空（Southwest），穿越航空（AirTran）。现在剩下的 4 家航空公司为：美国航空，达美航空，联合航空，西南航空。
22. See Noack (2017).

第 2 章　科技变革与技术优势

1. See "Sears," Wikipedia, accessed November 11, 2020, https://en.wikipedia.org/wiki/Sears.
2. See Holmes (2011); Houde, Newberry, & Seim (2017).
3. 2019 年，美国零售业销售总额为 5.45 万亿美元，具体参见：U.S. Census

(2020)。同一年，沃尔玛的总销售额为5240亿美元，具体参见："Walmart," accessed November 11, 2020, https://s2.q4cdn.com/056532643/files/doc_financials/2020/q4/Earnings-Release-1.31.2020-Final.pdf。同一年，亚马逊的销售总额为2800亿美元，具体参见："Amazon (company)," Wikipedia, accessed November 11, 2020, https://en.wikipedia.org/wiki/Amazon_(company)。由此可见，沃尔玛和亚马逊在2019年的销售总额为8040亿美元，占美国零售业销售总额的14.8%。1930年，美国零售业销售总额为530亿美元，具体参见：U.S. Census Bureau (1930), 14。同一年，A&P公司的销售总额为29亿美元，占全美销售总额的5.4%，这一比例是当时美国第二大零售商西尔斯百货的两倍，所以这两家企业的销售额加在一起，也只占到了全美销售总额的8.1%。具体参见：Levinson (2011); "Red Circle & Gold Leaf,"《时代》周刊，1950年9月13日，http://content.time.com/time/subscriber/article/0,33009,821397,00.html; "The Great Atlantic & Pacific Tea Company," Wikipedia, accessed November 11, 2020, https://en.wikipedia.org/wiki/The_Great_Atlantic_%26_Pacific_Tea_Company。

4. See Ambridge (2015).
5. See Wilson (2012); see also Tong (2017).
6. See De Loecker & Warzynski (2012).
7. See Dasgupta & Stiglitz (1980); Sutton (1991, 1998).
8. See De Loecker, Eeckhout, & Unger (2020).
9. See Haskel & Westlake (2017).
10. See Coyle (2014).
11. See Schumpeter (1942).
12. See Schmitz (2020).
13. See Carpenter (2014).

第3章　水落船低：工资水平的下降

1. 这些事实最早来自 Kaldor (1957)；"程式化事实（stylized fact）"一词最

早出现于 Kaldor (1961, 178)。

2. See Coyle (2014).
3. See www.TheProfitParadox.com, figure XI. See also Barkai (2020); De Loecker, Eeckhout, & Unger (2020); Karabarbounis & Neiman (2014). For the Penn World Tables, see Feenstra, Inklaar, & Timmer (2015).
4. See Barkai (2019); De Loecker & Eeckhout (2017); De Loecker, Eeckhout, & Unger (2020); Gutierrez & Philippon (2017); Hartman-Glaser, Lustig, & Xialong (2019); Philippon (2019).
5. See www.TheProfitParadox.com, figures X and XI.
6. See www.TheProfitParadox.com, figure XI. See also Autor, Dorn, Katz, Patterson, & Van Reenen (2020); De Loecker, Eeckhout, & Unger (2020); Karabarbounis & Neiman (2014).
7. See De Loecker, Eeckhout, & Unger (2020), table V.
8. 当然，这也可能是因为其中一项数据出现了巨大降幅，而另一项数据出现了些许上升（比如工人数量锐减，工资稍有增长）。除此之外，这也可能会涉及劳动力的工作时长：劳动收入份额下降，可能是因为工人数量没变，但每个人的工作时长减少了（原因有很多，比如他们把更多时间花在了休闲娱乐上面，或者临时工性质的工作变多了）。
9. See www.TheProfitParadox.com, figure XII.
10. See www.TheProfitParadox.com, figure XIII.
11. See www.TheProfitParadox.com, figure XIV.
12. 参见：www.TheProfitParadox.com, 图 XV。该图展示了收入排在后 25% 的群体的工资演变情况，虽然他们的名义工资增加了，但实际工资（考虑到通货膨胀以后的工资）并没有什么变化。
13. See www.TheProfitParadox.com, figure II.
14. See De Loecker, Eeckhout, & Unger (2020), figure X(B).
15. See Maynard (2012).
16. “The World’s Billionaires,” Wikipedia, accessed November 11, 2020, https://

en.wikipedia.org/wiki/The_World's_Billionaires.

17. 有意思的是，朱迪于2009年卖掉了白狗咖啡馆，新的所有者真的开了两家分店。
18. See Eeckhout (2020); Rossi-Hansberg, Sarte, & Trachter (2020).
19. See Azar, Berry, & Marinescu (2019); Azar, Marinescu, Steinbaum, & Taska (2019); Berger, Herkenhoff, & Mongey (2019); Deb, Eeckhout, & Warren (2021); Goolsbee & Syverson (2020).
20. See Deb, Eeckhout, Patel, & Warren (2021); Goolsbee & Syverson (2020).
21. See Naidu, Nyarko, & Wang (2016).
22. See Marx & Nunn (2018).
23. See World Bank Group (2020a).
24. See Friedman & Friedman (1980), 231.
25. See Kleiner (2006).
26. See Ogilvie (2004).
27. “人们之所以成立各种行会、设定各种组织规则，都是为了限制自由竞争，从而防止价格下降，以及工资和利润的下滑（自由竞争必然会导致价格下降）。此外，某些工匠或商人会私自组成所谓的‘私人行会’，尽管他们并未取得官方授权，但只要每年向国王缴纳一定罚款，大部分私人行会都可以一直维持自己的经营特权。”具体参见：Smith (1776), Book 1, chapter 10, part 2。
28. See “Le Chapelier Law 1791,” Wikipedia, accessed November 11, 2020, https://en.wikipedia.org/wiki/Le_Chapelier_Law_1791.
29. See Kleiner (2015), 1.
30. See Kleiner and Kruger (2013), S176–S177.
31. See Kleiner and Kruger (2013), S175.
32. See Johnson & Kleiner (2020), 370.

第 4 章　明星经济：收入差距的扩大化

1. See Harris (1995).
2. 具体参见：“The Meaning and Origin of the Expression: Oversexed, Overpaid and Over Here,” Phrase Finder, accessed November 5, 2020, https://www.phrases.org.uk/meanings/oversexed-overpaid-and-over-here.html。另外值得一提的是，不久之后美国大兵也用类似的话回应了这句顺口溜：“under-sexed, underpaid, and under Eisenhower”（大意为：你们这些英国人不仅性能力不行，挣钱能力也不行，要不是因为有艾森豪威尔在，你们连仗都打不赢）。
3. 正如斯蒂芬·平克在他的进化心理学著作中所言，爱情和进化心理学之间存在某种联系，感情是一种“适应性策略”，这种策略有助于人类的繁衍和生存。具体参见：Pinker (1997), “Fools for Love,” 417, and “Men and Women,” 460。
4. Quoted in Mukherjee (2011 [2010]), 139. See also Patlak (2001).
5. See Bertrand & Mullainathan (2001).
6. See Akerlof (1981), 37; emphasis added.
7. See “Nadeshot,” Wikipedia, accessed November 11, 2020, https://en.wikipedia.org/wiki/Nadeshot; Dougherty (2014).
8. See Rosen (1981).
9. See Metz (2017).
10. See Nomad Health (2019); Smith (2012).
11. See Kaplan & Rauh (2013).
12. See Guvenen & Kaplan (2017).
13. See Dubrow & Adamas (2012).
14. 具体参见：Du, Huasheng, & Maurice (2012)。论文中提到，具体概率为 0.29（4.91/16.91）。以下几本书详细分析了运气的重要作用：Robert Frank’s *Success and Luck: Good Fortune and the Myth of Meritocracy* (2016); Malcom Gladwell’s *Outliers: The Story of True Success* (2008); and Nassim

Taleb's *Fooled by Randomness: The Hidden Role of Chance in Life and in the Markets* (2008).

15. See Streufert & Streufert (1969). See also Stephan, Bernstein, Stephan, & Davis (1979).
16. See De Botton (2004).
17. See Kindermann & Krueger (2021).
18. See Kleven, Landais, & Saez (2013).
19. See Henry (2013).
20. See Mishel (2014).
21. See Bertrand & Mullainathan (2001).
22. See Chade & Eeckhout (2017).
23. See Bhasin (2013).
24. Lowe (1997), 101, quoted in Davis (2008), 83.
25. See Surowiecki (2004).
26. See www.TheProfitParadox.com, figure XVI. See also Bloom, Guvenen, Price, Song, & Watcher (2019); Mishel (2014); Sommeiller & Price (2018).
27. See Chandler (1977).
28. 这种税率极低的计税方式又被称为企业所得税税赋转嫁，它与掌控了市场支配力的企业巨头的“成本价格转嫁”是两个概念。
29. See Smith, Yagan, Zidar, & Zwick (2019), 1677.

第 5 章　无处不在的不平等

1. 来自 1997 年 10 月格罗斯曼在庞培法布拉大学经济学院新学年开学典礼上的一段讲话。
2. See Levingston, Lorin, & McDonald (2018).
3. See National Institute on Drug Abuse (n.d.).
4. See Keefe (2017).
5. See Reich (2020), 4.

6. See Luce (2018).

7 近两年有两本书对慈善捐赠的有效性、出发点提出了质疑，它们分别是：Giridharadas (2018)，Reich (2018)。

8. See www.TheProfitParadox.com, figure XVI.

9. See www.TheProfitParadox.com, figure V.

10. See www.TheProfitParadox.com, figure I.

11. See Katz & Murphy (1992).

12. See Krusell, Ohanian, Ríos-Rull, & Violante (2000).

13. See Altonji & Pierret (2001).

14. See Goldschmidt & Schmieder (2017).

15. For the United States, see Barth, Bryson, Davis, & Freeman (2016); Bloom, Guvenen, Price, Song, & Watcher (2019). For Germany, see Card, Heining, & Kline (2013). For Sweden, see Håkanson, Lindqvist, & Vlachos (2020).

16 有 2/3 的收入不平等现象是过去 40 年的变化所导致的。

17. See Cavalli-Sforza (1997); Cavalli-Sforza & Feldman (1981).

18. See Baziki, Ginja, & Milicevic (2016).

19. 参见：Traiberman（2019）。对于收入处在中间水平的劳动力来说，工资每下降 1%，他们换工作的概率就会提升 3%，这也会影响到收入水平。此外，进口业务的竞争会导致人们的终身收入下降 0.5%，从而进一步提升收入差异。

20. See Simpson (1951).

21. See www.TheProfitParadox.com, figure XVII. See also Bourguignon & Morrisson (2002); Lakner & Milanovic (2013); Milanovic (2016); Ravallion (2018); Roser (2013).

22. See Eeckhout & Jovanovic (2010).

23. 这两个城市的工资数据来自美国劳动局（2019a, 2019b），人口数据来自美国人口调查局（2019a, 2019b）。

24. See Eeckhout, Pinheiro, & Schmidheiny (2014).

25. See Davis & Ortalo-Magné (2011).

26. 需要注意的是，由于平均来说，每个家庭会将 1/4 的税前收入用于住房上面，简斯维尔市与纽约市的房价差异要比收入差异大得多，按每平方米的单价来看，后者房价大约比前者高出 160% 以上，所以纽约人的住房没有简斯维尔人的住房大。

27. See Eeckhout, Pinheiro, & Schmidheiny (2014).

28. See Eeckhout, Pinheiro, & Schmidheiny (2014).

29. See De la Roca & Puga (2017).

30. See Eeckhout, Hedtrich, & Pinheiro (2021).

31. 参见：www.TheProfitParadox.com, 图 XVIII。根据 De Loecker, Eeckhout, & Unger (2020) 所提供的加价指数我们发现，大城市公司的加价指数要高于小城市公司的加价指数。另外还可以参考 Anderson, Rebelo, & Wong (2020) 的结论，他们发现某地的收入水平和加价指数之间存在正相关关系。

32. See Jaimovich, Rebelo, & Wong (2019).

33. See Autor & Dorn (2013); Goos & Manning (2007); Goos, Manning, & Salomons (2009, 2014).

34. See Autor, Levy, & Murane (2003).

35. See Michaels, Natraj, & Reenen (2014).

36. 参见：Autor, Levy, & Murane (2003)。他们的数据显示，“工作岗位的去程式化”致使大学溢价程度上升了 60%。

第 6 章　金表神话：经济活力的丧失

1. See www.TheProfitParadox.com, figure VI.

2. See www.TheProfitParadox.com, figure VII.

3. See www.TheProfitParadox.com, figure VIII.

4. 参见：Hyatt & Spletzer (2013)；Cowen (2017)。后者不仅提到了劳动力市场活力的下降，还将社会创新动力的下降归因于社会环境的变化（这种变化来自科学技术所提供的舒适生活），不过这一观点很难通过数据来证实。

5. See Campa & Goldberg (2005).
6. “H&R Block,” Wikipedia, accessed November 11, 2020, https://en.wikipedia.org/wiki/H%26R_Block.
7. See www.TheProfitParadox.com, figure VII.
8. See Hyatt, McEntarfer, Ueda, & Zhang (2018); Kaplan & Schulhofer-Wohl (2017).
9. 三兄弟途经班布吕赫来到了埃利斯岛。1914 年 3 月，Alfons Ottoy 登上了 SS Vaderland 号，抵达埃利斯岛之后没多久，他就搬去了蒙大拿州，与 Irma Van Hemelrijck 结为夫妇，婚后他们孕育了三个孩子：Susanne, Rene, Betty。1914 年 4 月 18 日，Leopold Ottoy 也登上了 SS Vaderland 号，抵达埃利斯岛之后没多久，他就搬去了底特律。Rene Ottoy 乘坐的是 SS Rotterdam 号，1915 年 5 月 28 日抵达埃利斯岛之后，他也搬去了底特律。更多移民信息可以参考 the Statue of Liberty–Ellis Island Foundation website, accessed November 11, 2020, https:// heritage.statueofliberty.org/passenger-result。
10. See World Tourism Organization (2018).

第 7 章　穷也郊区，富也郊区

1. See Fogli & Guerrieri (2018).
2. 参见：Hobijn, Schoellman, & Vindas (2017)。他们分析了科技变革和社会结构转型给不同年龄群体带来的不同影响。
3. See www.TheProfitParadox.com, figure XIX. See also Mitchell (2007).
4. 假设一辆公交车有 50 个座位，高峰期时每个座位都有人，非高峰期时只有 5 个座位有人，且高峰期和非高峰期各占一半的时间。如果我们对两辆公交车上的乘客进行抽样调查，问他们自己在乘车时车上一共有多少人，那么高峰期车上的 50 人就会回答说当时车上一共有 50 名乘客，而非高峰期车上的 5 人就会回答说当时车上一共只有 5 名乘客。由此一来，每位乘客所看到的乘客数量平均下来就是（$50 \times 50+5 \times 5$）/55=45.9，但两辆车上真实的平均乘客数量则是 27.5。之所以这两个数字的差距如此之大，是因为更多的人（50 人）遇到了拥挤的公交车，只有 5 个人遇到了空荡荡的公交车。

5. See Case & Deaton (2015, 2020).
6. 参见：Chetty et al. (2016)。在美国，家庭收入排在前 1% 的男性的预期寿命为 87 岁，家庭收入排在后 1% 的男性的预期寿命为 72 岁；家庭收入排在前 1% 的女性的预期寿命为 89 岁，家庭收入排在后 1% 的女性的预期寿命为 79 岁。
7. Also in Chetty et al. (2016).
8. 参见：www.TheProfitParadox.com, 图 XX；以及 Kuvshinov & Zimmermann (2020)。后者的数据显示，1980 年之前的资本利得率为 0，1980 年之后资本利得率迅速增长至 4%。另外，同一时期的股息率几乎没有变过，只是在 1980 年之后出现了小幅度的下滑。
9. See De Loecker, Eeckhout, & Unger (2020).
10. See www.TheProfitParadox.com, figure IX.
11. See Ritter (2020), 3, table 1.
12. See Levack, Muir, & Veldman (2011).
13. 参见 www.TheProfitParadox.com, 图 XXI。对于显示出类似下降趋势的其他无风险利率指标，参见：Del Negro, Giannone, Giannoni, & Tambalott (2019); Eggertsson, Robbins, & Wold (2018)。
14. See chapter 2, figure 3.
15. See Barkai (2020); De Loecker, Eeckhout, & Unger (2020).
16. See www.TheProfitParadox.com, figure XXII. See also Ordonez & Piguillem (2020).
17. See www.TheProfitParadox.com, figure X.
18. 通过图 5 我们可以看出，利润占销售总额的比例在 20 世纪 80 年代初为

1%~2%，2016 年这一比例已经增至 7%~8%；由于销售总额（相当于经济总量中的总产出）大约是附加价值（相当于经济总量中的 GDP）的 2 倍，所以利润占附加价值的比例大约是利润占销售总额的比例的 2 倍，前者在 20 世纪 80 年代初为 3% 左右，在 2016 年为 15%。

19. See www.TheProfitParadox.com, figure XXI.

第 8 章　我们有充分的理由对未来保持乐观

1. See Bastian (2006).
2. See Eurostat (2019) and www.TheProfitParadox.com, figure XXIV.
3. 参见：World Bank Group (2020b)。根据世界银行的定义，贫困人口为每天开销低于 3.20 美元（按 2011 年购买力平价）的人口，贫困率则是贫困人口占总人口的比例。
4. See Bourguignon & Morrisson (2002).
5. See www.TheProfitParadox.com, figure XXIII.
6. See Forbes (2020); Mohamud (2019).
7. See Rosling, Rönnlund, & Rosling (2018); Rosling & Rosling (2014).
8. Johnston & Williamson (2020).
9. See www.TheProfitParadox.com, figure XXIV.
10. 挪威航空在 2016 年有 2930 万名乘客和 5796 名员工，北欧航空在 2016 年有 2940 万名乘客和 10710 名员工。具体参见："Norwegian Air Shuttle," Wikipedia, accessed November 11, 2020, https://en.wikipedia.org/wiki/Norwegian_Air_Shuttle; "Scandinavian Airlines," Wikipedia, accessed November 11, 2020, https://en.wikipedia.org/wiki/Scandinavian_Airlines。
11. See U.S. Bureau of Labor Statistics (2006).
12. See Orwell (1944).
13. 参见 Goodman (2017)："Boliden 公司已经将年产量从 30 年前的 35 万吨左右扩大至 60 万吨左右，但员工数量一直维持在 200 人左右。"
14. 参见：George (1879), 43。马尔萨斯主义是牧师托马斯 · 罗伯特 · 马尔萨斯提出的一种经济理论（他在1798年的《人口论》中提出了这一概念），该理论认为，人口增长速度往往快于食物和自然资源的增长速度，除非通过道德约束、灾难（疾病、饥荒、战争）等手段来遏制人口增长，否则人类社会必然出现大规模的贫困和退化。值得一提的是，马尔萨斯主义给生物学带来了很大影响，达尔文的自然选择、人口过剩、种群内竞争等理论都受到了它的影响。

15. 参见 www.TheProfitParadox.com, 图 XIV。注意：劳动参与率是1减去不活跃率，如图 XIV 所示。
16. See Noack (2017).
17. Kambourov & Manovskii (2009) 发现，同没有换工作的劳动力相比，因搬家所导致的工资下滑的幅度，是因换工作所导致的工资下滑的幅度的3倍。
18. See Jarosch (2015).
19. Smith (1776), Book 1, chapter 3.
20. Smith (1776), Book 1, chapter 5.
21. 后工业时代的情况可以参考：Boppart & Krusell (2020)。有证据表明，在史前的狩猎–采集型社会中，人们的平均工作时长为每天4.86小时，比现代人要少，具体参见："Average Working Hours (Statistical Data 2020)," Clockify, accessed November 11, 2020, https://clockify.me/working-hours。
22. 参见 Keynes (1963)，371："虽然每周工作15小时或每天工作3小时有可能会拖延很久才能得以实现，但事实上每天工作3小时已经足以满足大多数人的各种需求了。"
23. 假设现在我们每周工作34小时，每周工作时长每年都会下降0.4%，那么204年之后每周工作时长才会降到15小时。
24. Aristotle (1925), Book X, 7.
25. 基于2016年9月29日的电话交谈。
26. "Taxi Medallion," Wikipedia, accessed November 11, 2020, https://en.wikipedia.org/wiki/Taxi_medallion: "2019年7月11日，16枚出租车执照勋章被

拍卖，其中 3 枚分别以 13.7 万美元、13.6 万美元、13.8 万美元售出，其余 13 枚没有售出。”

27. See Fréchette, Lizzeri, & Salz (2019).
28. See Hall & Krueger (2015).

第 9 章　工作岗位的发展趋势

1. See Brynjolfsson, Hui, & Liu (2019).
2. See Cowgill (2020).
3. See Borenstein, Bushnell, & Stoft (1997); Varian (2000).
4. See DellaVigna & Gentzkow (2019).
5. See https://web.archive.org/web/20010715123343/https://www.google.com/press/funfacts.html, accessed November 11, 2020.
6. 获奖的四人分别是：Paul Samuelson, Robert Solow, Vernon Smith, Thomas Schelling。凭一己之力培育了这么多诺贝尔经济学奖得主，这一壮举或许只有 Kenneth Arrow 能够媲美。
7. 参见 See Leontief (1983), 3：“就像机械在体力劳动方面取代了人力一样，计算机和机器人也会在脑力劳动方面取代人类。随着时间的推移，越来越多的脑力劳动将由机器来完成。任何需要遵循特定指令来完成工作的工人，原则上都可以被机器取代。这意味着，身为最重要的生产要素的人类，今后的作用会越来越小——就像马匹在农业生产中的参与程度越来越低，最终被拖拉机彻底取代一样。”
8. 美国马匹数字来自“Horses in the United States,” Wikipedia, accessed November 11, 2020, https://en.wikipedia.org/wiki/Horses_in_the_United_States; 世界马匹数字来自联合国粮农组织 , “Live Animals,” accessed November 11, 2020, http://www.fao.org/faostat/en/#data/QA。美国人口数字来自美联储圣路易斯分行 , “National Population,” accessed November 11, 2020, https://fred.stlouisfed.org/series/POPH; 世界人口数字来自联合国 , “World Population Prospects 2019,” accessed November 11, 2020, https://population.un.org/

wpp/DataQuery/。

9. See www.TheProfitParadox.com, figure XXV.

第 10 章 探寻事实与真相

1. Zukin 2015.
2. See Bore (n.d.); Collinson (2016).
3. See Lenter, Slemrod, & Shackelford (2003).
4. See Bø, Slemrod, & Thoresen (2015).
5. See "Spurious Correlations," Tylervigen, accessed November 10, 2020, http://tylervigen.com/page?page=1.
6. Santayana 1941 [1896], part III, 125.
7. See OECD (2020).
8. See Graversen & Van Ours (2008); Rosholm (2008).
9. See Gautier, Muller, van der Klaauw, Rosholm, & Svarer (2018).
10. 参见：Crépon, Duflo, Gurgand, Rathelot, & Zamora (2013)。至少自 20 世纪 70 年代以来，积极的劳动力市场政策的替代效应已经在文献中被观察到；参见：Johnson (1979)。
11. Ellenberg 2014.
12. 参见美国劳工统计局 (2020)。为了计算失业总人数，我们用活跃人口总数（1.59 亿）乘以平均离职率（2.9%，参见 www.TheProfitParadox.com, 图 VII），结果表明有 4611000 人失去了工作。此外，美国劳工统计局的数据显示，净就业增长人数为 273000，据此推测找到新工作的人数为 4884000。

13 有关美国的就业率，参见美联储圣路易斯分行 , table A-12, "Unemployed Persons by Duration of Unemployment," accessed November 10, 2020, https://fred.stlouisfed.org/release/tables?rid=50&eid=3142&od=2020-01-01#。有关美国失业率，参见：www.TheProfitParadox.com, 表 VII。有关意大利的就业率和失业率，参见：Elsby, Hobijn, & Sahin (2013)。

第 11 章　反垄断的可能性

1. See Acemoglu & Robinson (2012).
2. “History of Patent Law,” Wikipedia, accessed November 11, 2020, https://en.wikipedia.org/wiki/History_of_patent_law.
3. See Boldrin & Levine (2008).
4. See Abrams, Akcigit, & Grennan (2018).
5. See U.S. Patent and Trademark Office (2020).
6. See Chien (2013). See also Abrams, Akcigit, Oz, & Pearce (2019).
7. See “Longitude Rewards,” Wikipedia, accessed November 11, 2020, https://en.wikipedia.org/wiki/Longitude_rewards.
8. See Yihan (2020).
9. See Berge (1947), 362–363; also quoted in Schmitz (2020).
10. See Baker (2019); see also Wu (2018).
11. See Eeckhout, Fu, Li, & Weng (2021).
12. See Smith (1776), Book 4, chapter 8.
13. See Brandeis (2009).
14. See Piraino (2007).
15. See Khan (2017).
16. See Friedman & Friedman (1980); Friedman & Kuznets (1945).
17. See Harberger (1954).
18. See Friedman (1999); Stigler (1952).
19. 这里我要特别感谢 Lones Smith，正是他向我讲述了这段逸事，当时他正在芝加哥大学攻读经济学博士学位，如今他已经成为威斯康星大学的经济学教授。
20. See Gordon (2015).
21. 参见：Alviarez, Head, & Mayer (2020); Ashenfelter, Hosken, & Weinberg (2014); Blonigen & Pierce (2016); Kwoka, Greenfield, & Gu (2014); Peltzman (2014)。虽然 David (2021) 的确同意企业合并有很多好处，但目前的合并

案例实在太多了，我们有必要对合并行为额外征税。

22. See Grullon, Larkin, & Michaely (2019); Tepper (2019).

23. 参见：Berry, Levinsohn, & Pakes (1995); Bresnahan (1989)。目前很多人都会通过市场集中程度来衡量市场支配力，比如赫芬达尔—赫希曼指数（Herfindahl–Hirschman Index，简称 HHI），但这种衡量方式已经被证明存在较多缺陷（可以参考 Eeckhout 2020），后者所采用的衡量方式要比 HIHI 复杂得多。尽管如此，HHI 在诉讼案件中仍旧是一种很常见的指标。

24. See Finn (2011).

25. See Posner & Weyl (2018).

26. "Feist Publications, Inc., v. Rural Telephone Service Co.," Wikipedia, accessed November 11, 2020, https://en.wikipedia.org/wiki/Feist_Publications,_Inc.,_v._Rural_Telephone_Service_Co.

27. "*Minder* (TV Series)," Wikipedia, accessed November 11, 2020, https://en.wikipedia.org/wiki/Minder_(TV_series). 我很感谢 Jeff Borland 的这句话。

28. See Wollmann (2019).

29. "List of Mergers and Acquisitions by Alphabet," Wikpedia, https://en.wikipedia.org/wiki/List_of_mergers_and_acquisitions_by_Alphabet.

30. See Rosaia (2020).

31. See Lucas (2000); "Welfare Cost of Inflation," Wikipedia, accessed November 11, 2020, https://en.wikipedia.org/wiki/Welfare_cost_of_inflation.

32. See De Loecker, Eeckhout, & Mongey (2021).

33. See De Loecker, Eeckhout, & Unger (2020), and chapter 8, note 18.

34. 截至 2011 年 12 月，美国联邦贸易委员会共有 1131 名员工；截至 2018 年，美国司法部反垄断部门共有 695 名员工。具体参见："Federal Trade Commission," Wikipedia, accessed November 11, 2020, https://en.wikipedia.org/wiki/Federal_Trade_Commission; Department of Justice, "Antitrust Division (ATR), FY 2018 Budget Request at a Glance," accessed November 11, 2020, https://www.justice.gov/jmd/page/file/968396/download。

35. For 2017: Federal Reserve, "System Budgets Overview," last updated July 19, 2018, https:// www.federalreserve.gov/publications/2017-ar-federal-system-budgets.htm#xsystembudgetsoverview-690774ba.

36. See Kades (2019).

37. See Hovenkamp (2018).

38. See https://www.bundeskartellamt.de/SharedDocs/Entscheidung/EN/Entscheidungen/Missbrauchsaufsicht/2019/B6-22-16.pdf?_blob=publicationFile&v=5, accessed November11, 2020.

39. See Srinivasan (2019).

结语

1. See Jäger, Schoefer, & Heining (2021).
2. See Sinclair (2001 [1906]), 256.
3. See Munchau (2018).
4. See Scheidel (2017).
5. See Santayana (2001 [1905]), 284.
6. See Campbell (2013), 255.

参考文献

Abrams, D. S., Akcigit, U., & Grennan, J. 2018. Patent Value and Citations: Creative Destruction or Strategic Disruption? NBER Working Paper no. 19647. http://www.nber.org/papers/w19647.

Abrams, D. S., Akcigit, U., Oz, G., & Pearce, J. G. 2019. The Patent Troll: Benign Middleman or Stick-Up Artist? NBER Working Paper no. 25713. http://www.nber.org/papers/w25713.

Acemoglu, D., & Robinson, J. A. 2012. *Why Nations Fail.* New York: Crown.

Akerlof, G. A. 1981. Jobs as Dam Sites. *Review of Economic Studies, 48* (1), 37–49.

Altonji, J. G., & Pierret, C. R. 2001. Employer Learning and Statistical Discrimination. *Quarterly Journal of Economics, 116* (1), 313–350.

Alviarez, V., Head, K., & Mayer, T. 2020. Global Giants and Local Stars: How Changes in Brand Ownership Affect Competition. CEPR Discussion Paper no. DP14628. https://ssrn.com/abstract=3594259.

Ambridge, B. 2015. The Coca-Cola Wars: Can Anybody Really Tell the Difference? *JSTOR Daily*, April 9. https://daily.jstor.org/the-coca-cola-wars-can-anybody-really-tell-the-difference/.

Andersen, E., Rebelo, S., & Wong, A. 2020. Markups across Space and Time. NBER Working Paper no. 24434. https://www.nber.org/papers/w24434.

Angell, N. 1910. *The Great Illusion*. New York: G. P. Putnam's Sons.

Anton, M., Ederer, F., Giné, M., & Schmalz, M. C. 2020. Common Ownership, Competition, and Top Management Incentives. CESifo Working Paper No. 6178. https://ssrn.com/abstract=2885826.

Aristotle. 1925 [350 BCE]. *Nicomachean Ethics*. Book X. Translated by W. D. Ross. http://classics.mit.edu/Aristotle/nicomachaen.10.x.html.

Ashenfelter, O., Hosken, D., & Weinberg, M. 2014. Did Robert Bork Understate the Competitive Impact of Mergers? Evidence from Consummated Mergers. *Journal of Law and Economics, 57* (S3), S67–S100.

Autor, D. 2014. Skills, Education, and the Rise of Earnings Inequality among the "Other 99 Percent." *Science, 344* (6186), 843–851.

Autor, D., Dorn, D., Katz, L., Patterson, C., & Van Reenen, J. 2020. The Fall of the Labor Share and the Rise of Superstar Firms. *Quarterly Journal of Economics, 135* (2), 645–709.

Autor, D. H., & Dorn, D. 2013. The Growth of Low-Skill Service Jobs and the Polarization of the US Labor Market. *American Economic Review, 103* (5), 1553–1597.

Autor, D. H., Levy, F., & Murane, R. J. 2003. The Skill Content of Recent Technological Change: An Empirical Exploration. *Quarterly Journal of Economics, 118* (4), 1279–1333.

Azar, J., Berry, S., & Marinescu, I. E. 2019. Estimating Labor Market Power. Yale University, mimeo. https://dx.doi.org/10.2139/ssrn.3456277.

Azar, J., Marinescu, I., Steinbaum, M., & Taska, B. 2020. Concentration in US Labor Markets: Evidence from Online Vacancy Data. *Labour Economics, 66*. https://doi.org/10.1016/j.labeco.2020.101886.

Azar, J., Schmalz, M., & Tecu, I. 2018. Anti-Competitive Effects of Common

Ownership. *Journal of Finance*, May 25. https://doi.org/10.1111/jofi.12698.

Baker, J. B. 2019. *The Antitrust Paradigm: Restoring a Competitive Economy.* Cambridge, MA: Harvard University Press.

Barkai, S. 2019. The Anticompetitive Effects of Low Interest Rates. *ProMarket*, February 21. https://promarket.org/2019/02/21/anticompetitive-effects-low-interest-rates/#:~:text=At%20low%20interest%20rates%2C%20dominant, much%20longer%20periods%20of%20time.

Barkai, S. 2020. Declining Labor and Capital Shares. *Journal of Finance*, April 26. https://doi.org/10.1111/jofi.12909.

Barth, E., Bryson, A., Davis, J. C., & Freeman, R. 2016. It's Where You Work: Increases in the Dispersion of Earnings across Establishments and Individuals in the United States. *Journal of Labor Economics, 34*(S2), 67–97.

Bastian, H. 2006. Down and Almost Out in Scotland: George Orwell, Tuberculosis and Getting Streptomycin in 1948. *Journal of the Royal Society of Medicine, 99*(2), 95–98.

Baziki, S. B., Ginja, R., & Milicevic, T. B. 2016. *Trade Competition, Technology and Labour Reallocation*. Institute of Labor Economics (IZA) Discussion Papers no. 10034. https://www.iza.org/publications/dp/10034/trade-competition-technology-and-labour-reallocation.

Berge, W. 1947. Monopoly and the South. *Southern Economic Journal, 13* (4), 360–369. https:// doi.org/10.2307/1052300.

Berger, D., Herkenhoff, K., & Mongey, S. 2019. Labor Market Power. NBER Working Paper no. 25719. https://www.nber.org/papers/w25719.

Berry, S., Levinsohn, J., & Pakes, A. 1995. Automobile Prices in Market Equilibrium. *Econometrica, 64* (4), 841–890.

Bertrand, M., & Mullainathan, S. 2001. Are CEOs Rewarded for Luck? The Ones without Principals Are. *Quarterly Journal of Economics, 116* (3), 901–932.

Bhasin, K. 2013. JC Penney CEO Ron Johnson's Pay Package Plummeted

97%. *Business Insider*, April 3. https://www.businessinsider.in/JCPenney-CEO-Ron-Johnsons-Pay-Package-Plummeted-97/articleshow/21205670.cms.

Blonigen, B. A., & Pierce, J. R. 2016. Evidence for the Effects of Mergers on Market Power and Efficiency. NBER Working Paper no. 22750. https://www.nber.org/papers/w22750.

Bloom, N., Guvenen, F., Price, D., Song, J., & Watcher, T. v. 2019. Firming Up Inequality. *Quarterly Journal of Economics, 134*(1), 1–50.

Bø, E. E., Slemrod, J., & Thoresen, T. O. 2015. Taxes on the Internet: Deterrence Effects of Public Disclosure. *American Economic Journal: Economic Policy, 7* (1), 36–62.

Bogle, J. C. 2018. Bogle Sounds a Warning on Index Funds. *Wall Street Journal*, November 29. https://www.wsj.com/articles/bogle-sounds-a-warning-on-index-funds-1543504551.

Boldrin, M., & Levine, D. K. 2008. *Against Intellectual Monopoly.* Cambridge: Cambridge University Press.

Boppart, T., & Krusell, P. 2020. Labor Supply in the Past, Present, and Future: A Balanced- Growth Perspective. *Journal of Political Economy, 128*(1), 118–157.

Bore, R. R. n.d. Some Remarks on the History of Official Statistics. Statistics Norway, accessed November 8, 2020. https://www.ssb.no/en/omssb/om-oss/historie.

Borenstein, S., Bushnell, J., & Stoft, S. 1997. The Competitive Effects of Transmission Capacity in a Deregulated Electricity Industry. NBER Working Paper no. 6293. https://www.nber.org/papers/w6293.

Bosler, C., & Petrosky-Nadeau, N. 2016. Job-to-Job Transitions in an Evolving Labor Market.FRBSF Economic Letter, Federal Reserve Bank of San Francisco, November 14.

Bourguignon, F., & Morrisson, C. 2002. Inequality among World Citizens: 1820–1992. *American Economic Review, 92* (4), 727–744.

Bowley, S. 1937. *Wages and Income in the United Kingdom since 1860.* Cambridge: Cambridge University Press.

Brandeis, L. 2009. *Other People's Money and How the Bankers Use It.* New York: Cosimo.

Bresnahan, T. 1989. Empirical Studies of Industries with Market Power. In *Handbook of Industrial Organization*, vol. 2, edited by R. Schmalensee & R. D. Willig, 1011–1057. Amsterdam: North-Holland.

Brynjolfsson, E., Hui, X., & Liu, M. 2019. Does Machine Translation Affect International Trade? Evidence from a Large Digital Platform. *Management Science, 65* (12). https://doi.org/10.1287/mnsc.2019.3388.

Buffett, W. 2007. Warren Buffett MBA Talk—Part 3. May 23. YouTube video, 9:07. https://www.youtube.com/watch?v=r7m7if Uz7r0.

Campa, J. M., & Goldberg, L. S. 2005. Exchange Rate Pass-Through into Import Prices. *Review of Economics and Statistics, 87*(4), 679–690.

Campbell, P. S. 2013. Democracy v. Concentrated Wealth: In Search of a Louis D. Brandeis Quote. 16 Green Bag 2D 251, University of Louisville School of Law Legal Studies Research Paper Series no. 2014-11. http://greenbag.org/v16n3/v16n3_articles_campbell.pdf.

Card, D., Heining, J., & Kline, P. 2013. Workplace Heterogeneity and the Rise of West German Wage Inequality. *Quarterly Journal of Economics, 128* (3), 967–1015.

Carpenter, M. 2014. *Caffeinated: How Our Daily Habit Helps, Hurts, and Hooks Us*. New York: Hudson Street Press.

Case, A., & Deaton, A. 2015. Rising Morbidity and Mortality in Midlife among White Non-Hispanic Americans in the 21st Century. *Proceedings of the National Academy of Sciences of the United States of America, 112* (49), 15078–15083.

Case, A., & Deaton, A. 2020. *Deaths of Despair and the Future of Capitalism.*

Princeton, NJ: Princeton University Press.

Cavalli-Sforza, L. L. 1997. Genes, Peoples, and Languages. *Proceedings of the National Academy of Sciences of the United States of America, 94* (15), 7719–7724.

Cavalli-Sforza, L. L., & Feldman, W. M. 1981. *Cultural Transmission and Evolution: A Quantitative Approach.* Princeton, NJ: Princeton University Press.

Chade, H., & Eeckhout, J. 2017. Stochastic Sorting. UPF, mimeo. https://www.janeeckhout.com/wp-content/uploads/SS.pdf.

Chandler, A. D., Jr. 1977. *The Visible Hand: The Managerial Revolution in American Business*. Cambridge, MA: Belknap Press.

Chetty, R., Stepner, M., Abraham, S., Lin, S., Scuderi, B., Turner, N., Bergeron, A., and Cutler,D. 2016. The Association between Income and Life Expectancy in the United States, 2001—2014. *Journal of the American Medical Association, 315* (16), 1750–1766.

Chien, C. V. 2013. Patent Trolls by the Numbers. Santa Clara University Legal Studies Research Paper no. 08-13. http://dx.doi.org/10.2139/ssrn.2233041.

Coen, R. M. 1973. Labor Force and Unemployment in the 1920's and 1930's: A Re-Examination Based on Postwar Experience. *Review of Economics and Statistics, 55* (1), 46–55.

Collinson, P. 2016. Norway, the Country Where You Can See Everyone's Tax Returns. *Guardian*, April 11. https://www.theguardian.com/money/blog/2016/apr/11/when-it-comes-to-tax-transparency-norway-leads-the-field.

Cortes, G. M., Jaimovich, N., Nekarda, C. J., & Siu, H. E. 2020. The Dynamics of Disappearing Routine Jobs: A Flows Approach. *Labour Economics, 65*. https://doi.org/10.1016/j.labeco.2020.101823.

Council of Economic Advisors. 2016. Benefits of Competition and Indicators of Market-Power. Issue Brief, May. https://obamawhitehouse.archives.gov/sites/default/files/page/files/20160414_cea_competition_issue_brief.pdf.

Cowen, T. 2017. *The Complacent Class: The Self-Defeating Quest for the American Dream.* New York: St. Martin's Press.

Cowgill, B. 2020. Bias and Productivity in Humans and Algorithms: Theory and Evidence from Résumé Screening. Columbia University, mimeo. http://conference.iza.org/conference_files/MacroEcon_2017/cowgill_b8981.pdf.

Coyle, D. 2014. *GDP: A Brief But Affectionate History.* Princeton, NJ: Princeton University Press.

Crépon, B., Duflo, E., Gurgand, M., Rathelot, R., & Zamora, P. 2013. Do Labor Market Policies Have Displacement Effects? Evidence from a Clustered Randomized Experiment. *Quarterly Journal of Economics, 128*(2), 531–580.

Cunningham, C., Ederer, F., & Ma, S. 2021. Killer Acquisitions. *Journal of Political Economy*, forthcoming. https://doi.org/10.1086/712506.

Dasgupta, P., & Stiglitz, J. 1980. Industrial Structure and the Nature of Innovative Activity. *Economic Journal, 90*(358), 266–293.

David, J. M. 2021. The Aggregate Implications of Mergers and Acquisitions. *Review of Economic Studies*, forthcoming. https://doi.org/10.1093/restud/rdaa077.

Davis, D. 2008. *The Dick Davis Dividend: Straight Talk on Making Money from 40 Years on Wall Street*. Hoboken, NJ: Wiley.

Davis, M. A., & Ortalo-Magné, F. 2011. Household Expenditures, Wages, Rents. *Review of Economic Dynamics, 14* (2), 248–261.

Davis, S. J., & Haltiwanger, J. 2014. Labor Market Fluidity and Economic Performance. NBER Working Paper no. 20479. https://www.nber.org/papers/w20479.

Deb, S., Eeckhout, J., Patel, A., & Warren, L. 2021. Market Power and Wage Inequality. UPF Barcelona, mimeo. https://www.janeeckhout.com/wp-content/uploads/Wage_Inequality.pdf.

Deb, S., Eeckhout, J., & Warren, L. 2021. The Macroeconomics of Market Power and Monopsony. UPF Barcelona, mimeo. https://www.janeeckhout.com/wp-content/uploads/Monopsony.pdf.

De Botton, A. 2004. *Status Anxiety.* London: Hamish Hamilton.

Decker, R., Haltiwanger, J., Jarmin, R., & Miranda, J. 2014. The Role of Entrepreneurship in US Job Creation and Economic Dynamism. *Journal of Economic Perspectives, 28* (3), 3–24.

Decker, R. A., Haltiwanger, J., Jarmin, R. S., & Miranda, J. 2020. Changing Business Dynamism and Productivity: Shocks versus Responsiveness. *American Economic Review, 110* (12), 3952–3990.

De la Roca, J., & Puga, D. 2017. Learning by Working in Big Cities. *Review of Economic Studies, 84* (1), 106–142.

DellaVigna, S., & Gentzkow, M. 2019. Uniform Pricing in U.S. Retail Chains. *Quarterly Journal of Economics, 134* (4), 2011–2084.

Del Negro, M., Giannone, D., Giannoni, M. P., & Tambalotti, A. 2019. Global Trends in Interest Rates. *Journal of International Economics, 118*, 248–262.

De Loecker, J., & Eeckhout, J. 2017. The Rise of Market Power and the Macroeconomic Implications. NBER Working Paper no. 23687. https://www.nber.org/papers/w23687.

De Loecker, J., & Eeckhout, J. 2018. Global Market Power. NBER Working Paper no. 24768. https://www.nber.org/papers/w24768.

De Loecker, J., Eeckhout, J., & Mongey, S. 2021. Quantifying Market Power. https://www.janeeckhout.com/wp-content/uploads/QMP.pdf.

De Loecker, J., Eeckhout, J., & Unger, G. 2020. The Rise of Market Power and the Macroeconomic Implications. *Quarterly Journal of Economics, 135* (2), 561–644.

De Loecker, J., & Warzynski, F. 2012. Markups and Firm-Level Export Status. *American Economic Review, 102* (6), 2437–2471.

Dougherty, C. 2014. No. 1 With a Bullet: "Nadeshot" Becomes a Call of Duty

Star. *New York Times*, November 15. https://www.nytimes.com/2014/11/16/technology/esports-call-of-duty-nadeshot-celebrity-success.html.

Du, Q., Huasheng, G., & Maurice, L. D. 2012. The Relative-Age Effect and Career Success: Evidence from Corporate CEOs. *Economics Letters, 117* (3), 660–662.

Dubrow, J. K., & Adamas, J. 2012. Hoop Inequalities: Race, Class and Family Structure Background and the Odds of Playing in the National Basketball Association. *International Review for the Sociology of Sport, 47* (1), 43–59.

Eeckhout, J. 2020. Comment on "Diverging Trends in National and Local Concentration." In *NBER Macroeconomics Annual, 35*. https://www.nber.org/books-and-chapters/nber-macroeconomics-annual-2020-volume-35/comment-diverging-trends-national-and-local-concentration-hall.

Eeckhout, J., Fu, C., Li, W., & Weng, X. 2021. Optimal Taxation and Market Power. UPF Barcelona, mimeo. https://www.janeeckhout.com/wp-content/uploads/Optimal_Taxation.pdf.

Eeckhout, J., Hedtrich, C., & Pinheiro, R. 2021. Urban Job Polarization. UPF Barcelona, mimeo. https://www.janeeckhout.com/wp-content/uploads/Urban.pdf.

Eeckhout, J., & Jovanovic, B. 2010. Occupational Choice and Development. *Journal of Economic Theory, 147*, 657–683.

Eeckhout, J., Pinheiro, R., & Schmidheiny, K. 2014. Spatial Sorting. *Journal of Political Economy, 122* (3), 554–620.

Eggertsson, G. B., Robbins, J. A., & Wold, E. G. 2018. Kaldor and Piketty's Facts: The Rise of Monopoly Power in the United States. NBER Working Paper no. 24287. https://www.nber.org/papers/w24287.

Ellenberg, J. 2014. *How Not to Be Wrong: The Power of Mathematical Thinking*. New York: Penguin.

Elsby, M. W., Hobijn, B., & Sahin, A. 2013. Unemployment Dynamics in the

OECD. *Review of Economics and Statistics, 95* (2), 530–548.

Eurostat. 2019. How Much Are Households Spending on Food? December 9. https://ec.europa.eu/eurostat/web/products-eurostat-news/-/DDN-20191209-1.

Feenstra, R. C., Inklaar R., & Timmer M. P. 2015. The Next Generation of the Penn World Table.*American Economic Review, 105* (10), 3150–3182.

Finn, H. 2011. Lunch with Hal. *Think Quarterly—01 Data*, March 19, 30–33. https://issuu.com/thinkquarterly/docs/01-data.

Fogli, A., & Guerrieri, V. 2018. The End of the American Dream? Inequality and Segregation in US Cities. NBER Working Paper no. 26143. https://www.nber.org/papers/w26143.

Forbes. 2020. Jeff Bezos Profile. www.forbes.com/profile/jeff-bezos/.

Frank, R. 2016. *Success and Luck: Good Fortune and the Myth of Meritocracy*. Princeton, NJ: Princeton University Press.

Fréchette, G. R., Lizzeri, A., & Salz, T. 2019. Frictions in a Competitive, Regulated Market: Evidence From Taxis. *American Economic Review, 109* (8), 2954–2992.

Friedman, M. 1999. Policy Forum: "Milton Friedman on Business Suicide." *CATO Policy Report*, March/April. https://www.cato.org/policy-report/marchapril-1999/policy-forum-milton-friedman-business-suicide.

Friedman, M., & Friedman, R. 1980. *Free to Choose: A Personal Statement.* New York: Harcourt Brace Jovanovich.

Friedman, M., & Kuznets, S. 1945. *Income from Independent Professional Practice.* New York: National Bureau of Economic Research.

Gautier, P., Muller, P., van der Klaauw, B., Rosholm, M., & Svarer, M. 2018. Estimating Equilibrium Effects of Job Search Assistance. *Estimating Equilibrium Effects of Job Search Assistance, 36* (4), 1073–1125.

George, H. 1879. *Progress and Poverty*. N.p.: Dodo Press.

Giridharadas, A. 2018. *Winners Take All: The Elite Charade of Changing the World.*

New York: Alfred A. Knopf.

Gladwell, M. 2008. *Outliers: The Story of True Success*. New York: Little, Brown and Company.

Goldschmidt, D., & Schmieder, J. F. 2017. The Rise of Domestic Outsourcing and the Evolution of the German Wage Structure. *Quarterly Journal of Economics, 132* (3), 1165–1217.

Goodman, P. S. 2017. The Robots Are Coming, and Sweden Is Fine. *New York Times*, December 27. https://www.nytimes.com/2017/12/27/business/the-robots-are-coming-and-sweden-is-fine.html.

Goolsbee, A., & Syverson, C. 2020. Monopsony Power in Higher Education: A Tale of Two Tracks. NBER Working Paper no. 26070. https://www.nber.org/papers/w26070.

Goos, M., & Manning, A. 2007. Lousy and Lovely Jobs: The Rising Polarization of Work in Britain. *Review of Economics and Statistics, 89* (1), 118–133.

Goos, M., Manning, A., & Salomons, A. 2009. Job Polarization in Europe. *American Economic Review, 99* (2), 58–63.

Goos, M., Manning, A., & Salomons, A. 2014. Explaining Job Polarization: Routine-Biased Technological Change and Offshoring. *American Economic Review, 104* (8), 2509–2526.

Gordon, S. 2015. Record Year for M&A with Big Deals and Big Promises. *Financial Times*, December 16. https://www.ft.com/content/0fd15156-9e5b-11e5-b45d-4812f209f861.

Graversen, B. K., & Van Ours, J. C. 2008. How to Help Unemployed Find Jobs Quickly: Experimental Evidence from a Mandatory Activation Program. *Journal of Public Economics, 92* (10–11), 2020–2035.

Grullon, G., Larkin, Y., & Michaely, R. 2019. Are U.S. Industries Becoming More Concentrated? *Review of Finance, 23* (4), 697–743.

Gutierrez, G., & Philippon, T. 2017. Declining Competition and Investment in the

U.S. NBER Working Paper no. 23583. https://www.nber.org/papers/w23583.

Guvenen, F., & Kaplan, G. 2017. Top Income Inequality in the 21st Century: Some Cautionary Notes. NBER Working Paper no. 23321. https://www.nber.org/papers/w23321.

Håkanson, C., Lindqvist, E., & Vlachos, J. 2020. Firms and Skills: The Evolution of Worker Sorting. *Journal of Human Resources*, September 21. http://jhr.uwpress.org/content/early/2020/09/16/jhr.56.2.0517-8801R2.full.pdf+html.

Hall, J., & Krueger, A. 2015. An Analysis of the Labor Market for Uber's Driver-Partners in the United States. *ILR Review, 71*(3), 705–732.

Hall, R. E. 1988. The Relation between Price and Marginal Cost in U.S. Industry. *Journal of Political Economy, 96*(5), 921–947.

Haltiwanger, J., Hathaway, I., & Miranda, J. 2014. *Declining Business Dynamism in the U.S. High-Technology Sector.* Kansas City, MO: Ewing Marion Kauffman Foundation.

Haltiwanger, J., Jarmin, R. S., & Miranda, J. 2013. Who Creates Jobs? Small versus Large versus Young. *Review of Economics and Statistics, 95*(2), 347–361.

Harberger, A. C. 1954. Monopoly and Resource Allocation. *American Economic Review, 44*(2), 77–87.

Harris, K. 1995. Oversexed, Overfed, Over Here. *New York Times*, February 15. https://www.nytimes.com/1995/02/12/books/oversexed-overfed-over-here.html.

Hartman-Glaser, B., Lustig, H., & Xiaolang, M. Z. 2019. Capital Share Dynamics When Firms Insure Workers. *Journal of Finance, 74*, 1707–1751.

Haskel, J., & Westlake, S. 2017. *Capitalism without Capital: The Rise of the Intangible Economy.* Princeton, NJ: Princeton University Press.

Henry, B. 2013. TO BE CLEAR: JC Penney May Have Just Had The Worst Quarter In Retail History. *Business Insider*, February 28. https://www.businessinsider.com/jc-penney-worst-quarter-in-retail-history-2013-2.

Hobijn, B., Schoellman, T., & Vindas Q., A. 2017. Structural Transformation by Cohort. 2017 Meeting Papers 1417, Society for Economic Dynamics. https://ideas.repec.org/p/red/sed017/1417.html.

Holmes, T. J. 2011. The Diffusion of Wal-Mart and Economies of Density. *Econometrica, 79* (1), 253–302.

Houde, J.-F., Newberry, P., & Seim, K. 2017. Economies of Density in E-Commerce: A Study of Amazon's Fulfillment Center Network. NBER Working Paper no. 23361. https://www.nber.org/papers/w23361.

Hovenkamp, E. 2018. Platform Antitrust. *Journal of Corporation Law, 44*, 713.

Hyatt, H., McEntarfer, E., Ueda, K., & Zhang, A. 2018. Interstate Migration and Employer-to-Employer Transitions in the U.S.: New Evidence from Administrative Records Data. *Demography, 55* (6), 2161–2180.

Hyatt, H. R., & Spletzer, J. R. 2013. The Recent Decline in Employment Dynamics. *IZA Journal of Labor Economics, 2*, article no. 5. https://doi.org/10.1186/2193-8997-2-5.

Jäger, S., Schoefer, B., & Heining, J. 2021. Labor in the Boardroom. *Quarterly Journal of Economics*, forthcoming.

Jaimovich, N., Rebelo, S., & Wong, A. 2019. Trading Down and the Business Cycle. *Journal of Monetary Economics, 102*, 96–121.

Jarosch, G. 2015. Searching for Job Security andthe Consequences of Job Loss. Princeton University, mimeo. https://drive.google.com/open?id=1YVZz8ow8h3nlSxLUdDIWe3APovPAGNUx.

Johnson, G. E. 1979. The Labor Market Displacement Effect in the Analysis of the Net Impact of Manpower Training Programs. In *Evaluating Manpower Training Programs*, edited by F. E. Bloch, 227–254. Greenwich, CT: JAI Press.

Johnson, J. E., & Kleiner, M. M. 2020. Is Occupational Licensing a Barrier to Interstate Migration? *American Economic Journal: Economic Policy 12* (3), 347–373.

Johnston, L., & Williamson, S. H. 2020. What Was the U.S. GDP Then? Measuring Worth. http://www.measuringworth.org/usgdp/.

Kades, M. 2019. *The State of U.S. Federal Antitrust Enforcement.* Washington, DC: Washington Center for Equitable Growth.

Kaldor, N. 1957. A Model of Economic Growth. *Economic Journal, 67* (268), 591–624.

Kaldor, N. 1961. Capital Accumulation and Economic Growth. In *The Theory of Capital: Proceedings of a Conference Held by the International Economic Association*, edited by Friedrich A. Lutz & D. C. Hague, 177–222. London: Macmillan.

Kambourov, G., & Manovskii, I. 2009. Occupational Specificity of Human Capital. *International Economic Review, 50* (1), 63–115.

Kaplan, G., & Schulhofer-Wohl, S. 2017. Understanding the Long-Run Decline in Interstate Migration. *International Economic Review*, February 3, 57–94.

Kaplan, S. N., & Rauh, J. 2013. It's the Market: The Broad-Based Rise in the Return to Top Talent. *Journal of Economic Perspectives, 27* (3), 35–56.

Karabarbounis, L., & Neiman, B. 2014. The Global Decline of the Labor Share. *Quarterly Journal of Economics, 129* (1), 61–103.

Karahan, F., Pugsley, B., & Şahin, A. 2019. Demographic Origins of the Startup Deficit. NBER Working Paper no. 25874. https://www.nber.org/papers/w25874.

Katz, L. F., & Murphy, K. M. 1992. Changes in Relative Wages, 1963–1987: Supply and Demand Factors. *Quarterly Journal of Economics, 107* (1), 35–78.

Keefe, P. R. 2017. The Family That Built an Empire of Pain. *New Yorker*, October 23. https://www.newyorker.com/magazine/2017/10/30/the-family-that-built-an-empire-of-pain.

Keynes, J. M. 1963. *Essays in Persuasion.* New York: W. W. Norton & Co.

Khan, L. 2017. Amazon's Antitrust Paradox. *Yale Law Journal, 126* (3), 564–907.

Kindermann, F., & Krueger, D. 2021. High Marginal Tax Rates on the Top 1%? Lessons from a Life Cycle Model with Idiosyncratic Income Risk. *American Economic Journal: Macroeconomics*, forthcoming.

Klasing, J. M., & Milionis, P. 2014. Quantifying the Evolution of World Trade, 1870–1949. *Journal of International Economics, 92* (1), 185–197.

Kleiner, M. M. 2006. *Licensing Occupations: Ensuring Quality or Restricting Competition?* Kalamazoo, MI: W. E. Upjohn Institute for Employment Research.

Kleiner, M. M. 2015. *Guild-Ridden Labor Markets: The Curious Case of Occupational Licensing.*Kalamazoo, MI: W. E. Upjohn Institute for Employment Research.

Kleiner, M., & Krueger, A. 2013. Analyzing the Extent and Influence of Occupational Licensing on the Labor Market. *Journal of Labor Economics, 31* (2), S173–S202.

Kleven, H. J., Landais, C., & Saez, E. 2013. Taxation and International Migration of Superstars: Evidence from the European Football Market. *American Economic Review, 103* (5), 1892–1924.

Krusell, P., Ohanian, L. E., Ríos-Rull, J.-V., & Violante, G. L. 2000. Capital-Skill Complementarity and Inequality: A Macroeconomic Analysis. *Econometrica, 65* (5), 1029–1053.

Kuvshinov, D., & Zimmermann, K. 2020. The Big Bang: Stock Market Capitalization in the Long Run. CEPR Discussion Paper no. 14468. https://cepr.org/active/publications/discussion_papers/dp.php?dpno=14468.

Kwoka, J. E., Greenfield, D., & Gu, C. 2014. *Mergers, Merger Control, and Remedies: A Retrospective Analysis of U.S. Policy.* Cambridge, MA: MIT Press.

Lafontaine, F., & Morton, F. S. 2010. State Franchise Laws, Dealer Terminations, and the Auto Crisis. *Journal of Economic Perspectives, 24* (3), 233–250.

Lakner, C., & Milanovic, B. 2013. *Global Income Distribution: From the Fall of the Berlin Wall to the Great Recession*. Washington, DC: World Bank.

Lenter, D., Slemrod, J., & Shackelford, D. 2003. Public Disclosure of Corporate Tax Return Information: Accounting, Economics, and Legal Perspectives. *National Tax Journal, 56* (4), 803–830.

Leontief, W. 1983. *National Perspective: The Definition of Problems and Opportunities.* Washington, DC: National Academy Press.

Levack, B. P., Muir, E., & Veldman, M. 2011. *The West: Encounters & Transformations.* 3rd ed. Upper Saddle River, NJ: Longman/Pearson.

Levingston, I., Lorin, J., & McDonald, M. 2018. Harvard Billionaires Bail Out Alma Mater from Poor Fund Returns. *Bloomberg Businessweek*, June 26. https://www.bloomberg.com/news/articles/2018-06-26/harvard-billionaires-bail-out-alma-mater-from-poor-fund-returns.

Levinson, M. 2011. *The Great A&P and the Struggle for Small Business in America.* New York: Hill and Wang.

Lowe, J. 1997. *Warren Buffett Speaks: Wit and Wisdom from the World's Greatest Investor.* Hoboken, NJ: Wiley.

Lucas, R. E., Jr. 2000. Inflation and Welfare. *Econometrica, 68* (2), 247–274.

Luce, E. 2018. Is Wealthy Philanthropy Doing More Harm than Good? *Financial Times*, December 21. https://www.ft.com/content/64d70736-0212-11e9-9d01-cd4d49afbbe3.

Marx, M., & Nunn, R. 2018. The Chilling Effect of Non-Compete Agreements. EconoFact, May 20. https://econofact.org/the-chilling-effect-of-non-compete-agreements.

Maynard, M. 2012. BALLE Founder Judy Wicks on the Origins of Urban Outfitters, the Birth of the Localist Movement, and the Necessity of Local Ownership. MarkMaynard, June 23. http://markmaynard.com/2012/06/balle-founder-judy-wicks-on-the-origins-of-urban-outfitters-the-birth-of-the-localist-movement-and-the-necessity-of-local-ownership/.

Metz, C. 2017. Tech Giants Are Paying Huge Salaries for Scarce A.I. Talent. *New York Times*, October 22. https://www.nytimes.com/2017/10/22/technology/artificial-intelligence-experts-salaries.html.

Michaels, G., Natraj, A., & Reenen, J. V. 2014. Has ICT Polarized Skill Demand? Evidence from Eleven Countries over Twenty-Five Years. *Review of Economics and Statistics, 96* (1), 60–77.

Milanovic, B. 2016. *Global Inequality: A New Approach for the Age of Globalization.* Cambridge, MA: Harvard University Press.

Mishel, L. 2014. *Wages for the Top One Percent Have Grown Far Faster than Those of Other High Wage Earners.* Economic Policy Institute, May 29. https://www.epi.org/publication/wages-for-top-1-percent-grow-faster/.

Mitchell, B. 2007. *International Historical Statistics: The Americas 1750–1988.* 6th ed. Houndmills, UK: Palgrave Macmillan.

Mohamud, N. 2019. Is Mansa Musa the Richest Man Who Ever Lived? BBC, March 10. https:// www.bbc.com/news/world-africa-47379458.

Moscarini, G., & Thomsson, K. 2007. Occupational and Job Mobility in the US. *Scandinavian Journal of Economics, 109* (4), 807–836.

Mukherjee, S. 2011 [2010]. *The Emperor of All Maladies: A Biography of Cancer.* London: Fourth Estate.

Munchau, W. 2018. The Crisis of Modern Liberalism Is Down to Market Forces. *Financial Times*, December 23. https://www.ft.com/content/9dfea428-0538-11e9-9d01-cd4d49afbbe3.

Naidu, S., Nyarko, Y., & Wang, S.-Y. 2016. Monopsony Power in Migrant Labor Markets: Evidence from the United Arab Emirates. *Journal of Political Economy, 124* (6), 1735–1792.

National Institute on Drug Abuse. n.d. Overdose Death Rates. National Institutes of Health, accessed November 6, 2020. https://www.drugabuse.gov/drug-topics/trends-statistics/overdose-death-rates.

Noack, R. 2017. Why Are Flights So Much Cheaper in Europe than in the U.S.? *Washington Post*, October 12. https://www.washingtonpost.com/news/worldviews/wp/2017/10/12/why-are-flights-so-much-cheaper-in-europe-than-in-the-u-s/.

Nomad Health. 2019. Complete List of Average Doctor Salaries by Specialty. May 13. https://blog.nomadhealth.com/complete-list-of-average-doctor-salaries-by-specialty-locum-tenens/.

OECD. 2020. Unemployment rate (indicator). Accessed December 11, 2020. https://data.oecd.org/unemp/unemployment-rate.htm.

Ogilvie, S. 2004. Guilds, Efficiency, and Social Capital: Evidence from German Proto-Industry. *Economic History Review, 57* (2), 286–333.

Open Markets Institute. 2019. *America's Concentration Crisis*. https://concentrationcrisis.openmarketsinstitute.org/.

Ordonez, G., & Piguillem, F. 2020. Savings Rates: Up or Down? NBER Working Paper no. w27179. https://www.nber.org/papers/w27179.

Orwell, G. 1944. Grounds for Dismay. Review of *The Road to Serfdom* by F. A. Hayek and *The Mirror of the Past* by K. Zilliacus. *Observer*, April 9.

Patlak, M. 2001. *Targeting Leukemia: From Bench to Bedside*. Bethesda, MD: Federation of American Societies for Experimental Biology. https://www.faseb.org/portals/2/pdfs/opa/leukemia.pdf.

Peltzman, S. 2014. Industrial Concentration under the Rule of Reason. *Journal of Law & Economics, 57* (S3), S101–S120.

Philippon, T. 2019. *The Great Reversal. How America Gave Up on Free Markets*. Cambridge, MA: Harvard University Press.

Pilon, M. 2015. *The Monopolists: Obsession, Fury, and the Scandal behind the World's Favorite Board Game*. New York: Bloomsbury.

Pinker, S. 1997. *How the Mind Works*. New York: W. W. Norton.

Piraino, T. A., Jr. 2007. Reconciling the Harvard and Chicago Schools: A New

Antitrust Approach for the 21st Century. *Indiana Law Journal, 82*(2), 345.

Posner, E., & Weyl, G. 2018. *Radical Markets: Uprooting Capitalism and Democracy for a Just Society.* Princeton, NJ: Princeton University Press.

Pugsley, B., & Şahin, A. 2019. Grown-Up Business Cycles. *Review of Financial Studies, 32* (3), 1102–1147.

Ravallion, M. 2018. Inequality and Globalization: A Review Essay. *Journal of Economic Literature, 56* (2), 620–642.

Reich, D. 2018. *Who We Are and How We Got Here.* Oxford: Oxford University Press.

Reich, R. 2020. *Just Giving: Why Philanthropy Is Failing Democracy and How It Can Do Better.* Princeton, NJ: Princeton University Press.

Ritter, J. R. 2020. *Initial Public Offerings: Updated Statistics.* https://site.warrington.ufl.edu/ritter/files/IPOs2019Statistics.pdf.

Robinson, Joan. 1933. *The Economics of Imperfect Competition.* London: Macmillan and Co.

Rosaia, N. 2020. Competing Platforms and Transport Equilibrium: Evidence from New York City. Harvard University, mimeo. https://scholar.harvard.edu/files/rosaia/files/draft.pdf.

Rosen, S. 1981. The Economics of Superstars. *American Economic Review, 71* (5), 845–858.

Roser, M. 2013. Global Economic Inequality. Our World in Data. https://ourworldindata.org/global-economic-inequality.

Rosholm, M. 2008. Experimental Evidence on the Nature of the Danish Employment Miracle.IZA Working Paper no. 3620. http://ftp.iza.org/dp3620.pdf.

Rosling, H., Rönnlund, A. R., & Rosling, O. 2018. *Factfulness: Ten Reasons We're Wrong about the World—and Why Things Are Better than You Think.* New York: Flatiron Books.

Rosling, H., & Rosling, O. 2014. *How Not to Be Ignorant about the World.* TED video, 18:51. June. https://www.ted.com/talks/hans_and_ola_rosling_how_not_to_be_ignorant_about_the_world#t-2304.

Rossi-Hansberg, E., Sarte, P.-D., & Trachter, N. 2020. Diverging Trends in National and Local Concentration. In *NBER Macroeconomics Annual, 35*. https://www.nber.org/books-and-chapters/nber-macroeconomics-annual-2020-volume-35/diverging-trends-national-and-local-concentration.

Samuelson, P. 1964. *Economics: An Introductory Analysis*. 6th ed. New York: McGraw-Hill.

Santayana, G. 1941 [1896]. *The Sense of Beauty*. Mineola, NY: Dover.

Santayana, G. 2001 [1905]. *The Life of Reason: Reason in Common Sense.* New York: Scribner.

Scheidel, W. 2017. *The Great Leveler: Violence and the History of Inequality from the Stone Age to the Twenty-First Century*. Princeton, NJ: Princeton University Press.

Schmitz, J. A., Jr. 2020. *Monopolies Inflict Great Harm on Low- and Middle-Income Americans*. Federal Reserve Bank of Minneapolis Research Department Staff Report, May. https://doi.org/10.21034/sr.601.

Schumpeter, J. A. 1994 [1942]. *Capitalism, Socialism and Democracy*. London: Routledge.

Simpson, E. H. 1951. The Interpretation of Interaction in Contingency Tables. *Journal of the Royal Statistical Society, 13* (2), 238–241.

Sinclair, U. 2001 [1906]. *The Jungle*. Mineola, NY: Dover.

Smith, A. 1776. *The Wealth of Nations*. New York: Bantam.

Smith, M., Yagan, D., Zidar, O., & Zwick, E. 2019. Capitalists in the Twenty-First Century. *Quarterly Journal of Economics, 134* (4), 1675–1745.

Sommeiller, E., & Price, M. 2018. The New Gilded Age: Income Inequality in the U.S. by State, Metropolitan Area, and County. Economic Policy Institute,

July 19. https://www.epi.org/publication/the-new-gilded-age-income-inequality-in-the-u-s-by-state-metropolitan-area-and-county/.

Srinivasan, D. 2019. Why Privacy Is an Antitrust Issue. *New York Times*, May 28. https://www.nytimes.com/2019/05/28/opinion/privacy-antitrust-facebook.html.

Stephan, W. G., Bernstein, W. M., Stephan, C., & Davis, M. H. 1979. Attributions for Achievement: Egotism vs. Expectancy Confirmation. *Social Psychology Quarterly, 42* (1), 5–17.

Stigler, G. J. 1952. The Case against Big Business. *Fortune, 145* (May), 123.

Streufert, S., & Streufert, S. C. 1969. Effects of Conceptual Structure, Failure, and Success on Attribution of Causality and Interpersonal Attitudes. *Journal of Personality and Social Psychology*, 138–147. https://www.semanticscholar.org/paper/THE-EFFECT-OF-CONCEPTUAL-STRUCTURE%2C-FAILURE%2C-AND-ON-Streufert-Streufert/afb53f6973194f88850b8adbaa59d8bcbe46a219.

Surowiecki, J. 2004. *The Wisdom of Crowds: Why the Many Are Smarter than the Few and How Collective Wisdom Shapes Business, Economies, Societies, and Nations*. New York: Doubleday.

Sutton, J. 1991. *Sunk Costs and Market Structure.* Cambridge, MA: MIT Press.

Sutton, J. 1998. *Technology and Market Structure.* Cambridge, MA: MIT Press.

Taleb, N. N. 2008. *Fooled by Randomness: The Hidden Role of Chance in Life and in the Markets*.New York: Random House.

Tepper, J. 2019. Why Regulators Went Soft on Monopolies. *American Conservative*, January 9. https://www.theamericanconservative.com/articles/why-the-regulators-went-soft-on-monopolies/.

Tong, S. 2017. When It Comes to NAFTA and Autos, the Parts Are Well Traveled. *Marketplace*, March 24. https://www.marketplace.org/2017/03/24/world/when-it-cones-nafta-and-autos-parts-are-well-traveled/.

Traiberman, S. 2019. Occupations and Import Competition: Evidence from

Denmark. *American Economic Review, 109* (12), 4260–4301.

U.S. Bureau of Labor Statistics. 2006. *100 Years of U.S. Consumer Spending: Data for the Nation, New York City, and Boston.* Washington, DC: US Department of Labor, US Bureau of Labor Statistics.

U.S. Bureau of Labor Statistics. 2019a. May 2019 Metropolitan and Nonmetropolitan Area Occupational Employment and Wage Estimates: Janesville-Beloit, WI. Department of Labor, last modified March 31, 2020. https://www.bls.gov/oes/current/oes_27500.htm.

U.S. Bureau of Labor Statistics. 2019b. May 2019 Metropolitan and Nonmetropolitan Area Occupational Employment and Wage Estimates: New York–Newark–Jersey City, NY-NJ-PA.U.S.Department of Labor, last modified March 31, 2020. https://www.bls.gov/oes/current/oes_35620.htm.

U.S. Bureau of Labor Statistics. 2020. The Employment Situation—February 2020. March 6. https://www.bls.gov/news.release/archives/empsit_03062020.pdf.

U.S. Census Bureau. 1930. Retail Distribution: 1929. https://www2.census.gov/library/publications/decennial/1930/distribution-volume-1/00269599v1p1ch01.pdf.

U.S. Census Bureau. 2019a. Janesville-Beloit, WI Metro Area. Census Reporter, accessed November 8, 2020. https://censusreporter.org/profiles/31000US27500-janesville-beloit-wi-metro-area/.

U.S. Census Bureau. 2019b. New York–Newark–Jersey City, NY-NJ-PA Metro Area. Census Reporter, accessed November 8, 2020. https://censusreporter.org/profiles/31000US35620-new-york-newark-jersey-city-ny-nj-pa-metro-area/.

U.S. Census Bureau. 2020. Table 2a. Revised (Not Adjusted) Estimates of Monthly Sales for Manufacturers, Retailers, and Merchant Wholesalers: January 1992 through September 2020. https://www.census.gov/mtis/www/data/text/timeseries2.xlsx.

U.S. Patent and Trademark Office. 2020. U.S. Patent Statistics Chart, Calendar Years 1963–2019.U.S. Patent and Trademark Office, last updated November

11, 2020. https://www.uspto.gov/web/offices/ac/ido/oeip/taf/us_stat.htm.

Varian, H. 2000. Managing Online Security Risks. *New York Times*, June 1. https://archive.nytimes.com/www.nytimes.com/library/financial/columns/060100econ-scene.html?printpage=yes.

Wilson, C. 2012. U.S. Competitiveness: The Mexican Connection. *Issues in Science and Technology, 28* (4), 27–30.

Wollmann, T. G. 2019. Stealth Consolidation: Evidence from an Amendment to the Hart-Scott-Rodino Act. *American Economic Review: Insights, 1* (1), 77–94.

World Bank Group. 2020a. World Development Indicators: Physicians (Per 1,000 People). World Bank, accessed November 5, 2020. https://data.worldbank.org/indicator/sh.med.phys.zs?end=2016&start=2016&view=bar.

World Bank Group. 2020b. World Development Indicators: Poverty Headcount Ratio at $3.20. World Bank, accessed November 8, 2020. https://databank.worldbank.org/reports.aspx?source=2&Topic=11.

World Tourism Organization. 2018. UNWTO Tourism Highlights, 2018 edition, September 13. https://www.e-unwto.org/doi/pdf/10.18111/9789284419876.

Wu, T. 2018. *The Curse of Bigness: Antitrust in the New Gilded Age.* New York: Columbia Global Reports.

Yihan, Y. 2020. Does Open Source Pay off in the Plug-in Hybrid and Electric Vehicle Industry? A Study of Tesla's Open-Source Initiative. CRC TR 224 Discussion Paper Series, no. 218, University of Mannheim, Germany. https://www.crctr224.de/en/research-output/discussion-papers/archive/2020/DP218.

Zukin, C. 2015. What's the Matter with Polling? *New York Times*, June 20. https://www.nytimes.com/2015/06/21/opinion/sunday/whats-the-matter-with-polling.html.

Zweig, S. 1943. *The World of Yesterday.* New York: Viking Press.

Zweig, S. 2015 [1941]. *Montaigne.* London: Pushkin Press.